藏在
古画里的
大宋史

王长雨 - 著

台海出版社

　　大宋王朝是中国数千年来最绚丽多彩的一个朝代，它是中国历史上经济、文化、教育最繁荣的一个朝代，也是中国历史上最软弱、最无能的一个朝代。宋朝拥有令人叹服的高度发达的物质文明和别国无法企及的昌盛文化，宋朝的经济发达、科技进步，在中国古代历史中占有十分重要的地位。中国的四大发明诞生于这个朝代，火药和指南针也在宋代取得了重大的突破，分别被运用到军事和航海方面。在文学、史学、哲学和艺术等方面也取得了很高的成就，涌现出许多著名的科学家、发明家、史学家、哲学家、文学家、艺术家。

　　宋朝也是一个令众多有志之士可以施展个人抱负的时代，开明宽厚的政治氛围使得更多的官员敢于发表自己的政治主张，这些官吏勤俭尽职，为国为民，如寇准、包拯、范仲淹等一代名臣都是敢于直谏的伟大官员，他们的事迹千百年来一直被人们传颂。但是，宋朝在军事上却是一直处于衰弱的状态之中，战争的节节败退使得原本落后于宋朝的外族不断入侵中原，留给后世人无限的感慨和遗憾。

　　本书从政治、经济、军事和社会生活等方面对大宋王朝进行了全方位的介绍和解说。本书编者查阅和参照了各种正史和其他史料，对宋朝著名的人物和历史事件都做了较为详细的讲解，如宋太祖赵匡胤"杯酒释兵权"的真正用意、宋太宗何以能继位、花蕊夫人为何会慨叹"更无一个是男儿"、真假柔福帝姬、"气死金兀术，笑死宋牛皋"等问题，编者运用夹叙夹议的写作手法，将这些历史人物与历史事件最真实的一面展现在读者的面前，虽然大多数事件还没有最确切的解释，但是对它们的探索和研究仍会继续下去。

编者秉承着全面、生动、富有说服力的意旨精心编写了本书，并采取了以文释图、图文并茂的编排方式，让读者更真切地感受到千百年前大宋王朝的无穷魅力，力图勾勒出宋朝三百二十年波澜壮阔的历史画卷。本书通过简明的体例、精练的文字、新颖的版式和精美的图片等多种要素的有机结合，将人们感兴趣的历史疑点和谜团全方位地展现出来，引领读者拨开大宋王朝一层层神秘的面纱，进入一个可以学习到更多历史知识的神奇殿堂。

目 录
CONTENTS

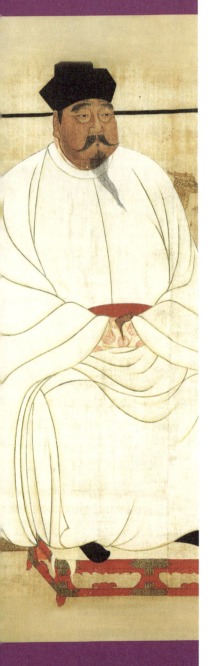

第三章　皇子公主：别有忧愁暗恨生

第四章　将相权臣：留取丹心照汗青

目　录
CONTENTS

第五章　政坛风云：积贫积弱难太平

第六章　经济文化：稻花香里说丰年

目　录
CONTENTS

第七章　市井轶事：酒垆博塞杂歌呼

第八章 迷踪帝陵：风雨飘零宋帝陵

藏在古画里的 大宋史

宋朝是一个特殊的朝代，它分为北宋和南宋两个时期。从最初宋太祖的"黄袍加身"到后来的"杯酒释兵权"，一位开国明君却不知何故最后枉死于世。从真宗最初的勤政治国，到丧权辱国的"澶渊之盟"，紧接着荒唐的"天书""封禅"之事，更是让世人领教了宋王朝的昏庸腐败。再加上徽、钦二帝的贪玩与无能，早早断送了北宋王朝的百年基业。南宋王朝君主的昏庸无道更是使大宋三百年的基业最终毁于一旦。为何昏庸的光宗会在自己毫不知情的情况下禅位于宁宗？理宗又为何不是皇子？这样一个传奇的时代给后人留下了一个又一个不解之谜。

第一章

两宋帝王：马踏金陵旗鼓响

赵匡胤的传奇身世

宋太祖赵匡胤是一个具有太多传奇色彩的皇帝，在他身上，一件件不可能的事情都一一证实了它的可行性。"时势造英雄"，也许正是当时那样的社会环境才造就了这样一位举世无双的英雄，成就了他自己的千秋大业。那么这样一位既传奇又神秘的大宋开国皇帝有着怎样的身世呢？下面就让我们一起来探个究竟。

在历史的长河中，宋太祖赵匡胤有着太多的谜团和不解之事让后世人对他百思不得其解。可以说他是一位具有很多传奇色彩的开国皇帝，然而他的一生也并非一帆风顺，也是充满了坎坷与荆棘的。虽说赵匡胤出身于名门望族，但其父却因为党派之争被卷入了朝中政权相夺的旋涡之中，自然也会使他的仕途之路充满了坎坷与不幸。

赵匡胤出生于后唐天成二年（927年），家住洛阳夹马营，家中世世代代做官。其父赵弘殷是后唐庄宗李存勖的一名爱将，很受庄宗的器重。出身于将门的赵匡胤秉承了父辈的优点，从小就喜欢骑马射箭，并且表现出了很强的意志力和恒心。赵匡胤喜欢挑战，越是别人不能办到的事情，他就越想证明给大家看自己是怎样成功的，具有很强的好胜心理。他曾找到一匹别人没有驯服过的烈马来进行骑术的练习。当他一跨上马背，马就开始向前不停地狂奔，似乎不甘于被人骑在胯下的命运。这一狂奔使得赵匡胤猝不及防，一下子就从马背上摔了下来，并且一头撞在了城楼的墙壁上。这一幕，让围观的人大惊失色，都认为他一定是受了重伤。可哪知，赵匡胤一下子就从地上跃起，并且迅速追上了向前奔跑的烈马，纵身一跃，又骑在了马背上，就这样驯服了这匹无人可以驾驭的烈马，并且自己毫发无伤。这一幕令在场的人无不对他赞赏有加，连

宋　佚名　宋太祖坐像

赵匡胤，字元朗，五代至北宋初年军事家、政治家，宋朝开国皇帝。

连称赞他不愧是将门之子，日后必定能成就一番大的事业。

历史是不断向前推进的，朝代与朝代的更迭更是一个迅速的过程。赵匡胤在青少年时期，就目睹了两个朝代的更替。在后唐庄宗被杀后，赵匡胤的父亲赵弘殷也因曾效忠过庄宗而备受冷落，致使赵家的基业也开始呈现衰落的趋势。慢慢地，甚至连最基本的生活也变得非常艰难。风华正茂的赵匡胤不甘心就这样让赵家衰败下去，于是辞别了父母和新婚不久的结发妻子，到外面独自去闯荡，希望能够谋取到更好的前程，以改变赵家目前的生活状况。

赵匡胤没有给自己任何喘息的时间，一路南下寻找机会，但是身上并没有带太多的银子，所以很快就花光了，生活变得更是穷困，自然遭到很多的白眼和冷遇。他本想投奔父亲的昔日好友王彦超，希望能在他那里谋个一官半职。

明 佚名 李存勖像

李存勖是唐末五代军事家，后唐开国皇帝，晋王李克用之子。

但是王彦超见他一身落魄的样子，并没有给他好脸色，更别提锦绣前程了，只是给了他一点钱，像打发乞丐一样把他打发走了。受到冷落的赵匡胤心中十分郁闷和气愤，于是就到赌坊中碰碰运气。没想到"职场失意，赌场得意"，他的手气好得不得了，逢赌必赢。这倒是让心中充满怨气的赵匡胤得到了些许的平衡，满心欢喜地拿着银子离开。不想却引起了一些市井无赖的注意，他们觊觎他的钱财，围住他一拥而上，不但抢了赵匡胤刚刚赢的银子，还把他暴打了一顿。就这样，在别人的冷嘲热讽中，他过了两年屈辱潦倒的流浪生活。但是这段经历也给赵匡胤带来了不小的收获，磨炼了他坚强的毅力和耐力，为日后的丰功伟业奠定了一定的基础。

后来，赵匡胤流浪到襄阳城的一所寺院中，寺院住持是一位饱经沧桑和阅

人无数的智者。他细观赵匡胤的面相，见其方面大耳便知此人非同常人，虽然现在是一身落魄，稍显寒酸，但是仍然掩盖不住他的富贵之相和英伟之气。与其进行交谈，更是发现赵匡胤谈吐不凡，很有抱负，住持于是便劝赵匡胤北上。住持说："现在南方相对来说是比较稳定的，没有什么战乱，而北方却是战乱不断，要知道，乱世才能出英雄，所以你应该北上才对。"

赵匡胤深知住持的话很有道理，于是便开始了自己的北上之路，希望在那里能够实现自己的抱负。赵匡胤到了邺都后便投奔了后汉的枢密使郭威。乾祐三年（950年）时，郭威发动政变，建立起了后周，郭威便是周太祖。赵匡胤也因屡立战功被升为皇宫禁卫军的一个头目。开封府尹柴荣是周太祖的养子，时常出入皇宫，久而久之，他发现赵匡胤是一个颇有才能的人，于是便将其调到了自己的身边，升迁他为开封府的骑兵指挥官，赵匡胤就这样成了柴荣的一名得力助手。由于周太祖郭威没有儿子，养子柴荣便成了他皇位的继承人。而赵匡胤现在正是在未来皇上的门下任职，这一切的一切，似乎都是冥冥之中早就注定好的，让赵匡胤由此走上了通往最高权力的道路。

赵匡胤"黄袍加身"

上文中提到寺院中的住持对赵匡胤说过这样一句话:"乱世才能出英雄。"的确,乱世是武人的天下,越是乱世才越会造就出非凡的英雄人物,成就一番丰功伟业。赵匡胤原本是一位效忠君王的忠心将领,最后却成为发动兵变、篡夺皇位的佞臣。赵匡胤真的是像众人所说的那样是被将士们所迫"黄袍加身"的,还是另有隐情呢?

五代十国在中国历史上是一个连年征战、十分混乱的时期。由于战乱频繁,使得百姓过着流离失所、生灵涂炭的生活。显德元年(954年),周太祖郭威驾崩,柴荣继位,即周世宗。周世宗柴荣是一位颇有抱负的皇帝,他在位期间,锐意进行改革,着力于建立一个大一统的国家,希望百姓能够过上幸福安定的生活。然而周世宗却英年早逝,六年后就病逝于滋德殿,年仅39岁,只留下了年仅7岁的儿子柴宗训。在文武百官的拥护下,柴宗训即位,史称周恭帝。尊符皇后为皇太后,垂帘听政。封赵匡胤为归

清 佚名 宋太祖像

《历代帝王圣贤名臣大儒遗像》包含了百余位古代人物遗像,此宋太祖像容貌端正,仪表堂堂,自有一股名士风流。

德节度使，同时还兼任殿前都点检。朝廷内政外交大事由宰相范质和皇太后主持。

在周恭帝继位的第二年（960年）元旦之时，有探子来报说："北方送来紧急军事报告：大辽现已联合北汉十余万人马，正在准备南下入侵我朝。"面对这样强悍的敌兵，周恭帝年幼，不懂得用兵之道，皇太后更是束手无策。情急之下，皇太后找来宰相范质、王溥商议。由于情况来得突然，二人也没有足够的心理准备，于是匆忙间便决定派归德节度使赵匡胤率兵前去迎战。赵匡胤接到任务后，马上带领后周军队出发。走到陈桥驿的时候天快黑了，于是他下令让将士们就地安营扎寨，生火做饭。赵匡胤由于小喝了几杯酒，所以早早就躺在床上睡着了。饭后，赵匡胤部下楚昭辅走出营帐散步，见到前军散骑指挥苗训正站在外面夜观天象，似乎还发现了什么。楚昭辅见状走过去问道："不知苗先生观测到了什么？"苗训见是楚昭辅便没有忌讳，实言相告道："你发现太阳下面还有一个太阳吗？"楚昭辅按着苗训所指方向看去，果然看到了两个太阳。没多久，一个太阳已经西落，而另一个太阳则是在那里独放光芒。楚昭辅见后急忙问道："这是吉兆还是凶兆？"苗训说道："这个征兆是天命。刚刚沉下去的太阳代表的是当今的幼帝，而后升起的太阳则是代表吉兆天命应发生在我们点检这里。"这个消息很快就不胫而走，在军营中传开了，并且大家都认为这是一件好事。赵匡胤的弟弟赵光义聚集一些谋士讨论此事，江宁节度使高怀德说道："主上年幼无知，而且也没有一个适合的辅臣，我们现在出生入死地为他打下天下，到头来也不知道会落个什么样的下场！我看还不如顺应天意，拥立赵点检做皇帝呢，到时大家就都是开国元勋了。"此话赢得了众将士的赞同。但是，赵光义并没有表态，他摇摇头说："兄长自幼深明大义，万事以义字当先，恐怕不会同意此事。"这时，高怀德又说道："只要你下定决心，我就有办法让点检穿上龙袍。"赵光义沉默了，没有再说什么，众人一见，知道赵光义也同意拥兄为帝了，于是纷纷表示赞同。后面的事情，都由赵普和高怀德具体商议。

随后，赵光义走进赵匡胤的营帐告诉兄长他们刚刚商议过的事情，赵匡胤听后吃惊地说："这等大逆不道的事情怎么可以做呢？这不是陷我于不仁不义吗？"说着便走出营帐。孰知，将士们早就在营帐外面等候赵匡胤了。一些将

明　仇英　帝王道统万年图　宋太祖

宋太祖于乾德元年五月十四日，复增修官阙，既成，坐寝殿中，令洞开诸门，皆端直通豁，谓左右曰：此如我心少，有邪曲，人皆见之。

领见他出来了，忙上前说道："现在朝中无主，我们要拥立点检做天子。"还没等赵匡胤反对，高怀德就从赵普身后转出来，走到赵匡胤身后，把一件黄袍披在了赵匡胤的身上，众将士见势立刻跪下山呼："万岁，万岁，万万岁！"并将赵匡胤拉上坐骑。

赵匡胤想要取下黄袍都来不及了，只得无奈地说道："我本是恭帝的臣子，这样做已经犯了忤逆之罪，所以你们万不可伤害恭帝和皇太后等人。对于朝中大臣，更不可加以凌辱欺负。再有，进城之后，你们也不得搅扰侵犯百姓的生活。我是一个赏罚分明之人，谁若违反军纪，格杀勿论；遵守制度，重重有赏。"众将士都同意了赵匡胤的请求，于是赵匡胤立即整顿兵马回转京师。

赵匡胤的心腹将领石守信是留守京师的大将军，他早就在城内做好了接应赵匡胤他们到来的准备。等赵匡胤的军队到达城门口的时候，石守信就大开城门迎接新皇帝。应该说，赵匡胤没有费吹灰之力，没伤一兵一卒地就进入了京城。而此时宰相范质、王溥等人早已纷纷逃回家中。在入城的这段时间里，赵匡胤的军队纪律严明，没有像五代时期其他朝代更换时那样纵情抢掠，杀害百姓，失去民心。所以，赵匡胤的军队自然受到了人们的拥护。

元　钱选　宋太祖蹴鞠图

画中右边身材矮胖，头戴巾帽，身穿便服，正在踢球的为宋太祖（赵匡胤）；太祖对面侧脸有须，高帽长袍，手攥袍角作势接球的为赵普；赵普身后衣着相似，年少无须的为楚昭辅。

登基宋祖

清　吕抚　《精订纲鉴廿一史通俗衍义》　宋祖登基

赵匡胤在『陈桥兵变』中被拥立为帝，并回京逼迫后周恭帝禅位，此后登基为帝，改元建隆，国号『宋』，史称宋朝或北宋。

　　赵匡胤进城后，仍是先回到原来的公署。没多久，只见将士把宰相范质、王溥等人带了过来。见到宰相，赵匡胤流着眼泪说：“我本受先皇的厚恩，今日之事实在是愧对天地，我也是被将士们所逼呀，现在我真不知该如何是好了！”范质刚要答话，军将罗彦环按剑大叫：“国中无主，点检必为天子。”范质等朝臣相顾无言，知道已经没有回天之力了，只得跪伏朝拜称臣，齐呼“万岁”。周恭帝年幼无知，皇太后更是没有见过这等场面，也就只有抱头痛哭的分了。

　　朝中百官见大势已去，也只得请周恭帝禅位于赵匡胤。赵匡胤没有为难周恭帝，封他为王，尊符太后为周太后，并把他们安排到西宫入住。正月，赵匡胤正式登基为帝并大赦天下，改年号为建隆，定国号为“宋”，定都汴京，赵匡胤即为宋太祖。

赵匡胤"杯酒释兵权"

众所周知，作为开国皇帝，只有拥有了全部的兵权才能巩固自己的皇位，让自己没有后顾之忧。作为大宋的开国皇帝，赵匡胤自然也要有自己的一番打算，他是如何收回兵权，让自己的江山稳固呢？方法便是上演了一出"杯酒释兵权"的好戏。

"陈桥兵变"之后，赵匡胤被属下簇拥着黄袍加身，成为宋朝的开国皇帝。可是，他这个皇帝似乎当得并不开心，因为北宋刚刚建立不久，天下仍是四分五裂，民不聊生，面对这样的新政权，宋太祖赵匡胤还是十分忧心的。于是便找自己的心腹赵普前来商议，太祖问道："自唐末以来，数十年间，帝王更换频繁，兵革不息，生灵涂炭。我想要结束这种征战的局面，你说应该怎么办才好呢？"赵普回答道："陛下能够事事为天下，为百姓着想，实乃天下人的福气呀！如今连年征战，国家不安，其实原因只有一个，就是君臣的势力不等，节镇的势力太强，君权过弱。要改变这种局面，就必须要剥夺其权力，收其精兵为己所用，这样才能安抚天下。"话说到这里，聪明的赵匡胤已经明白了他的意思。就这样，宋太祖开始了他夺回兵权的第一个计划。

宋太祖在建隆二年（961年）的七月，精心设计了一场夺回兵权的酒宴。他在保和殿设宴，将手握重兵的石守信、王审琦、赵彦徽等诸将召进宫内喝酒。等大家喝到十分酣畅的时候，太祖赵匡胤忽然放下酒杯，命闲杂人等退去，推心置腹般地对众人说："朕如果没有诸位爱卿的辅佐，就不会有今天。可是，做天子并不是一件简单的事情啊，还没有做节度使的时候快乐呢。自朕当上皇帝之后，整日整夜地睡不安稳，忧心忡忡呀！"石守信等人听后没有明白皇上的意思，便恭敬地问道："不知陛下有什么难事呢？"

北宋　定窑盘口纸槌瓶

此瓶通体施牙白色釉，胎土白而细腻，荡釉不匀处釉汁流畅。简约质朴中透着"静为依归"的寂寥，典雅文静而文质彬彬，是北宋人追崇的审美风格。

赵匡胤长叹一声回答："皇帝这个宝座，有多少人觊觎呀，我怎么能够睡得安稳呢？"石守信等人听后忙不迭地跪下磕头道："陛下何出此言？现如今天命已定，而且也是民心所向，又有谁还敢有二心呢！"赵匡胤听后心里非常高兴，但还是摇了摇头继续说道："我对众爱卿当然是非常放心的，但是，如果你们的部下贪图荣华富贵，一旦他们再将黄袍加到你们这些人中的某一个身上，就算是你们不想当这个皇帝，到那时恐怕也没有什么办法了吧？"

此时，他们才明白皇上担心的是什么问题，怕的是谋权篡位，也明白了皇上这是在暗示他们交出兵权。石守信等人泪流满面地磕头说道："是臣等愚笨，没有想到这点，只恳求陛下给臣等一条出路吧！"赵匡胤听到他们这样说，连忙扶起众臣呈安抚状说道："人生在世，不过百年，真如白驹过隙一般。所以何不趁现在多积累一些财富，满足自己的需要才是，而且也可以使自己的子孙享受到财富的眷顾。朕已经给你们想到了一个绝好的主意，现在国家已经安定，你们自然可以放下肩上的军队重担，到封地寻个清闲的官职，在那里可以多置一些田地，为后世谋个永世的产业，朝夕饮酒欢乐，好好安享晚年。如此一来，岂不乐哉？再者，朕还想与诸位爱卿结

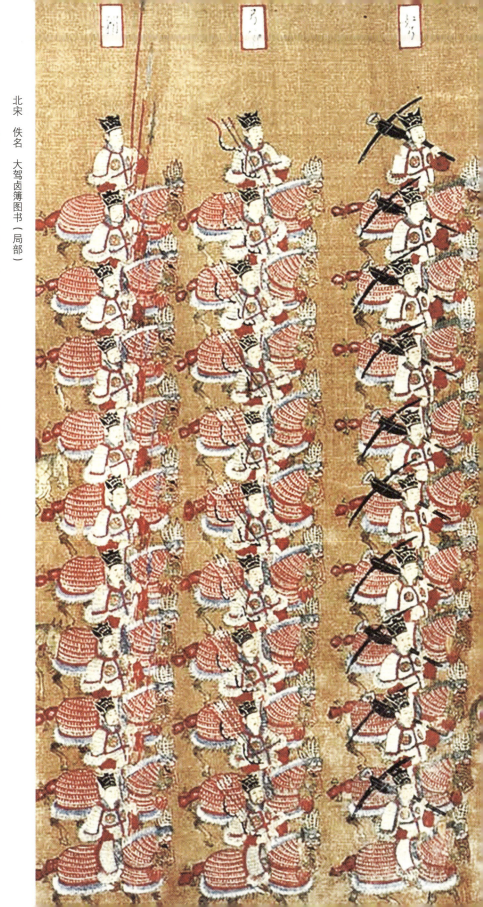

北宋　佚名　大驾卤簿图书（局部）

《大驾卤簿图书》表现了皇帝前往城南青城祭祀天地时的宏大场面，此图为其中的军队部分。

为儿女亲家，君臣之间，两不猜疑，这样自然就可以相安无事了。"石守信等人听了这番话之后马上叩头谢恩："陛下能为臣等想得这样周到，真是太体谅臣下了，臣等一定不忘陛下的大恩大德！"于是君臣又开始高高兴兴地把酒言欢了，宴会进行到很晚才结束。

第二天早朝的时候，石守信等人果然没有食言，纷纷称病辞职或是称自己年事已高，能力有限，已经无法再带兵了，请求太祖收回兵权，解除他们统领禁军的权力。宋太祖非常高兴，毫不犹豫地答应了他们的请求。然后赏赐给他们大量的金银财宝，还传诏命石守信为天平节度使、高怀德为归德节度使、王审琦为忠正节度使等只有空衔而没有实权的官衔，让他们回去安享晚年。太祖皇帝还特诏石守信和高怀德在朝伴驾，但是他们仍然是没有实权的。宋太祖仅通过这样一场酒宴，就把大宋的兵权牢牢地握在了自己的手上，历史上把这一事件称为"杯酒释兵权"。

没多久，赵匡胤又用了同样的方法，用另一场酒宴收回了一些地方节度使手上的权力，把兵权尽收自己的手中。那些唐朝时专制一方的节度使从此成了毫无实权的空壳子，赵匡胤也削弱了藩镇叛乱的基础势力，更加巩固了自己的皇权。太祖罢镇改官之后，让大量的文官出任各州县长官，抬高了文官的地位。就这样，宋太祖没有动用一兵一卒，就变革了五代以来一直以武当政的政治局面，巩固了自己的帝位。可以说，太祖皇帝在政治上有着杰出的御人本领，他没有像历史上其他的皇上那样用屠杀功臣的方法来加强自己的皇权，这对于那个时代的武将来说可谓是一件幸事了。

赵匡胤传位于弟

历代君王都希望自己的江山永固，子孙后代能够永远传承下去。从影视作品中我们也看到，那些为了争夺皇位而互相残杀，不顾手足之情的大有人在。然而作为大宋开国皇帝的宋太祖，却没有把自己的皇位传给亲生儿子，而是传给了自己的弟弟赵光义。这样的传位，是不太符合历代传统的。所以，这给后人留下了一个千年不解的谜团。到底是什么原因，导致出现这种传弟不传子的做法呢？

开宝九年（976年）十月，正值壮年的宋太祖赵匡胤突然驾崩，年仅50岁。之后并没有出现子承父业的传统做法，而是晋王赵光义（赵匡胤的弟弟）即位，成为大宋的第二个皇帝，也就是宋太宗。宋太祖英年早逝，进而又是弟弟不合情理地继承了兄长的皇位，这一系列事件的发生都让人对此产生诸多的怀疑。千百年来，人们对这件事是众说纷纭，并形成了以下几种说法。

第一种是宋太宗杀兄篡权说。此说有"烛影斧声"为证，说宋太宗是用"柱斧"杀死宋太祖的。据《续资治通鉴长编》中记载：在宋太祖驾崩的前一晚，他紧急召见其弟晋王赵光义进宫。太祖在内庭摆酒设宴，二人在寝宫内把酒言欢，并要求宫内官员和宫女等人不得随侍。外面的宫人透过窗户，只能看见烛影下，晋王一会儿站起，一会儿坐下，好像是不胜酒力的样子。二人在深夜才喝完酒，此时，殿前的积雪已经很厚了。但赵匡胤似乎还在兴头上，用玉斧刺雪，身体还不时地向赵光义倾斜过来，嘴里不停地说着："好做，好做。"身边的人自然不明白他们二人之间的暗语是什么意思。当天夜里，晋王赵光义留宿在禁宫中。不料，第二天早上天快亮的时候人们发现宋太祖就已经驾崩了。更令人感到奇怪的是，赵光义竟然在灵前宣诏继承了皇位。这一连串的事情，不得不让人们猜想，怀疑是赵光义趁着太祖熟睡的时候杀了他的兄长，然后自

宋　佚名　宋太宗立像

开宝九年十月，赵匡胤突然驾崩，赵光
义匆忙登位。他即位后，继续推进其兄
未竟的统一事业，结束了五代十国的分
裂割据局面。他在位期间采取治文驭将
方针，明显地走上了"崇文抑武"的道路，
并最终构成了宋朝"祖宗家法"的重要
内容。

己写下遗诏，篡夺了皇位。这种说法
无论是在正史还是野史中都是有记载
的，但令人感到费解的是，为什么太
祖只召见其弟一个人，而不让其他人
进见呢？这实在是一个不解之谜。

第二种是内侍王承恩矫诏说。太
祖赵匡胤是在凌晨驾崩的，皇后随后
派内侍王承恩把皇子赵德芳叫过来。
可是王承恩向来与晋王走得较近，于
是他没有去叫皇子，而是把这个消息
告诉给了晋王赵光义。赵光义闻讯急
忙来到宫中。皇后见来者不是自己的
儿子而是晋王十分惊讶，但转念就明
白了，于是哭着对晋王说："先皇已
经驾崩，我们母子的性命就全都交给
官家了。"赵光义同样伤心地说："一
家人自然会共保富贵的。"紧接着，
晋王赵光义就在灵前即位，成了宋
太宗。此种说法虽然看似有理，但是
仔细想想似乎还是过于牵强，可信度
不大。因为王承恩身为一个内侍，怎
么会有那么大的胆子竟敢违背皇后的
懿旨？如果事情败露的话，岂不是会
给自己带来杀身之祸吗？再者，皇上
病重，皇子怎么可能会不在身边呢？
这诸多的疑点都难以让人们相信这种
说法。

第三种是赫赫有名的"金匮之盟"
一说。据说，在赵匡胤当上皇帝没多

久，他的母亲杜太后就病重了。杜太后在临终前把两个儿子和大臣赵普叫到跟前，遗命给太祖皇帝赵匡胤说："你之所以能够当上皇上，是因为后周柴荣让自己年幼的儿子即位，不能使朝中的大臣信服，才落得如此的境地。如果后周有一个正值壮年的皇上，你很可能就不会当上皇帝。所以，为了能够让大宋的江山坐稳坐牢，就要在你百年之后选一个得力的君王来继承你的大业。你弟弟光义一直跟随在你身边与你出生入死，文治武功都不在你之下，所以你日后应该传位于他才是。"宋太祖哭着答应了母亲的遗命，并让赵普以文字的形式把这件事情记录下来，放在一个金匮之中，藏于密处交专人掌管。所以日后晋王赵光义在太祖驾崩后顺理成章地就继承了皇位。

从以上几种说法中，我们不难看出，有两种说法是基本相似的，即宋太宗并不是按照太祖赵匡胤的遗诏即位，而是赵光义篡位得来的。据史料记载，赵光义是在赵匡胤驾崩后的第二天即位的，而且没有按照惯例在继位的第二年改元，而是在继位两个月后就将开宝九年改为太平兴国元年。他为什么如此着急地行事呢？这不得不让人对他的"顺理成章"继位又产生了怀疑。而后，太宗皇帝又将自己的三弟改名为廷美，封王后又将其贬之。赵匡胤的两个亲生儿子德昭在 979 年被迫自杀，德芳在 981 年也神秘"暴死"，这一连串的事情似乎都与太祖皇帝皇位传弟未传子有着千丝万缕的关系。并且最终太宗皇帝也是让自己的亲生儿子继承了他的皇位。所以说，宋太宗很可能真的是谋权篡位才得到的皇位。当然，仅凭现存的一些史料，还是很难判断出宋太祖皇位传弟未传子的真正原因的。要想对此事有进一步的了解，还需要史学家做进一步的研究和考证。

宋真宗"泰山封禅"

自秦汉以来，只有少数贤明的帝王因为天下在自己的治理之下，出现了长治久安、四海升平、国富民强的繁荣景象，才会去泰山进行封禅，感谢上天的恩赐。从中可知，到"泰山封禅"者应该都是一些有功绩和政绩的皇上所为，然而宋真宗赵恒的封禅却是在签订了屈辱的"澶渊之盟"之后。是什么事情让他有理由到泰山去进行封禅大典的呢？

宋真宗赵恒是宋太宗的第三子，他在即位初期，也是一个勤政治国、广开言路、锐意进取的好皇帝，使宋朝的政治清明，社会经济有很大的发展，曾出现过"咸平之治"的局面。但是好景不长，这样的局面并没有维持多久，在宋真宗勉强战胜了萧太后带领的契丹军，并屈辱地与辽国签订了"澶渊之盟"后，他的进取精神就渐渐泯灭了。他自认为只要每年向辽国缴纳一些银两就可以相安无事，天下太平了，自然就不需要有怎样的进取心了。宋真宗开始尊崇道教与佛教，并且劳民伤财地做一些封建迷信之事，使得国势逐渐衰微，自己却还是视而不见。

众所周知，在抗辽问题上，宋朝有主和派也有抗战派。在签订"澶渊之盟"之后，宋真宗开始听信谗言，将刚直不阿、敢于进谏的抗辽派官员寇准贬职，提拔善于阿谀奉承的主和派王钦若为资政殿大学士，在朝中居一人之下万人之上。王钦若看透了赵恒的心理，知道皇上是一个厌倦战争而又好大喜功的人，于是便向他提出了"泰山封禅"的建议，并且谄媚地说道："自古以来，圣人以神道设教的说法流传甚广。祥瑞之事虽不是人力所能为的，但是皇上贵为天子，只要您深信崇奉之，并昭示天下，那就与天降祥瑞是一样的。"赵恒被王钦若说得蠢蠢欲动，于是便下旨昭示天下进献祥瑞之物。宋朝时期最著名的"天

宋　佚名　宋真宗坐像

宋真宗在位 25 年，他即位初期对国家治理有方，实行反腐倡廉的举措，大力发展经济，把北宋推向中国封建社会的巅峰，史称「咸平之治」。

书"，就是在这种背景下产生的。

据传，一日早朝时，有官员报告称在宫城左承天门南角发现了两丈多长的黄帛。这黄帛犹如书卷一般，上面隐约写有许多小字。宋真宗说道："我在梦中曾遇仙人，告知我今年会降《大中祥符》三篇，想来这正是'天书'降临了呀。"于是，赵恒率领群臣来到承天门，恭敬地取回了"天书"。"天书"上的内容都是称赞赵恒的，而且还有一些勉励他励精图治才能永葆大宋江山的话语。宋真宗把"天书"视为圣物一般藏于金匮之中。同时还大宴群臣，庆祝大宋得此"天书"一事，并且改元为大中祥符，改"左承天门"为"左承天祥符门"。

大中祥符元年（1008 年）初，兖州知州率领 1200 多人来到京师上奏，称天降祥符，国运昌盛，恳请皇上封禅泰山，以报天地。没过多久，在宫中的功

北宋 佚名 景德四图

《景德四图》分为四段，包括《契丹使朝聘》《北寨宴射》《舆驾观汴涨》《太清观书》四图，该图所描绘的场所是北宋都城的皇宫，因为宋真宗已降，契丹使朝见，除景德元年底在澶州的觐见在行宫外，其他皆在皇宫。

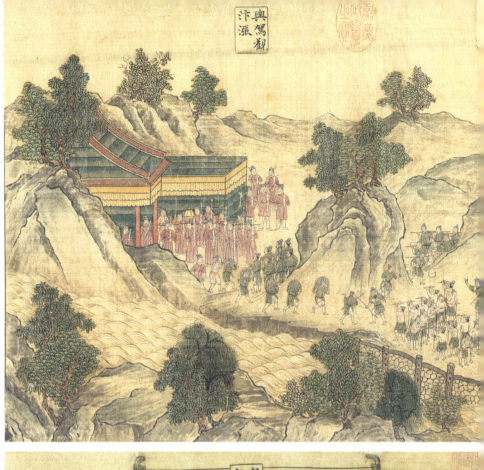

興駕觀汴漲

契丹使朝聘

德阁又发现"天书"一幅。于是文武百官、中外使臣、僧道各界等两万多人前来上表，请真宗封禅顺应天意。赵恒对此感到非常高兴，于是决定十月去泰山进行"封禅"。同年六月，王钦若上奏说在泰山下澧泉涌出处又出现"天书"一幅。群臣再次纷纷上表称贺，并尊号赵恒为"崇文广武仪天奉道宝应章感圣明仁孝皇帝"。面对这些阿谀奉承之词，宋真宗赵恒俨然已经失去了辨别真伪的能力，照单全收。

终于到了"泰山封禅"的时间，同年十月，庞大的封禅队伍从京城前往泰山。运载"天书"的玉辂走在队伍的最前列，此举表示封禅泰山是"事出有因"，是真宗前来拜谢上天所赐"天书"的。真宗及随从人马历经半个月的时间终于到达了泰山脚下，这次封禅可谓浩浩荡荡，士兵每隔两步一人、隔八步树一旗，从山脚直通到山顶。到了封禅的那一天，赵恒头戴通天冠，身着绛纱袍，乘着玉辂，后面装备法架，在文武百官的簇拥下，登上了泰山之顶，开始封禅。第二天，真宗又以隆重的仪式祭奠天地与神明。祭祀过后，真宗接受文武百官、使臣及僧众的朝贺，并诏令大赦天下。封禅完毕后，真宗下诏将泰山脚下的乾封县改为"奉符县"，还有《庆东封礼成诗》供群臣唱和，并设宴庆祝封禅成功。

真宗回到京师后，下诏将"天书"降临之日定为"天庆节"，并命人将他泰山封禅一事编纂成《大中祥符封禅记》一书，命人为"天书"专门制造一辆"天书玉辂"。真宗在为自己"制造功德"的时候完全忽略了天下百姓的疾苦，他不知自己的这些封禅行为为百姓带来了多少灾难，而群臣为了迎合皇上的喜好，更是只知赞颂赵恒的功德无量，忘却了自己的本职工作，置百姓疾苦于不顾。

要知道，自秦汉以来，只有少数几个帝王因为天下太平、国富民强，才会到泰山进行封禅，以表对天地的敬意。可是，宋真宗赵恒在位期间，除了初期治理有方，此后并没有显著的政绩，而且还与辽国签订了屈辱的"澶渊之盟"，这样一个功过参半的皇帝也到泰山进行封禅，实在是为后人所不齿，所以宋真宗"泰山封禅"从不被后人所称赞。而且封禅之举也是劳民伤财之事，给百姓带来了更加沉重的赋税负担，这也为宋朝国势渐弱埋下了不小的隐患。

可想而知，宋真宗"泰山封禅"只是想满足自己的虚荣心罢了，于国于民都不是一件有益的事情。

明睿之君却悲悯一生

宋仁宗是宋代帝王中的明君圣主，他在位时间最长，长达 42 年。仁宗在位期间国家太平，经济繁荣，科学文化也有很大的发展，并且出现了很多对当时和后世产生重大影响的人物。但是这样一位明主，他的一生也是充满着悲剧色彩的，一直处于养母刘太后的阴影之下。那么宋仁宗到底有着怎样悲悯的一生呢？

宋仁宗赵祯是北宋的第四代皇帝，宋真宗的第六个皇子。在大中祥符八年（1015 年）被封寿春郡王，天禧二年（1018 年）立为皇太子。天圣元年（1023 年）即位，由于年纪尚小，一直由养母刘太后垂帘听政。直到明道二年（1033 年）刘太后去世，赵祯才开始亲自处理国家大事，收回权力。但是由于他一直处在刘太后亲政的阴影之下，再加上他性情文弱温厚，在武功和谋略上都不及太祖、太宗，所以在与西夏和大辽的长期对峙下表现平平，没有出现过一些过人之举，使得大宋在军事上一直处于弱势地位。但是宋仁宗知人善任，善于纳谏，提拔和重用了许多贤能之人，因而其在位期间有许多名臣辈出。虽说仁宗在大宋的历史上并不是太出众的帝王，但他也是一位很有作为的皇帝。不过宋仁宗的一生却充满了悲剧色彩，其中也不乏悲天悯人的情怀。

据史料记载，赵祯继位之时年纪尚小，所以朝中的一切政事都由其养母刘太后处理。但是皇上和太后之间一直都存有很深的隔阂，矛盾重重，尤其是在赵祯的婚姻大事上，太后一再干预，不允许赵祯选择心爱的女子为后。从这件事情上，让仁宗明显感觉到刘太后的专横，他们的矛盾更加深了。起初，赵祯看上了富商王蒙正的女儿，并且曾向太后说过此事，可是太后根本就不予理会，并称此女子长得过于妖娆，以对少主不利为由拒绝了，硬是把该女子嫁给了刘从德。这件事情给年少的赵祯造成了很大的伤害。

此事之后，太后开始为 15 岁的赵祯准备大婚一事。她挑选了几个有身份的女子进宫作为皇后的候选人，有中书令郭崇的孙女郭氏、骁骑卫上将军张美的曾孙女张氏等人。赵祯看中了张氏，可是没有想到的是，这次又没有遂愿。在没有和赵祯商量的情况下，刘太后自作主张册立郭氏为皇后，封张氏为才人。这件事情又深深地伤害了仁宗皇帝的感情，以至于后来出现长期冷落正宫的行为。

郭氏自从当上皇后，就露出了真面目，不懂得谦让与宽容，而且还养成了蛮横自私的性格，没有一点母仪天下的姿态。太后死后，郭皇后沿袭刘太后的规矩，想要垄断后宫，但是宋仁宗并没有给她这样的机会。仁宗一直都想从太后的阴影中摆脱出来，所以开始宠幸后宫别的妃子。那时最受仁宗宠爱的妃子是杨氏和尚氏，尤其是对尚氏的宠爱引起了郭皇后的极大嫉妒，二人之间常常发生冲突。正是因为此事，仁宗开始有了自己的打算。

一次，尚氏与郭皇后当着仁宗的面就发生了冲突，郭皇后上前便要打尚氏的耳光，仁宗过来劝阻的时候，不料皇后打到了仁宗的脖子。仁宗大怒，找来宰相为自己"验伤"，这也为他废后找到了充足的理由。之后，仁宗便下诏称皇后因无子嗣，自愿永居长宁宫为道姑，易名清悟，特封净妃。此事虽然在朝中引起了轩然大波，但是没能阻止仁宗废后的决心。这也是仁宗发泄自己多年来被刘太后控制的愤恨之情。

虽然当时仁宗已经开始亲理政事，但是在选择皇后这件事上，他一直没有如愿封自己喜欢的女子为后。当时，仁宗想要立一个毫无门第的商人女儿陈氏为后，此决定一出，就遭到了群臣的反对。仁宗无奈，只得心有不甘地将名将曹彬的孙女立为后。在仁宗步入中年以后，他最宠爱的是贵妃张美人，虽然没有被立为皇后，其各方面的待遇并不亚于曹皇后。张贵妃在几年的时间里就从末等嫔妃升迁为贵妃，可见仁宗对其是宠爱有加的。

但不幸的是，在皇祐六年（1054 年），年仅 31 岁的张贵妃就香消玉殒了。张贵妃死后，仁宗皇帝非常伤心，时常想念其生前的种种柔情与贤惠。据有关史书记载，仁宗皇帝决定用皇后的礼仪来安葬张贵妃。就这样，一直梦想着成为皇后的张贵妃在死后终于得到了正宫的待遇，穿上了皇后的殓服，"接受"

众大臣的参拜。仁宗知道定会有人反对此事，于是在张贵妃出丧的第四天，就宣布追册张贵妃为皇后。可此时的正宫曹皇后还健在，却出现了另立皇后的事情，于是便出现了一生一死两位皇后的荒唐局面。虽说众臣都极力反对，但是仁宗对此置之不理。

由于仁宗早年一直受到养母刘太后的管制，造成了他文弱、优柔寡断的性格。但是仁宗对自己看中的臣子都予以相当的信任，广纳贤臣。不过他仍然没有解决宋朝当时存在的社会弊端，土地兼并严重、国家财政空虚和赋税过重的现象，致使人民起义不断爆发。虽然推行了"庆历新政"，但是并没有实行起来，反而遭到皇亲国戚和贵族的反对，使宋朝逐渐形成了积贫积弱的局面。

宋仁宗赵祯就这样在无奈与悲悯中度过了一生。虽说宋仁宗可能是北宋九位皇帝中知名度较低的皇帝之一，但是他驾崩的时候，人民发自内心的悲痛却是其他皇帝难以相比的。

改容听讲

选自《帝鉴图说》，仁宗初年，仁宗能敬信而听从之，召侍讲学士孙奭、直学士冯元进讲《论语》。

受无逸图

龙图阁学士孙奭，日侍讲读。尝取《书经》无逸篇中所载古帝王勤政恤民的事迹，画作一图，叫作《无逸图》，进上仁宗，欲其知所法也。

宋神宗改革以失败告终

每一位皇帝都希望能够创造出一番丰功伟绩，希望天下在自己的治理之下，能够国泰民安，百业兴旺。可是真正付出努力，励精图治的皇帝又有几个呢？宋神宗赵顼可以说是宋朝历史上一位很有作为的皇帝，他在位期间，开始大刀阔斧地进行改革，想要改变宋初以来在体制上形成的种种弊端，想要再现汉唐盛世。那么，这样一位有抱负的皇帝又是如何进行变法图治的呢？

宋神宗赵顼是一个颇有抱负和远大理想的君主。他出生在庆历八年（1048年），15岁入住庆宁宫，被授予安州观察使，18岁被立为皇太子。在他在位时期，宋朝已有了百余年的统治，许多政策上的弊端也开始显露出来，如财政危机严重，百姓生活贫苦，各地农民起义不断出现，等等。宋神宗深知要想解决这些问题，进行一系列的变法改革是唯一的途径。于是在大臣王安石的辅佐下，宋神宗进行了大刀阔斧的变法变革，在政治上、军事上、经济上都进行了诸多改革，对大宋王朝产生了重大影响，这次变法也是宋朝历史上一次空前绝后的大变法。

赵顼从小就心怀壮志，有着远大的抱负，一心想在继位后能够成就自己的一番事业。他在位期间，没有修建宫室，不爱好玩乐，一心励精图治，想要挽救国家危机。所以说，宋神宗的变法主张并不是一时兴起，心血来潮，而是早就有了自己的一套治国理论。在开始阶段，宋神宗想要依靠朝中重臣韩琦和富弼等元老推行自己的新政，可是这些老臣对此并不积极，所以神宗改为重用王安石，让他主抓变革之事。希望积贫积弱的宋朝能够重新振作精神，让全国上下焕发出新的活力。

王安石在嘉祐三年（1058年）的时候，就曾向宋仁宗上表过近万字的变法书，可是没有被仁宗采纳。从此他便不再想在京做官，想要做一些自己想要做和喜欢做的事情，尤其是想辞官回家潜心钻研古今治术。后来，好友韩绛、韩维两兄弟向宋神宗推荐王安石，而此时的神宗也正想进行改革变法之事，于是便召王安石进京，授予他武胜军节度使一职。

熙宁元年（1068年），王安石到京上任，被神宗召进宫中。神宗问王安石："治国要道，何以为先呢？"王安石答道："需要先找到一个可以效仿的人来。""唐太宗如何？"神宗问道。"陛下当法尧舜。"王安石答道。两人此次交谈甚欢，都犹如找到了知己一般，神宗更是把变法的重任全部交由王安石负责。

宋　佚名　宋神宗坐像

画像上，神宗头戴幞头，黑鬓发，淡眉，长须，目光柔和而远视，身着赭袍，腰间束朱带，双手于腹下平方，脚穿皂纹靴，坐于龙椅上。

轸念流民

选自《帝鉴图说》，王安石推行新政时，有些政策扰害百姓，致民不聊生，流民遍地，宋神宗知晓利害后，遂将不利民之政策罢革。

没过多久，神宗就采纳了王安石提出的当务之急是要变风俗、立法度的建议，任命他为参知政事，开始推行新法，并且设立了三司条例司为变法部门，命王安石为主管。新法的条例较多，涉及的范围也很广，有免役法、青苗法、方田均税法、农田水利法、市易法、置将法、保甲法等，改革科举制度，不再只以诗赋取纳人才，而专以经术取士。主要是在理财、整军和发展经济上，增加税收，并且抑制住长久以来的兼并势力的再次扩大，在政治上反对保守派，主张坚决抵御外敌的入侵等。这些变法措施遭到了司马光等老臣的强烈反对。由于神宗急于变法改革，所以先后免去了很多反对变法的官员，没多久，朝中就有上百名官员被相继罢免。由于有神宗的支持，王安石便不再理会那些反对的声音，坚持自己的变法举措。但是王安石太过于急功近利，而且在用人方面也欠缺考虑，出现了许多强迫现象，致使百姓怨声载道，再加上连年大旱和西域敌兵的入侵，这些事情都集中到了一起，便被人说成都是变法惹来的祸端。

毋庸置疑，此次变法在推行的十几年里，确实使国家的财政收入有所增加，军事力量也有所增强。但是由于变法触及了大地主阶级的利益，所以遭受到了保守派的强烈反对。一些天灾人祸全部都怨在了王安石的身上，认为这一切都是王安石变法所造成的，并认为，只有停止变法，罢黜王安石，国家才会太平。神宗出于无奈，最终只得罢免了王安石的职务。王安石先后两次被罢去官职，此后便没有再出任。但是，神宗的变法并没有因为王安石的离开而结束，还是继续维持了数十年之久，直到神宗去世为止，才结束了这场变法之旅。

虽说这次变法是以失败而告终，但是这些改革在某些方面还是取得了很大的成效，推动了大宋社会经济的发展，并且后世人对其也是颇为赞颂。

宋徽宗"玩掉"国家

宋徽宗在中国历史上可谓一位"赫赫有名"的皇帝，但他并不是因为有着怎样的丰功伟绩，而是以"风流奢靡"著称于世。众所周知，宋徽宗是一个荒淫无度、喜好玩乐、任用奸臣的昏君，北宋在其手中逐渐走向了灭亡的道路。那么，他是如何弄垮一个泱泱大国的呢？

宋徽宗赵佶生于元丰五年（1082年），是历史上有名的"贪玩"皇帝。由于生于帝王之家，所以从小就养成了养尊处优的性格。少年时代在诗词书画上就很有造诣，尤其是对蹴鞠、玩鸟、赏石一类的事几乎是无所不能，无所不通。他在书法绘画方面也表现出了超凡的天赋，是一个颇有才华的艺术家。但是这些并没有为他日后成就帝王之业带来任何的帮助。

赵佶当上皇帝之后，还是没有收敛自己轻佻浪荡的性格，置国家政事于不顾，整天以吃喝享乐为主要事情。而且重用蔡京、童贯、高俅、杨戬等奸佞之臣主持朝政，大肆搜刮民财，穷奢极侈，荒淫无度。更有甚者，他还在杭州建立了一个专供皇室享用的物品造作局，挑选一些能工巧匠为自己制造玉器和雕刻象牙等。还下令设立苏杭应奉局，专门为自己搜集江南的奇异花木，怪石珍玩，并用大批船只运往开封，称作"花石纲"。古时候的"花石纲"都是为了救急所用，而宋徽宗的"花石纲"则是为了享乐而用。这些浩浩荡荡的运石船队首尾长达上千里，横跨淮河、汴河之间，严重影响了周边县市的农业生产，有时还会阻拦一些官船或是私人船只，给东南地区的人们带来了很多不便与灾难。宣和二年（1120年），江浙等地的百姓实在不堪忍受疾苦，爆发了方腊起义，此次起义虽然最后以失败告终，但在一定程度上给北宋王朝带来了沉重的打击。

朱冲当时是苏杭应奉局的主管，专门负责为徽宗搜集天下的奇花异木和怪石珍玩。他仗着自己有蔡京作为靠山，所以格外嚣张跋扈。不管是官宦之家还是平民百姓之家，只要有一些可供观赏的花石，他与其子便使用黄色封条把物品贴上，这就表示此物已经是"御用"的了，如有违抗不交者，则处以大不敬之罪，轻则罚以银两，重则关进大牢。他们犹如强盗一般在民间肆意搜刮，甚至还到长江与太湖中去打捞怪石。据传，有一次为了向皇上进贡一块巨大的太湖石，曾用上千人拉纤，在路过城镇桥梁时，大石难以通过，他们就扒开城墙，拆毁桥梁，巨石送到京城时已毁坏城墙、桥梁无数。

朱冲父子如此为皇上效力，自然会受到徽宗的赏识，加官晋爵自不消说，而且允许朱冲自由出入皇宫内殿，视他们为自己的贤良忠臣。由此可知，徽宗的昏庸到了何种程度。徽宗对这些珍奇花木十分看重，命上千名能工巧匠修建了要举行祭祀活动的"明堂"，举行宴会活动的"延福宫"和祈求多子多孙的假山艮岳。艮岳是以人造山石为主体的综合风景区（宫苑），徽宗为了能使艮岳上空出现袅袅云雾的景象，命工匠们制造了一些很大的油布袋，在水中浸湿以后，再由宦官们在黎明时将其安放在苑中怪石之间，用来捕捉早晨的云雾，并保存起来。一旦皇帝到此游玩，便打开这些口袋，顿时，山间云雾缭绕，使人有如置身仙境一般，并称此现象为"贡云"。可见，宋徽宗为了满足自己的享乐欲望，可谓"煞费苦心"。

宋徽宗是一个既贪玩又迷信的皇帝，在他统治期间，曾向全国各地搜集祥瑞的征兆。比如，今天天神在坤宁殿显灵了，明天在某某处又看见飞龙出现了，或是像真宗时那样在什么地方又看

上清道会

选自《帝鉴图说》，徽宗崇尚道教，曾替道士林灵素盖一座宫，叫作上清宝箓宫。徽宗每临幸其地，便设大斋醮，但来的，既与斋饭，又与衬，施钱三百，叫作千道会。

应奉花石

选自《帝鉴图说》，徽宗性喜花石，因此年年加添，所贡渐盛。如山上有奇石，就令人凿山以取之，用车搬运。催督工程，极其惨刻。百姓们为这差使重累，多破荡家产，甚至鬻卖子女以供其费。

南宋 佚名 宋徽宗坐像

宋徽宗即位之后启用新法，但是宋徽宗重用的蔡京等打着绍述新法的旗号，无恶不作，政治形势一落千丈。

见"天书"之类的东西等。只要有人上报，他就会一一封赏。他尊崇道教，并自封为"道君皇帝"，而且也喜欢别人称呼他为"道君"或"道君皇帝"，有时还会率领众多道士去祀天。赵佶不仅自己崇信道教，还强行下令让百姓全部信奉道教。而且每年都会给道士许多钱财，如此一来，越来越多的人都开始当道士，宋朝道士的人数空前增多起来。然而这些真假道士也开始四处招摇撞骗，成为社会的寄生虫，严重侵蚀着宋朝的国力。

宋徽宗这个"贪玩"的皇帝将北宋王朝弄得乌烟瘴气，百姓怨声载道。他在位期间，朝政昏庸，官吏腐败，农民起义不断出现，边疆地区更是蠢蠢欲动，北宋政权已经开始摇摇欲坠。靖康二年（1127年）四月，徽宗和他的儿子钦宗被金人俘虏，自此，统治中国167年的北宋王朝宣告彻底灭亡。

徽、钦二帝成为阶下囚

宋徽宗赵佶是历史上有名的昏庸皇帝，他崇尚奢华，爱好艺术，对政治不感兴趣，只知道及时行乐，在金人进攻之际无力挽回局面，便将皇位禅让给长子赵桓，即宋钦宗。然而，此时的北宋王朝已经到了摇摇欲坠的境地，再加上赵桓与其父同为昏君，二人自然"顺理成章"地制造了"靖康之耻"事件。那么，徽、钦二帝到底为何会成为金人的阶下囚呢？这真是一个值得思考的问题。

"靖康之耻"是我国历史上的一次著名事件，这次事件的主要人物便是北宋的最后两位皇帝——宋徽宗与宋钦宗，发生在靖康年间（1126—1127年）。靖康二年（1127年）四月时，金军攻打北宋，在很短的时间内便攻破东京，在城内大肆抢掠、搜刮，并俘虏了徽宗、钦宗两位皇帝和后妃、皇子、宗室、贵卿等3000余人后撤回北上。东京城内被洗劫一空，至此北宋灭亡。此次事件被称为"靖康之难"，也称"靖康之耻"。

其实早在北宋与金国联合攻打辽国的时候，金朝就已经基本上掌握了北宋的实力，早就看透了宋朝皇帝的昏庸与无能，一直都对北宋虎视眈眈，伺机进攻，一举歼灭北宋。终于，在灭辽国之后，于1125年冬天，金国趁着宋朝内乱兵分两路开始南下攻宋，企图消灭掉北宋政权。此时的北宋由于多年来没有战争，军队的战斗力大不如前，根本抵挡不住金军的猛烈进攻。第二年初，金军就顺利地渡过了黄河，来到了汴京城下。可此时的宋徽宗似乎对此事还毫无察觉，依然每日歌舞升平，以为天下在自己的治理下还是太平盛世呢，丝毫没有抗金的准备。

当得知金军已经兵临城下时，徽宗还是一副从容不迫的状态，认为并无大碍，无须组织军队与之抗衡，只要开坛做法便会"击退"敌军。想想都觉好笑，

辽　胡瓌　卓歇图

南宋初期，宋廷为绥靖和善或刺探情报，大量派使团出使金国。入金后，按女真风习，必然将汉族儒士的右衽服改为左衽，并且要先随女真头领出猎数日后，方可商议政事。从画上看，作者表现了南宋使臣随金朝官僚出猎时小歇的情景。

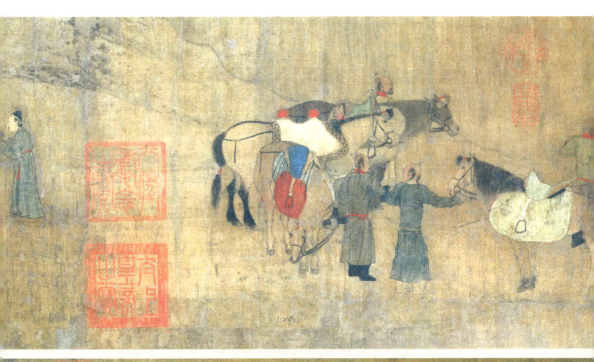

宋　佚名　宋钦宗坐像

宋钦宗性格优柔寡断，反复无常，对政治问题缺乏判断力，靖康之变时被金人俘虏北去。
于南宋绍兴三十一年（1161 年）病死于燕京，终年 61 岁，葬于永献陵。

堂堂一国之君竟然把救国救民之事完全寄托在道士郭京的六甲法上面，真是荒唐至极。要知道，这些小把戏只能欺骗一下宋徽宗这样的昏君罢了，岂能阻挡住金军的猛烈进攻？徽宗在万般无奈之下，为了争取民心，保得皇位，下诏向百姓道歉并对自己的行为表示悔恨，下令召回全国各地的军队保护京城。可是，金军已经逐渐逼近京师，增援部队根本来不及赶回京城。此时徽宗才意识到问题的严重性，他曾宠信过的"六贼"也是无力带领人们进行抗金。徽宗在万般无奈之下便传位给太子，自己则躲进深宫之中。

太子赵桓在这样的境况下被迫登基，是为宋钦宗。在他登基的第二天，徽宗便以烧香祈求民安为由带领一批自己的宠臣和妃嫔渡过淮河逃到扬州去了。徽宗走后，宋钦宗为了抵抗金人的进攻，启用了抗战将领李纲。京城的军民在李纲的带领下奋勇杀敌，取得了多次的胜利。金军也被这突如其来的部队打得溃败。就在北宋连连胜利的时候，宋钦宗却在一群投降派官员的鼓动下，罢免了李纲的职务。理由竟是为了阻止李纲趁乱篡权，保全皇位，只能这样做。同时也是为了防止金国日后再侵犯宋朝，不敢得罪金国。再加上徽宗此时以太上皇的名义不准京外军队前去京师救援，宋钦宗陷入了两难的境地，最后只好派人向金人委曲求和。金国趁机提出了很多无理要求，索要了大量的金银珠宝和土地之后才撤兵回师。

此时，宋徽宗以为金兵撤退后便会天下太平了，回宫继续过着奢华荒淫的生活。一些有远虑的大臣劝诫宋钦宗做好准备抵御金军的再次入侵，可是昏庸的宋钦宗还存在侥幸心理，认为金国退兵就是万事大吉了，与其父同样过着奢靡的宫廷生活，没有做过任何抵御外敌的准备工作。

殊不知，半年之后，金军卷土重来，兵分两路攻打宋朝，宋钦宗以为此次会与上次一样，只要讲和，赔些钱财与土地便可使金人退军。却没有想到遭到了金军的百般戏弄，京城在金军的猛烈进攻下，很快就被攻陷。靖康二年四月，金军把宋徽宗、宋钦宗两位皇帝和一些妃嫔等3000余人俘虏到了北方。徽、钦二帝从此成了金国的阶下囚，北宋至此灭亡。

据史料记载，一些北宋的旧臣和南宋的君臣为了掩盖这样一件不光彩的事情，竟然自欺欺人地写下徽、钦二帝是到北方狩猎，实在让后人对其感到不齿。

"泥马渡康王"确有其事吗

但凡是开国皇帝，都会有一段不同寻常的传奇经历，这样人们才会对他们"真命天子"的身份深信不疑。南宋开国皇帝赵构也不例外，在民间一直都流传着"泥马渡康王"的传奇故事，其主人公就是赵构本人。那么，"泥马渡康王"到底有没有这样一回事呢？

宋高宗赵构是宋钦宗的弟弟，曾被封为康王。在靖康年间受宋钦宗的派遣，前往金国进行和解（其实就是作为人质）。之后在其身上发生了十分离奇的故事。赵构几经周折，最终成了南宋的开国皇帝。

据史料记载，康王赵构前往金营作为人质，历史上确有其事。靖康元年（1126年）正月，金兵已经攻打到京师。软弱无能的宋钦宗要求与金国和解，金人要求以大宋的亲王、宰相作为人质，才能撤兵回师。于是钦宗命其赵构前往金营。接下来的事情就十分神奇了，虽然故事情节较为简单，但是版本却多有不同。

第一个版本，赵构在金营被软禁之后，金国皇帝让其和金国的太子一同进行射箭比赛。由于赵构胆子较大，也没有多想，只想发挥自己的正常水平即可，所以射出的三支箭全部中靶，这使得金国皇帝大开了眼界。经金国皇帝与众臣商议后，全体认为赵构并非大宋的皇子，而是宋朝用了一个擅长武艺的人前来顶替，于是将其遣返，要求换一位皇子过来。就这样，赵构被放了回来，而并非故事中说的那样是在北上的途中潜逃回来的。就这样，宋钦宗只好又命令肃王赵枢代替赵构，前往金营作为人质。在谈判的过程中，宋钦宗答应了金人的一切割地、赔款等要求后，他们才暂时撤军。但是肃王赵枢却没有被放还，而是被金军掳到了北方，做了赵构的替死鬼。此种说法与"泥马渡康王"似乎不太沾边，所以可信度并不是很大，常引起人们的质疑。

宋　佚名　宋高宗坐像

宋高宗是南宋开国皇帝。在位期间，迫于形势与民心，任用岳飞、韩世忠等主战派将领抗击金军。后重用主和派的王伦、秦桧等人，一味求和，处死岳飞，罢免主战派大臣。1162年，禅位于皇太子赵昚。

还有一个版本，说的是在南宋初年，赵构就已经即位，并把京城迁到了扬州。在金人举兵南下的时候，金军前锋很快就攻打到了扬州城下。由于事出突然，赵构并没有事先接到战报，闻此战情，连夜逃出城去。为了躲避金军的追赶，他夜里藏匿在江边一个神祠内。趁着月光，赵构发现祠中泥塑马竟然仰天长鸣，动了起来，于是他乘上泥马横渡长江，逃到了杭州。

与第一个版本相比较，第二个版本的真实性似乎更大一些，因为它不但紧扣故事"泥马渡江"的情节，其他情节在历史上也是有据可查的。靖康二年（1127年）五月初一，赵构在应天府登基，建立了南宋政权，即为宋高宗。金人得知

明　仇英　临萧照中兴瑞应图卷

此图是仇英临摹南宋「院体」画家萧照的稿本，内容取宋高宗赵构即位前的种种瑞应传说，描写曹勋为迎合高宗赵构的旨意，歌颂中兴而编撰的祥瑞故事。

赵构在应天府重新建立了宋朝政权，马上又开始了新一轮的入侵战争，想要趁赵构根基不稳时一举歼灭之。建炎元年（1127年）秋，金国分兵数路攻打南宋。赵构担心再次重蹈靖康之变的覆辙，便不顾主战派大臣和将领们的反对，在同年的十月将朝廷迁到了扬州。建炎三年（1129年）二月，宗翰派兵攻打扬州，在金军距扬州城仅有数十里之际，宋高宗仍然在后宫寻欢作乐。听到军报才知事情的严重性，慌忙中带领少数人员乘马出城，渡江逃跑。这段经历还是有史实为证的。

以上两个版本虽然事情发生的地点和时间上有所不同，一个在北方，一个在南方，一个在即位前，一个在即位后，但是其内容还是大同小异的。不管事情真实与否，在某种程度上都能反映出历史的真实性。"泥马渡康王"的故事，应该说都是统治者们为了统治的需要而杜撰出来的，这样的传奇故事在中国古代历史上屡见不鲜，这些离奇的传说在一定程度上成为政治家把握朝政的手段，并起到了蒙蔽世人的作用，这些精神方面灌输的力量有时甚至是武力所不能比及的。

宋高宗用处女选太子

在中国几千年的封建王朝里，皇帝选太子的方式只有两种：一种是皇帝根据"立长不立幼"的古训册封太子；另一种就是群臣联名举荐。但是在宋朝时期，宋高宗却"发明"了一种新型的选太子的方式——用处女选太子。这到底是怎么回事呢？宋高宗为何要用处女来选太子呢？

继宋高宗皇位的宋孝宗赵昚是所有宋朝皇帝中极为精明能干的人物之一，他继位后迅速启用了一大批能臣干吏，并且为蒙受不白之冤的岳飞平反，颇有当年宋太祖的遗风，因此深受百姓的爱戴。后世的史料中有关宋孝宗赵昚的记载很多，其中最引人注目的当属他通过宋高宗的考验坐上皇位的传奇经历。他之所以能以非亲子身份继承宋高宗的皇位，一方面与高宗无子被迫在赵氏宗亲中选太子有关；另一方面，恐怕也是最为主要的方面，得益于他在一次处理宋高宗送给他十个美女问题上的出色表现。这听起来可能有点难以置信，赵昚继承皇位与十个美女之间怎么会存有如此大的关联呢？

故事还得从1129年说起，就在这一年，金左副元帅宗维攻陷徐州，驱军南下，扼守在淮阳的韩世忠军一战即溃，败走盐城，金兵长驱直进，一路杀到扬州附近的天长军。以往金军入侵时都是靠着韩世忠和岳飞等一批名将的顽强抗击，宋朝皇室才得保无忧。但这次连韩世忠的军队都在与金兵交战中失败，自然使得宋皇室失去了赖以依存的屏障。韩世忠的这次失败使宋高宗惊恐万分，逃跑得比以往任何一次都狼狈。由于受到过度的惊吓，赵构在这次事件之后就失去了生育能力，而他唯一的儿子也在苗刘之变后死去。加上太宗系的后人，在靖康之变后基本被金国一网打尽，因此从太宗的后代之中几乎找不出可以继承皇位的合适人选。为了不使自己在百年之后皇位落于外姓人氏之手，宋高宗被迫在宋太宗的哥哥宋太祖的后代中寻找可以继承自己皇位的人选。

　　与宋太宗的后代不同，当时宋太祖的后代有上千人之多，可宋高宗想在这么多人之中选出合适的人选亦并非易事。经过一番仔细的搜寻，宋高宗终于找到了一胖一瘦两个小孩。在这两个太子人选当中，赵昚便是其中那个偏瘦的小孩。刚开始，宋高宗对赵昚并没有太多的好感，而是比较中意胖点的小孩。按理说赵昚继承皇位的机会应当也就到此画上了句号，但是也许冥冥之中自有天意，正在他打算放弃做皇帝的梦想之时，发生了一件微小的事情，进而使整个局面发生了巨大的变动。事情的经过是这样的：有一次，宋高宗将赵昚和胖小孩叫到一起，恰巧此时闯进了一只猫，赵昚正全神贯注地听宋高宗讲话，猫闯进来后连眼睛都没有眨一下；而胖小孩却不同，猫闯进来后他显得很惊慌，再也无心听宋高宗讲话，连忙伸脚去踢猫，动作极其粗鲁。胖小孩这一粗鲁的举动彻底葬送了高宗原本对他的好感，最终，高宗打发走了胖小孩，将赵昚留在了宫中。按理说，赵昚被留在宫中之后，皇位继承人非他莫属了，但是他在宫中待了将近 20 年，却没有被立为太子，这让人觉得匪夷所思。究其原因，主要有两个方面：其一是赵昚非宋高宗亲生，宋高宗始终对他怀有一定成见，希

望多给自己留些时间，渴望出现能生育的奇迹；其二是宋高宗的母亲韦太后不喜欢赵眘，而喜欢另一个养育在宫中的赵琢，她一直劝高宗立赵琢为太子，这使宋高宗在立太子的问题上一直摇摆不定，不知如何取舍。最终，他想出了一个既可以不使韦太后生气，又可以考验赵眘和赵琢的万全之策：给他们两人分别送去十名绝色处女，待半个月之后再将这些绝色佳丽召回来认真查验，谁破处最少，谁将是皇位的最佳人选。宋高宗想出的这个招数很管用，效果也很明显。送给赵眘的十个佳丽被召回来之后完好如初，而送给赵琢的十个佳丽却全部都不再是处女。最终，赵眘通过了宋高宗的考验，顺利地被立为太子，直至登上皇帝的宝座。

后人评价宋高宗赵构，说他一生行事之中，唯有选太子是最称公允的，能上慰天地，下慰祖宗。然而，一则有宋太祖的先例，二则自己没有儿子，所以宋高宗选立孝宗，也实在是出于无奈了。

南宋 刘松年 中兴四将图

中兴四将图卷绘南宋四将刘光世、韩世忠、张俊、岳飞全身立像，比例准确，姿态自然，衣饰线描劲健流美。

宋宁宗即位与赵汝愚有关

　　历朝历代的皇子登上皇帝宝座都会有一场血雨腥风、手足相残的战争场面，然而在南宋这个特殊的朝代里，却有着很多不一样的历史。宋宁宗的继位便是一个特殊的事例，他的登基大典是大臣赵汝愚在其不知情的情况下一手策划的，这到底是怎么一回事呢？宁宗与赵汝愚又有何关系呢？

　　宋宁宗赵扩是宋光宗的次子，淳熙十六年（1189 年）拜少保、武宁军节度使，晋封亲王。绍熙元年（1190 年）被立为储嗣。绍熙五年（1194 年）被宗室、知枢密院事赵汝愚和外戚韩侂胄拥立为帝。赵扩能够取代光宗继承皇位，可以说是宰相赵汝愚一手策划的。为什么这么说呢？其实这一切都可以说是历史的必然性。众所周知，宋光宗是一个昏庸至极的皇帝，他整日不理朝政，一天到晚只是荒淫无度地享乐。作为宗室并出任宰相的赵汝愚从南宋朝廷的利益出发，置自己的荣辱于外，策划了一场以和平的政变方式解决权力过渡的历史事件。

　　宋光宗即位时已经 40 多岁，常以自己的身体状况不佳为由不上朝，也不理政事，就这样，使国家的朝政一度荒废。在不理朝政的同时，光宗也不立早已成年的赵扩为太子，众大臣对此事十分着急。像光宗这样不明事理、不通人情的皇帝在历史上还是十分少见的，再加上身边有李皇后整天挑拨离间，光宗与太上皇孝宗的关系也越来越紧张，越来越疏远，最后甚至连最基本的叩见礼仪都没有了。即使众大臣多次进谏，光宗也是置之不理。直到有一天孝宗病重要求见光宗一面，光宗还是推脱身体不适不予见面。绍熙五年（1194 年）孝宗去世，光宗都没有去见父皇最后一面。面对这样一个不尊礼数、昏庸无道的皇帝，臣子们还是苦苦相劝，希望他能够以江山社稷为重，但光宗仍是让大家一再失望。孝宗去世当夜，按照惯例是要马上报告给光宗皇帝的，但是此消息被当时任知枢密院事的赵汝愚拦截下来，他担心光宗知道后还会像以前一样称病不过来处理丧事。第二天早朝之时，赵汝愚立即把孝宗的讣告上奏给光宗，请求其立即换上丧服为孝宗治丧。此时光宗不好推脱，只好答应回宫去准备。可是回宫之后就不见光宗再出来了，面对此种境况，赵汝愚等人只好议请高宗的吴皇后暂主丧事。太皇太后为儿子主持丧事还真是前所未闻的事情。

众大臣见光宗的"病情"竟然如此严重，便提议现应由太子管理国事才行。可是光宗却下诏给留正说希望退位，留正看到其想要退闲的谕旨后有些害怕，怕把自己牵连到一些是非之中，便借故称自己年老体衰辞去了职务。此事在朝野中引起了不小的风波，大家不知道发生了什么事情，驻外的宋军更是以为朝中将要发生大事，积极准备应战。在这危急之时，知枢密院事赵汝愚责无旁贷

宋　佚名　宋孝宗坐像

南宋末年学者黄震称许，赵昚在位乾（道）、淳（熙）时，"正国家一昌明之会，诸儒彬彬辈出"。其时，不仅有著名的思想家朱熹、陆九渊、陈亮、叶适，还有著名的文学家，如陆游、范成大、杨万里、尤袤，著名词人辛弃疾等，都活跃在赵昚在位时期。

地承担起了维护朝廷安全的重担。纵观当时的情况，只有让光宗禅位嘉王赵扩，由新皇帝出面才能平息这场内忧外患的危机。于是赵汝愚从安抚军队入手，委托工部尚书赵彦逾去说服御林军统帅郭杲，希望他能够理解自己让光宗退位的原因。虽说赵彦逾和郭杲也是至交，但是这样的事情，赵彦逾也没有多大的把握。他与赵汝愚商议，如果郭杲不允的话，他就取而代之。最终赵彦逾带回来了令他们满意的答复。接下来，赵汝愚派韩侂胄去说服吴太皇太后让光宗传位于赵扩，韩侂胄不负众望，说服了太皇太后次日上朝垂帘听政。随后他命人告知嘉王赵扩明日要准时上朝，有重大国事商议。

次日，赵汝愚率领众大臣来到宫内，参拜了太皇太后之后便提出："太上皇帝驾崩之时，光宗称身体不适，不便于发表。作为臣子的我们曾上表皇上立嘉王为太子，皇上起初批注'甚好'后又写下了'念欲退闲'。立太子一事事关重大，现在还需要太皇太后予以批准。"此时太皇太后也只是走走过场，便传下了"照此办理"的旨令。赵汝愚考虑全面，提出如果日后两父子发生矛盾，希望太皇太后能够出面调和。一切都处理妥当之后，赵扩才知道原来这天的国事便是要立自己为皇帝，顿时乱了方寸，不知道如何应对，连称自己"做不来，做不来"，就是不肯继位。赵汝愚对赵扩的懦弱非常不满，说道："天子应当以国家安定为己任，如今朝廷内忧外患，如果有所闪失，太上皇帝也无法承担！"接着，不由分说地就命人将黄袍披在了赵扩的身上，让人把他扶上了皇座。还没有等赵扩坐稳当，缓过劲来，赵汝愚已经率领群臣百官三叩九拜地行起了大礼，赵扩就这样做了皇帝。后来当宁宗去拜见光宗的时候，光宗才恍然大悟，原来自己已经当上了有名无实的太上皇了。面对前来拜见的宁宗，光宗惊得一句话也说不出来，但也只能面对事实了。就这样，在赵汝愚的策划之下，光宗皇帝结束了自己昏庸无道的统治，只能无奈地禅位给宁宗赵扩。

▶ 明　杨荣　《御制外戚事鉴》韩侂胄

韩侂胄执政前后14年，最后按照朝野抗金的要求，发动北伐战争，由于坚持抗敌，遭受投降派的杀害而牺牲。

冒牌皇帝宋理宗

曾有人提出过这样的疑问：南宋的第五位皇帝宋理宗并不是一位皇子，最终却能登上皇帝的宝座，这是为什么呢？他到底是不是一位冒牌皇帝呢？他的继位经历到底是怎样的呢？下面就让我们一起去探寻一下宋理宗的秘密吧。

宋理宗原名赵与莒，于 1222 年被立为宁宗弟沂王嗣子，赐名贵诚，又于 1224 年被立为宋宁宗皇子，赐名昀。他是南宋的第五位皇帝，在位时间为 1224—1264 年，时间约占南宋王朝的四分之一，于两宋皇帝中在位时间之长仅次于在位 41 年的宋仁宗（1022—1063 年）。赵昀是南宋十分重要的一位皇帝，并且对南宋的崩溃具有不可推卸的重要责任。关于他的继位过程也存在着诸多的争议。

因为宋理宗本不是皇子，他只是宋朝皇家的一个远房亲戚，是赵匡胤之子赵德昭的九世孙。他的前任皇帝宋宁宗死后，宰相史弥远矫诏废太子赵弘，立贵诚为帝，即为宋理宗。史弥远在宁宗末期时就开始独揽相权长达十年之久。在他为相期间，深得宁宗的信任，但他也一直担心自己的荣华富贵总有一天会随着宁宗的去世，新皇帝登基而消失得无影无踪，因此，他十分看重宁宗选嗣这件事情。宋宁宗只有荣王一个皇子，所以早早就选定荣王为皇太子，这也正合了史弥远的心意，因为两人私交甚好，而且还联合除掉了韩侂胄，让荣王继位对自己是非常有利的。但是在嘉定十二年（1219 年），荣王却因病去世了，所以宁宗要另选继位的人选。这让史弥远十分着急，担心新立的皇太子会对自己产生不利的因素，所以他更加关注着宁宗选嗣一事。

嘉定十四年（1221 年），宁宗看中了沂王的儿子贵和，并选定他为皇嗣，赐名为赵闳，之后宁宗托付史弥远再为沂王另选一个嗣子。史弥远与沂王接触不多，对赵闳的为人更是不了解，所以不敢轻易把自己的将来这样草率地押在赵闳的身上。于是他密奏宁宗要小心立嗣，应该多选出几位皇室的子弟安置在宫中，慢慢查看人品与能力，之后再从中寻找皇太子的候选人。宁宗认为史弥远考虑周全，处处都为皇上分忧，于是对他更是百般信任，并稀里糊涂地将为皇室选择后嗣之事交到了史弥远的手上。但宁宗不知史弥远是别有用心，其实是在处处为自己的将来做打算。

宋　佚名　宋光宗像

宋光宗"宫闱妒悍"，惧内心理严重，以致后期荒废朝政；又听信谗言疏离太上皇赵昚，引起南宋的政治危机，使"乾淳之治"的成果渐消，南宋开始由盛转衰。

　　史弥远知道宋朝南渡之时，曾有不少皇室子弟流落到了浙西一带，于是便派余天赐到那一带去打听寻找流落到此地的皇室。余天赐不负所望，很快就为史弥远领回来两位气度不凡的皇室子弟。史弥远见后，觉得非常满意，二人确实有着天生的富贵之相。于是他便在宁宗面前多次为二人美言，说这两位皇室子弟是怎样的天资过人和品行超群。于是宁宗便召见了这两位宗室子弟。宁宗见后也是非常满意，便立年长的赵与莒为沂王的子嗣，并赐名贵诚，授秉义郎。

　　史弥远在暗地里对贵诚和另一个宗室子弟赵闳进行了考察，他发现贵诚是一个为人乖巧、品行端正的人，每次上朝都是面容严肃，而且思虑缜密，尤其是对自己毕恭毕敬，所以对贵诚十分满意，认为日后与贵诚必能合作愉快，所以他在众人面前常常夸赞贵诚。相比之下，赵闳则总是一副傲慢的姿态，对谁都是不理不睬，更是不把史弥远放在眼里，对他独揽大权的做法十分不满。两者通过比较，史弥远自然是倾向于贵诚一方的。

　　但要想废掉皇上亲立的皇子并不是一件容易的事情，所以史弥远开始处心积虑地想办法除掉赵闳。他在赵闳的身边安插了一个自己的亲信，得知赵闳不但对自己有强烈的不满情绪，而且还想要除掉自己，这更坚定了他要先除掉赵闳的想法。史弥远开始着手对贵诚进行皇储的训练，准备在宁宗去世前把废掉赵闳的事情办下来，所以他一直在宁宗的面前提到废赵闳，立贵诚一事。可是宁宗一直都没有做出反应。到1224年，宁宗大病不起，史弥远派人告知贵诚要立他为皇帝之事，贵诚十分小心，对此事既不明确表态，也不明言拒绝，只是很谨慎地说："家中还有老母，此事自己怎能做出决定？"这样一来，史弥远更加认定了贵诚是值得自己信任的合作伙伴。于是他假传圣旨，立贵诚为皇太子，赐名赵昀，封为国公。宁宗去世后，赵昀便顺理成章地继承了皇位，成为南宋第五位皇帝。

应该说，赵昀的继位过程是宁宗末期的权臣史弥远一手操办的。而且在宋理宗继位后的前十年里，他毫无权力可言，对政事更是完全没有过问过，一切都在权相史弥远的操控之下，自己完全就是一个傀儡皇帝。直到1233年史弥远死后，宋理宗才开始自己的执政生涯，亲理朝廷政务。他在亲政初期便开始立志复兴宋朝国事，采取了多项改革措施，如罢黜史党、亲擢台谏、澄清吏治、整顿财政等，历史上将这些改革称为"端平更化"。但是到理宗执政的后期，朝中大权又相继落入了丁大全、贾似道等奸相手上，致使国势逐渐衰败。1259年，蒙古攻鄂州，宰相贾似道用宋理宗的名义向蒙古俯首称臣，并将长江以北的土地全部割让给蒙古。自此，南宋陷入了极其危难的境地。

理宗赵昀死后的谥号是"建道备德大功复兴烈文仁武圣明安孝皇帝"，庙号"理宗"。根据周密《齐东野语》中的记录来看，最初曾拟定过"景""淳""成""允""礼"五字为备选庙号，但最终还是定为"礼宗"，后来又被更名为"理宗"。因为人们认为，理宗是一个崇尚理学的皇帝，因此定位为"理宗"也是非常贴切的。所以从这点来看，人们对宋理宗赵昀这个皇帝还是十分认可的，不能说他是一个冒牌的皇帝。

▶南宋　赵昀　楷书韩翃《潮声山翠》

台湾美术史学家、书画鉴评家傅申评价理宗书法："理宗之书，在南宋诸帝中已超出高宗书体范围，其楷书略受张即之影响，行草自成一家面貌，用笔尖利，气格不高迈，书体颇易辨认。"

宋高宗諱構字德基徽宗第九子宣和三年封康王

飛龍之初頗喜黃山谷體後取未書已而皆置不用獨心

慕手追王逸少萬幾之暇喜作小楷嘗書周易尚書毛詩

左傳全秩送貯成均此書紈扇賞賜廷臣妃嬪物也運腕

力追晉唐雖無意求工而出入變化直入王右軍堂奧此冊為

琴山農部所藏今歸余齋晴窗展玩益我師資惜當日

兩刻真草孝經不傳於世為恨事耳

道光己酉清明後五日窻兩跋於清華池館　潘正煒記

余藏宋思陵書凡四種一為楷書黃庭經一為賜㮾汝嘉墨勅一為

臨蘭亭敘用筆之妙與此冊洵堪伯仲也冊內第十二頁吳荷屋中丞

曾模刻入筠清館集帖曰益紀此以誌墨緣

次日正煒又記

059

生不逢时的宋恭帝

"胜者为王，败者为寇"这是一句世人皆知的熟语，凡是胜利者都可以随心所欲地行事，但作为无辜的失败者，这样的结局似乎对他是不太公平的。宋恭帝就这样一位毫不知情的失败者，随着他的被俘与死亡，延续了近320年的赵宋王朝至此正式结束。而关于宋恭宗之死，却给世人留下了太多的谜团，也成为一些史学家所要研究的对象。

宋朝的最后一个皇帝即为宋恭帝，他的一生可谓命运多舛，历经了很多的磨难。但最后还是没有得到善终，落得客死他乡的悲惨结局。南宋咸淳十年（1274年），宋度宗因病去世，年仅4岁的太子即位，这便是宋恭帝，在历史上，人们称他为少帝、幼帝、德佑皇帝。宋恭帝继位之时，南宋王朝已经是千疮百孔。由于宋恭帝年纪尚小，虽说是由全太后垂帘听政，但朝中大权依然落在奸相贾似道之手。

德佑二年（1276年）正月，元朝大军南下入侵南宋。当元军到达临安城下，眼看着南宋朝廷大势已去之时，谢太皇太后立刻派大臣杨应奎，以恭帝之名向元军献上降表，并连带着传国玉玺一起交给了伯颜。降表言辞十分卑下可怜，称宋朝奸臣当道，严重误国，大宋的天数已尽，而元朝则正是国运兴旺之时，我愿意率领百官称臣降服于大元。今奉太皇太后之命，除去帝号，并将两浙、福建、江东、江西、湖南、两广、四川、两淮等宋朝的州郡，全部献给大元。只求元朝可怜宋朝三百年江山就此断绝，使赵氏子孙得以日后有靠，宋朝百姓能够安享天日即可。如此，我们将永远不忘元朝的大恩大德。虽然这篇降表写得哀婉诚恳，而且也充满了一个行将灭亡的王朝的辛酸，但是元朝还是没有放过赵氏这位小皇帝。

当伯颜攻下临安时，按照元世祖的旨令，立即将宋朝的皇帝带到大都与之会见。这样，皇太后带着只有7岁的恭帝在随行人员的护送下急匆匆地赶往大都。可怜这一对孤苦伶仃的母子，毫无权势力量，在亡国之痛外还要感谢元世祖的不杀之恩。这样毫无民族气节的两人很是让元朝人看不起，遂将他们软禁在深深的宫苑之中，经常加以凌辱，而且还不许他们与外人接触。据传，当时随二人前来的宋朝的几位宫女，由于不能忍受元朝人的凌辱与虐待，来到元大都不久后就自缢身亡了。其中一位宫女曾留下绝命诗一首："既不辱国，幸免辱身。世食宋禄，羞为北臣。妾辈之死，守于一贞。忠臣孝子，期以自新。"全太后也是顾及年幼的恭帝无人照料，才没有自杀强忍着元人的羞辱罢了。

宋恭帝像

宋恭帝是南宋第七位皇帝，宋度宗次子。

此时南宋遗留下来的一些大臣为了能恢复大宋基业，重新立恭帝的哥哥赵昰为端宗。元世祖此时也想到了绝妙的好办法，他封恭帝为瀛国公，这样既是做样子给天下人看，又是为了对端宗进行制约，告知天下人恭帝还尚在人世，也可以顺便招降宋朝的那些还未归顺的臣子们。

没过多久，全太后提出由于水土不服，请求元世祖允许他们母子二人迁往南方。元世祖恐怕节外生枝，并没有同意他们的请求，但是也没有杀害全太后和恭帝。传说元世祖早就准备好让他们

元　佚名　忽必烈像

大蒙古国第五任可汗及元朝开国皇帝。

二人在元大都的深宫中了却此生。但这种说法一直遭到人们的质疑，因为据史料记载，在1282年，元世祖突然下令命恭帝迁出大都，将他安置在上都，并要全太后在大都正智寺出家为尼。没多久，全太后就悄无声息地死在了那里。究其原因，原来是曾有一位僧人向元世祖报说有人自称是宋王，并要加害于元世祖，劫走宋丞相文天祥，起兵复宋。元世祖听后立即把恭帝迁出大都，并杀害已经关押了三年的文天祥，解除了自己的后顾之忧。

　　1289年，元朝的统治逐渐稳定下来，元世祖忽然给了19岁的恭帝许多钱财，让他到吐蕃出家当僧人。恭帝在萨迦大寺出家，改名为合尊法宝。由于他聪颖灵慧，悟性较高，很快就当上了萨迦大寺的住持。原本已一心向佛的恭帝应该是心无杂念，就这样在此地了却此生的，可是到了元英宗至治三年（1323年）

时，恭帝却突然被赐死在河西，这是怎么回事呢？原来是他无意间写了一首诗，便闯了大祸："寄语林和靖，梅花几度开？黄金台下客，应是不归来。"恭帝因此诗被元英宗以煽动天下人心的罪名处死了。

纵观宋恭帝的一生，只能用生不逢时来形容。恭帝是一个聪慧之人，幼年继位，随即便被元朝俘虏成为阶下囚，想必心中定有许多世人难以理解的苦痛。但他潜心钻研佛法，曾翻译了佛教中著名的《因明入正理论》，也成了一代佛学翻译大师，为后世留下了不朽的佛教经典。

宋　文天祥　玉带生砚

文天祥这方玉带生砚属稀有珍贵的端溪老坑石材，形制朴拙，透发出沧桑气息。砚盖上镌有文天祥手书砚铭，文天祥一直将玉带生砚带在身边。他的《正气歌》《金陵驿》等不朽的传世名篇，正是蘸此砚墨写就。

藏在古画里的大宋史

众所周知，千百年来，皇帝的后宫之中永远是一片无休止的争斗场面，就如同政坛上男人们的角逐一样，虽不见刀光剑影的争斗，却都是各怀鬼胎，暗藏杀机。后宫中的女人们用一张张面具掩盖住了真正的亲情、友情和爱情，为达目的，不惜使出浑身解数。但同样，她们也是一群可悲之人，这"深似海"的后宫生活带给她们的并不是美好的幸福，而是一曲曲悲哀的歌谣。

第二章

皇后妃嫔：红罗帐里不胜情

花蕊夫人 "更无一个是男儿"

熟知古代文学的人都应该通晓这样一件事情，自古以来，才华与美貌在女子身上互不相容。词人李清照才高八斗，但样貌可称之为平凡；貌美的薛涛其文采与智慧也是远远不及男儿。而唯有一个人例外，她是一个既美丽却又摒弃妖娆，聪颖而又博学强记的奇异女子，她便是花蕊夫人。

花蕊夫人是后蜀主孟昶的费贵妃，是五代十国著名的女诗人，与卓文君、薛涛、黄娥并称"蜀中四大才女"。她是青城（今都江堰市东南）人，自幼喜欢诗书，尤其擅长宫词。蜀主孟昶对其宠爱有加，赐号"花蕊夫人"。宫中的生活虽极为奢华，但她的诗文当中并不缺乏清新朴素之作。花蕊夫人的一首《述国亡诗》颇受人们称道，并称其为难得的才女。这首诗是这样的："君王城上竖降旗，妾在深宫那得知？十四万人齐解甲，更无一个是男儿。"那么，到底是什么样的情怀会让花蕊夫人发出"更无一个是男儿"的悲叹呢？

后蜀高祖时有个人叫孟知祥。在前蜀灭亡之后，后唐庄宗命他为两川节度使。当孟知祥到达蜀中之后，后唐就开始内乱，庄宗皇帝被杀。此时的孟知祥开始打起了自己的如意算盘，在蜀中一带训练官兵，以备后患。到后唐明宗死后，孟知祥开始称帝为王，但没过多久便死了。这样皇位顺理成章地过渡到皇子孟昶的手中。孟昶是一个懂得享乐之人，宫中的生活异常奢华。他还广征蜀地的美女以充后宫，妃嫔之外另设有十二等级。在众多妃嫔之中，孟昶最宠爱

▶碎七宝器

选自《帝鉴图说》，太祖平蜀之后，曾见蜀主孟昶有一个溺器，是由七样宝贝装成的。太祖见了大怒，命左右打碎之。

蓮花冠子道人衣日侍君王宴
紫微花柄不知人已去年關緣
與爭緋
蜀後主每於宮中累小巾命宮妓
衣道衣冠蓮花冠日尋花柄以
侍醲宴蜀之謠巳溢耳矣而主之
不艷注之竟至滋賜伴後想摇
頷之令不無扼腕唐寅

明　唐寅　孟蜀宮伎圖

此圖取材于五代后蜀孟昶的宮廷生活。畫中四個盛裝的宮伎，頭戴金銀荆釵、鮮花冠子，身穿華麗的長褂、修裙。

的便是"花蕊夫人"费贵妃。

花蕊夫人之所以得到孟昶的宠爱，不仅仅因为她是一位美女，更因为她还颇富才情。因为她貌美如花，所以被蜀主封为"花蕊夫人"。由于花蕊夫人最爱牡丹和红栀子花，所以孟昶命蜀中的百姓都种上牡丹，并且说：洛阳牡丹甲天下，今后必使成都牡丹甲洛阳。他还并命人前往各地不惜高价购买优良品种，在宫中建造"牡丹苑"，供他与花蕊夫人游园赏花。花蕊夫人对孟昶也同样关怀备至。在孟昶毫无食欲的时候，花蕊夫人想尽办法投其所好，别出心裁地做出了许多美味。

孟昶很怕热，一到炎暑季节，便喘息非常艰难。于是孟昶下令在摩河池上建筑水晶宫殿，作为自己的避暑之地。此宫殿奢华至极，用楠木为柱，沉香为栋，珊瑚嵌窗，碧玉为户，四周墙壁不用砖石，而是用数丈开阔的琉璃镶嵌。殿内罗帐锦被，奢华无比。从此，孟昶与花蕊夫人夜夜在此逍遥。

就在二人整日醉生梦死之际，宋太祖赵匡胤已被"黄袍加身"做起了大宋的开国皇帝。随后，赵匡胤命忠武节度使王全斌向蜀地进攻。花蕊夫人屡劝孟昶要励精图治，但此时的孟昶还存着侥幸心理，认为蜀地易守难攻，无须担忧大宋的进攻。可是，没多久，宋军就以少胜多攻下了成都城。无奈之下，孟昶只好出城请降。最后带着家眷前往汴梁朝见宋太祖。赵匡胤也是久闻花蕊夫人的大名，还未睹芳容，于是他封孟昶为秦国公，并赏赐了很多金银珠宝，为的只是他们来谢恩时可以见到花蕊夫人。在如其所愿，见到花蕊夫人之后，赵匡胤便被这样一位千娇百媚的绝世美女迷住了。

几天之后，孟昶竟然离奇地暴死家中。这样的事情使得很多人产生猜疑，怀疑他是被宋太祖所害。太祖听到孟昶已死的消息，便辍朝五日，素服发丧，赠予孟昶家人布帛千匹，追封他为楚王。当孟家人再次进宫谢恩时，宋太祖便把花蕊夫人留在了宫中。花蕊夫人此时也是身不由己，只得听命。当宋太祖要她即席吟诗时，花蕊夫人就吟出了这首绝唱千古的诗词："君王城上竖降旗，妾在深宫那得知？十四万人齐解甲，更无一个是男儿。"从字里行间我们可以得知，这是一首抒写亡国之恨的诗歌。写出了后蜀孟昶整日沉迷于享乐，不理朝政，当赵匡胤发兵攻蜀之时，蜀军是怎样的不堪一击，纷纷投降的。第一句中的"竖"字，写出"君王"乖乖投降的丑态，刻画出了一个亡国者的形象。

第二句则是写诗人自己，因居"深宫"之中，对朝政之事并不知晓，对君王投降之举也是一无所知。此句言外之意是，倘若知晓此事，虽不能挽救败局，但也许不会轻易竖起"降旗"。第三句写蜀军纷纷投降的场面，"齐"字含有对蜀军莫大的讽刺之意，其中也蕴含了作者无比痛切之情。最后一句抒发出了作者的愤恨之情——"更无一个是男儿"。其中"更"字是最具分量一字，将斥责、蔑视、痛恨等多种复杂感情凝聚在一起，强烈地迸发出来，真可谓一字千钧。尤其是在宋太祖赵匡胤面前陈述此事，更能表现出诗人远远胜过"男儿"的胆气。诗中字字都抒发出作者的被掳之羞、亡国之愤，表现了花蕊夫人的不凡胆识和巾帼气概。

但是关于花蕊夫人的死一直是一个难以解开的谜团，无论是在史学界还是民间传说之中都有不同的版本。有人认为，她是被赵匡胤的弟弟赵光义射杀而死；有人认为，她是被宋皇后毒杀身亡的；还有人认为，她是失宠后忧郁过度而死。

▶ 解装赐将

选自《帝鉴图说》，太祖遣大将王全斌帅师征蜀。告诉手下说，我穿戴这么温暖，身上尚觉寒冷，想那西征的将士，冲冒霜雪，又无这样的衣服，怎么抵御？于是将所服裘帽解下赐予全斌。

杨皇后垂帘听政

在不少朝代中，都有后宫干预朝政——垂帘听政一事。然而在这些人当中，有的是存在一定的野心，而有的则是出于无奈，被推上了风口浪尖之上或是骑虎难下。南宋宁宗皇帝的杨皇后便属于后者，她的垂帘听政可以说是一种无奈之举，这又是怎么一回事呢？

南宋宁宗皇帝杨皇后，原名杨桂枝。据《宋史》《历代妇女著作考》《绍兴县志》《绍兴市志》等史料记载，她是一位仪态端庄、知识渊博、聪慧机警、善诗能书，而且相貌也倾国倾城的杰出女性。

杨皇后生于1162年，早年因为样貌出众被选送入宫，侍奉皇太子赵扩。在庆元元年（1195年）被封为乐郡夫人；庆元三年（1197年）被册封为婕妤；六年之后又晋升为贵妃，地位仅次于皇后。从她这一路的晋升过程，可以看出，宁宗对其宠爱有加。后来，宁宗的恭淑皇后去世，宁宗便想把杨贵妃晋升为皇后。但此事遭到了当朝宰相韩侂胄的反对，理由是杨贵妃好弄权术，对大宋江山怕是有一定的影响，于是宁宗便将此事搁置了下来。

但此事后来传到了杨桂枝的耳朵里，从此她便与韩侂胄结下了梁子。由于宁宗最终还是立杨桂枝为后，杨皇后便利用此身份对韩侂胄实施了复仇的计划。她利用自己的远房亲戚杨次山为复仇工具，一再对韩侂胄施加压力。韩侂胄一直被宁宗所信任，而且是当时的主战派。他一直都希望能够带兵北伐抗金，收复大宋失地。杨皇后从杨次山那里了解到韩侂胄想要北伐的消息，认为自己的复仇机会来了，便指使皇子向皇上建议让韩侂胄出兵攻打金国。宁宗知道凭当时宋朝的实力，攻打中原简直就是以卵击石，便没有同意此事。

杨皇后深知想要扳倒韩侂胄并不是一件容易的事情，便和韩侂胄的对立派

宋　佚名　宋宁宗后坐像

宋宁宗后杨桂枝，年少时随养母入宫，由于得到吴太后垂爱，将她赐予宁宗，乃得平步青云。

礼部尚书史弥远合作，采取非法手段对韩侂胄进行暗杀。终于，他们后来设计将韩侂胄杀死在玉津园。史弥远与杨皇后合作除掉劲敌后，在朝中的地位明显提高，又因为杨皇后在宁宗面前说尽史弥远的好话，所以宁宗对史弥远也是越加信任。

嘉定十四年（1221年），皇太子病逝，宋宁宗要另立皇子。宁宗选定宗室之子贵和，立其为太子，并赐名为赵竑。此时的史弥远从自己的长远计议出发，认为此人并不能为自己所用，他需要选择一个能为己所用之人当太子。于是他暗里欲废掉太子赵竑，欲立贵诚为太子。可是种种迹象表明，宁宗并没有废掉赵竑的意思。

直到嘉定十七年（1224年）闰八月，宁宗驾崩，史弥远私自改了遗诏，深夜宣召贵诚进宫，定为理宗，赐名赵昀。此事杨皇后并不知情，史弥远于是派杨皇后的侄子杨谷和杨石把废立皇子的事告诉她。杨皇后虽说百般不同意，但是事已至此，现在史弥远的势力已经相当强大，为了能够保住杨氏家族的性命，也只能面对现实了。

杨皇后就这样接受了史弥远一手操纵的接任大典，同意了赵昀登基一事。赵昀登基之后，为了感谢杨皇后的恩德，尊称杨皇后为皇太后，并且做出了让其垂帘听政的规定。但那时的杨皇后已经是62岁高龄了，她这次垂帘听政并没有再像从前那样为了一己之仇而牵连诸臣，也不再专横跋扈、干涉朝政了，而是把听政看作理宗对她的一种尊重。在杨皇后七十大寿之际，理宗率领朝中百官在慈明殿为她祝寿，并加其尊号为"寿明仁福慈睿皇太后"。同年，杨皇后主动提出退出政坛，还诏祷天地百神，大赦天下。杨皇后于绍定五年（1232年）十二月病故，结束了她的一生。

刘皇后如何入主皇宫

"麻雀飞上枝头变凤凰""灰姑娘变公主"这样的事情我们似乎只有在童话故事中或是影视作品中才能见到，然而宋真宗的皇后刘氏却真的做到了。她原本是一个出身卑微的孤儿，却能够进入皇宫成为真宗宠爱的妃子，而后又成为位高权重的后宫之主，直至后来临朝听政。到底是一个怎样奇异的女子能够得到这样的恩宠与殊荣？她如何由身份卑微到最后的入主正宫呢？

刘皇后是宋史学界较为受关注的女性之一。她是宋真宗的皇后，宋仁宗时以皇太后的身份垂帘听政 11 年，虽然当时她位高权重，但是没有像武则天那样改朝称帝。她是宋朝第一位摄政的太后，可谓功绩显赫，常与汉朝的吕后、唐朝的武后并称，史书称刘皇后为"有吕武之才，无吕武之恶"。

对于刘皇后的研究，历史学家们从来没有放弃过，她是一位为大宋朝立过汗马功劳却没有独揽朝政的有功之臣，在她身上有着很多的谜团，值得人们去探索和研究。据史料记载，刘皇后原名刘娥，蜀地人氏，父亲刘通曾任虎捷都指挥使。在一次战役中其父不幸染上了重病，死在了回师的途中，只留下孤妻弱女独自生活。俗话说"天有不测风云""屋漏偏逢连夜雨"，刘通的妻子龚氏在听到丈夫的死讯之后，焦虑悲伤过度，不久也离开了人世，这样便只留下了孤苦伶仃的女儿刘娥。出生没有多久的小刘娥就这样在不知不觉中相继失去了父母，成了一个孤儿，年迈贫穷的外公外婆不忍看着小外孙女受苦，便把她带在身边抚养。

春去秋来，一晃十几年过去了，刘娥也出落得如花般美丽。可是这时刘娥的外公外婆也都相继去世，只留下表哥龚美与之相依为命。龚美是做锻银生意的，为了能使兄妹二人的生活更好些，龚美便带着表妹刘娥不远万里来到京城谋生，在京城开了一家小银坊，就算是在京城落脚了，刘娥每天在作坊前面的店铺给表哥看店。由于龚美的手艺精湛，再加上他善于结交朋友，在京城里结交了不少的朋友，所以银作坊的生意也是非常不错的，而且时常会有公侯王孙前来光顾。但是这里也不乏一些其他的原因，因为他有个如花似玉又会播鼓的漂亮表妹。没过多久，刘娥的美名就在京城传遍了，每天都会有很多人前来买鼓。

龚美与当时在襄王府里当差的张耆交情甚好，襄王就是后来的宋真宗赵恒，此时他还尚未被册立为太子，也正值青春年少之时。他对刘娥的美名也是早有耳闻，后来就在张耆的"引荐"之下，与刘娥相见相识。由于刘娥天生丽质，聪颖灵慧，很快就得到了赵恒的宠爱。可是赵恒的乳娘秦国夫人看不上刘娥的出身，认为刘娥会耽误赵恒的前程，多次加以阻挠，但是均未果。于是秦国夫人便向太宗皇帝禀报，说刘娥是如何让赵恒不加进取，整日沉迷于酒色的，太宗听后大怒，命赵恒立即将刘娥赶出府内。太宗皇帝为了让赵恒安下心来，不久就为17岁的赵恒赐婚，此时赵恒被封为韩王，新娘是忠武军节度使潘美的

北宋　宋真宗　禅地玉册及玉嵌片

宋真宗禅地玉册的质地为青白色闪玉。册分十六简，简与简间以金线串联。册文以楷体书写后刻制，并涂以金漆，与唐册相比，字迹显得松散。

八女儿，16 岁的潘氏受封为莒国夫人。由于两人身份上的悬殊，再加上皇命难违，赵恒与刘娥暂时没有结成眷属。

赵恒虽然由于皇命难违，把刘娥送出了王府，但他还是不愿意离开刘娥，于是就悄悄地把刘娥送到了宫中指挥使张耆的家中，并经常到此与其私会。就这样，刘娥与赵恒偷偷摸摸地过了 15 年。

至道三年（997 年）三月，宋太宗病逝，遗诏传位于太子赵恒。赵恒继承大统之后，便结束了与刘娥偷偷摸摸的来往，把她正大光明地接到宫中封为美人。虽然赵恒已经立过两位皇后，而且后宫佳丽三千，但对刘娥情有独钟，百般宠爱。由于得到了真宗的恩宠，刘娥很快便从身份低微的市井百姓摇身一变成为身份尊贵的美人，旋进修仪，再晋位为妃，就这样一步步爬到了权力的最高峰，成了刘皇后，最后荣升为皇太后，并垂帘听政达 11 年之久。

无论是在正史还是野史中，对刘太后的评价都是很高的，她确实是一位很有作为的女政治家。在她垂帘听政期间，先是铲除了奸臣丁谓，夺回大权，并停止了真宗末年推崇道教的狂热宗教活动。此后，刘太后在澄清吏治、兴修水利等方面，也颇有建树。可以说，刘皇后是中国古代封建社会时期为数不多的很有作为的女政治家之一。

身份低微的刘娥为后玄机

　　宋真宗一生共立过三位皇后，刘娥是宋真宗后期的皇后，她也是仁宗时期垂帘听政的太后。后世史学家对她的评价很高，说她是："虽政出宫闱，而号令严明，恩威加天下。"但是众所周知，历朝历代的后宫之争也是影射朝廷政治的相关问题，能够成为后宫之主之人必定在朝中具有一定的势力，可是，身份低微的刘娥为什么会成为统领后宫的主人呢？

　　宋真宗赵恒的第一任妻子是忠武军节度使潘美的第八个女儿。潘氏是在真宗赵恒刚被封为韩王时，宋太宗替真宗做主聘娶的妻子，并被封为莒国夫人。但自古红颜多薄命，赵恒还没有登基即位，潘氏便早早地离赵恒而去了，赵恒即位后追封潘氏为皇贵人。

　　真宗的第一任皇后是宣徽南院使郭守文的次女。这位皇后也是宋太宗为赵恒一手选择的。淳化四年（993 年），真宗被封为襄王，此时太宗为他聘娶郭氏，晋封为鲁国夫人，进封泰国夫人。真宗即位后，即册立为皇后。但在十年后的景德四年（1007 年）郭皇后便病逝了，年仅 32 岁。这又是一位英年早逝的皇后。由于郭皇后生前一直都是勤俭谦恭，所以受到宫中上下和朝野内外的一致爱戴。郭皇后死后，皇后之位一直空缺。而在这时，刘娥已经被真宗接到宫内封为刘美人。此时，皇后的候选人就只有两位：一位是宰相沈伦的孙女沈才人，她父亲是光禄少卿沈继宗；另一位便是出身寒微的刘娥。沈才人文静贤淑，朴素节俭，也一度被真宗宠爱。而且无论是从家世上，还是人品上，沈才人都得到了朝中众大臣的认可。相比之下，刘美人不仅出身卑微，而且是襁褓而孤，立她为后得不到众大臣的认可。他们认为沈才人才是皇后的不二人选，所以诸大臣一致要求立沈才人为后。但是真宗并没有众望所归地立沈才人为后，而是立了

南宋 佚名 宋真宗后坐像

刘娥，宋真宗赵恒的皇后，也是宋朝第一位摄政的太后，功绩赫赫，史书称其「有吕武之才，无吕武之恶」。

众人皆不以为然的刘美人为后。这到底又是为什么呢？

虽然真宗对沈才人宠爱有加，但是令他神魂颠倒的还是刘美人。上文中提到过，刘娥在十几岁的时候就入住襄王府，从那时开始，赵恒就对刘娥宠爱有加，所以说，刘美人被封为皇后是有一定的时间基础和感情基础的，并不是历史的偶然，而是历史的必然才对。再者，刘娥天性聪慧，并通晓史书，被封为皇后之后，更是对朝中大小之事熟记于心。刘皇后经常陪真宗批阅奏章到很晚，为皇上分忧解难，宫中的大小事情，她都能妥善处理。如此一来，刘皇后更是得到了真宗的百般敬爱。天禧四年（1020 年）二月，真宗在执政了 22 年之后突然身染重病不能再处理朝中政事，便把诸多政务交予刘皇后处理。此事遭到了宰相寇准、李迪的坚决反对，因为自古以来后宫不得参政是历朝祖训，由皇后干预朝政更是大忌，所以他们二人便开始谋划让太子监国。可是太子并没有掌握朝中大权，一切均还在刘皇后的手中，此事反倒使寇准和李迪相继被罢黜相职，贬为地方官员。

据史料记载，刘皇后没有子嗣，此时的太子赵祯其实是刘皇后的侍女李氏所生。李氏是刘皇后的心腹，为真宗侍寝生下一子即为赵祯，被刘皇后收在宫中视为己出。而后刘皇后封李氏为才人，又晋封为宸妃。太子与刘皇后也是亲如母子，对刘皇后言听计从。对于大臣让太子监国一事，刘皇后经过慎重考虑决定诏太子参议朝政，开资善堂，而她则是决议于内。一年之后，真宗驾崩，太子赵祯继位，为宋仁宗。按遗诏，刘皇后为皇太后，继续执掌处理朝中政事。由于新帝赵祯只有 13 岁，在他亲政后，朝中大权自然会落入到权臣之手，此人便是丁谓。丁谓想借新帝继位之际奏请太后别御殿，从太后手中拿到大权。此事招来了太后的强烈不满，随即与仁宗同御大殿，开始垂帘听政，并罢黜了丁谓的相职，完全统领了大宋的朝政和宫中的一切事情。

刘娥虽然出身卑微，由美人升为修仪，再晋位为妃，最后成为母仪天下的皇后，再到后来的皇太后，把持朝政十几年。不过她号令严明，恩威并施，还是受到了后世史学家的一致好评。

宋仁宗郭皇后被废之因

　　宋仁宗的郭皇后是宋代第一位被废的皇后，谈及被废原因，就要先从她被册立为皇后说起。要知道，郭氏从被立后开始，就与大宋皇室的政治稳定有关。当然，皇后之位被废除也引起了当时的朝臣之争，这件被废案件可谓宋代皇后被废的第一案，也为后来的皇后被废案"奠定"了一定的基础。那么郭皇后被废到底有着怎样的隐情呢？

　　要想解开郭皇后被废一事的谜团，首先就要从她被立为皇后这件事情谈起，因为从郭氏当初的册立一事，就已经为她后来的被废埋下了很大的伏笔。

　　据记载，天圣二年（1024 年），仁宗 15 岁，从各方面考虑，都应该开始为仁宗册立皇后。故左骁骑卫上将军张美的曾孙女与郭氏同时入宫，还没有亲政的宋仁宗属意张氏，但临朝主政的刘太后力挺立郭氏为后。天圣二年，郭氏被立为皇后。要问刘太后为何要立郭氏为后，下面这段文字最能表达出太后的本意。在《长编》卷一百二十，天圣二年九月庚子年，提到了刘太后对大臣们说的话："自古外戚之家，鲜能以富贵自保，故兹选于衰旧之门，庶免他日或扰圣政也。"所以说，门第高低是刘太后为仁宗立后的一个标准。

　　郭氏与张氏都是将门之后。郭氏是平卢军节度使郭崇的曾孙女，张氏是左骁卫上将军张美的曾孙女，不过深入一点看，郭家和张家的门第高低还是有差别的。郭崇"父祖俱代北酋长"，他本身在周太祖时，也是"加同平章事，出镇澶州"，即为使相。到宋初，"加兼中书令"，死后"赠太师"。而郭氏的祖母即是"明德皇后之姐"。张氏的曾祖张美，虽然也是"加检校太尉""左骁卫上将军"，但其家势与郭家相比，还是略逊一筹。立后之事也间接显示了刘太后在朝中不可动摇的政治地位。不过，此事已经对年幼的仁宗的心理造成

纳谏遣女

选自《帝鉴图说》,仁宗时,王德用判定州,曾取两个女子献入后宫,以悦仁宗之心,仁宗收留在后宫,后闻王素之谏,立即割舍。

了很深的伤痕。

仁宗皇帝对郭皇后没有太深厚的感情，而是宠爱尚美人、李美人和张美人。虽然郭氏贵为皇后，但是得不到仁宗的宠爱，这更是让郭皇后醋意大发。由于她的嫉妒心太强，使她成为宋代与其他妃嫔争宠的第一位皇后，这更是惹来了仁宗皇帝对她的不满。而受宠的几位美人也深知皇上的心思，在争宠的同时还要诋毁一通郭皇后，其实她们都是想取而代之。并且尚美人还多次与郭皇后发生争执，只因尚美人是皇上宠爱的妃子，郭皇后也拿她没有办法，两人都愤恨不已。

一次偶然的机会，郭皇后听到尚美人又在仁宗面前诋毁自己，怒不可遏，便上前要去抽打尚美人。岂料仁宗上前挡住了尚美人，而郭皇后又没有办法收手，这一巴掌便打在了仁宗的脖子上。仁宗龙颜大怒，一气之下便要废掉郭氏皇后之位。此事立刻在朝中传得沸沸扬扬，内都知阎文应一向是个谄媚迎合之人，他深知仁宗的心理，所以建议仁宗要把脸上的手印留着给诸位大臣看看，这样便有了废后的正当理由。仁宗采纳了他的建议，于是招来吕夷简告知事情的原委，并让他看郭皇后留下的手印。吕夷简向来与郭皇后有隙，所以趁机上奏说道："废后的事情，古代就有先例，所以皇后如果有错，您可以废掉皇后。"众大臣随即也附和着说道："郭皇后已经身为皇后九年，却并未为皇上诞下子嗣，应该废除皇后之位才是。"仁宗见废后之事已经是众望所归了，心里当下十分痛快，可是真要废除皇后之时，他又开始有些顾虑了。最后在众臣的鼓励之下，仁宗决定废除郭皇后。

此消息一传开，便引起了朝臣之争的严重分化。御史中丞孔道辅、谏官范仲淹、段少连等十余人上书力谏，声称："废后是件大事，郭皇后没有过错，不可废啊！"可是这些奏章全被吕夷简截下，不得上奏。明道二年（1033 年），宋仁宗颁下诏书，说："皇后以无子愿入道观，特封其为净妃、玉京冲妙仙师，赐名清悟，别居长宁宫以养。"

御史中丞孔道辅、谏官范仲淹、段少连等十人伏阁言："后无过，不可废。"但这一切都已经无法挽回既定事实。景祐元年（1034 年），郭皇后出居瑶华宫。在郭皇后被废不久，尚美人也失宠被废入洞真宫，当了道姑。张美人别置安宅，也见不到皇上。仁宗则赐郭氏金庭教主、冲静元师等法号，以表示安慰。后来，仁宗开始想念自己的结发妻子郭氏，并常派人去问候，但始终没有恢复郭氏的皇后之位，郭氏最后染病含恨死于宫中。

曹皇后稳坐后位之谜

应该说每一位后宫之人都想成为母仪天下的后宫之主，然而，这个位子只能有一人坐得。具有贤良淑德品性之人必能得到后宫上下、朝廷内外的拥护和敬仰，坐稳皇后之位更是众望所归。宋仁宗的曹皇后就是这样一位勤谨清俭且处乱不惊的后宫之主。

宋仁宗在刘太后死后，于1033年，以郭皇后无子嗣为由废除了自己的第一任皇后。同年，枢密使周武惠王曹彬的孙女曹氏便被诏聘入宫。第二年九月，曹氏被册封为皇后，入主后宫。

曹皇后出身将门，其祖父曹彬是宋朝开国元勋，史称"宋朝良将第一"，子孙也都是文臣武将。曹皇后从小就受到良好的家庭教育，学习诗书礼乐和历史典籍，并且练就了一手好字，善飞白书。而且曹皇后面目慈善，勤俭节约，知书达理，亲自带领宫中的妃嫔在苑中种植谷物，采桑养蚕，深得人们的称赞。尤其是在关键时刻，文弱的曹皇后能够处变不惊，临危不惧。所以后世人认为，只有具有像曹皇后这样的人格和修养，才能在明争暗斗的宫廷之中立于不败之地。

庆历八年（1048年）正月，在曹皇后册封的第二年便发生了一次兵变事件。那天夜里曹皇后刚刚侍候仁宗就寝，就听到外面传来一阵吵闹声。仁宗想要出去看看究竟，被曹皇后拦住，恐怕仁宗遭遇不测。仔细一听，方知是一些侍从想要夺取兵权，之后再杀死仁宗，抢掠宫中财物。曹皇后急忙将内监宫人集中起来，吩咐近侍将门窗紧闭、堵死，同时取水防火。并亲手为每人剪下一绺头发，誓言叛乱平息之后，以发为记，论功行赏。而此时的仁宗已经被吓得六神无主了。曹皇后果断地派人告知都知王守忠，让其带兵攻入寝宫平息叛乱。

但远水救不了近火，王守忠还没有率兵到来，叛贼已经开始放火烧寝宫。曹皇后一边组织宫女救火，一边鼓励宦官们努力杀敌，这才阻挡住了叛兵的入侵。等到都知王守忠带兵赶到，擒杀全部的叛兵，才平息了这场血雨腥风的叛乱。曹皇后面对叛逆者临危不惧，应变有方，指挥若定，真不愧是将门之后，使得满朝文武大为佩服。

然而，令人不解的是，宋仁宗却十分糊涂。他能够在这场变故中转危为安，完全是因为曹皇后的英明决断与处事不惊，而他偏要说是张美人护驾有功，还要颁发诏书欲升张美人为贵妃。想是这位"英明"的皇帝一定是被那些叛兵给吓住了，一时之间不知道赏谁罚谁了。这次升迁事件引起了后宫和朝臣们的强烈不满，知谏院王贽、御史何郯则上书力谏，直接说出了此举的不妥之处。翰林学士张方平也是婉转劝解皇帝，不可舍皇后而礼尊美人。但是仁宗皇帝什么话都听不进去，执意要晋升张美人为贵妃。大度的曹皇后对此也没有什么怨言，并不与之计较。曹皇后的宅心仁厚受到世人的广泛称赞。

宋仁宗一生共育有三子，但是三子均早夭。在仁宗病危期间，宰相韩琦奏请仁宗早日立嗣。嘉祐七年（1062年）八月，仁宗下诏，立安懿王赵允让的第十三子宗实为皇太子，并赐名曙。虽然赵曙已经30岁了，但是身体却十分孱弱。第二年仁宗过世，赵曙继位，是为宋英宗，尊曹皇后为皇太后。

据史料记载，英宗即位不久便生病了，也就无法再处理朝政，于是曹太后只好代为处理政务，暂时于内东门小殿垂帘听政。想待英宗病情好转后，即撤帘归政。但是，宋英宗的病情始终没有好转，反而愈加严重，心情烦闷的他有时甚至还会辱骂曹太后，对她临朝一事耿耿于怀。但是曹太后从大局考虑，并未对病重的英宗予以计较，还是细心地处理着朝中的大事。

治平四年（1067年）正月，英宗于福宁殿病逝，其长子赵顼即位，为宋神宗，尊曹太后为太皇太后。神宗重用王安石进行变法，革除了很多政治与经济上的弊端，但是曹太后认为祖宗法度不应该轻易改动，坚决反对神宗与王安石的做法，不过神宗并没有采纳曹太后的意见。1079年，苏轼因为"乌台诗案"而下狱，幸得曹太后求情才免于一死。就在这年冬天，曹太后病逝，终年64岁，谥号"慈圣光献皇后"，葬于永昭陵。

孟娘如何抵过三千佳丽

　　《红楼梦》第九十一回里，贾宝玉曾经这样语带机锋地试图去化解林黛玉刚刚上来的醋劲，说道："任凭弱水三千，我只取一瓢饮。"这是青年男女表达爱意的一种说法。然而要想在后宫佳丽三千之中独秀一枝，惹人喜爱并非一件易事，但为何高太皇太后摒佳丽三千独选孟娘为皇后呢？这里到底又有怎样的玄机呢？

　　元祐孟皇后是宋哲宗的第一位皇后，孟皇后曾两度被废又两度复位，并两次于国势危急之际被迫垂帘听政，可以说她的经历既是离奇的，又是罕见的。

　　据史书记载，孟娘是名州平赫（今河北永年区）人，父孟彦弼，其祖父孟元曾官至眉州（今四川乐山）防御使兼马军都虞候。1092 年，孟娘 16 岁，由于出身名门，性情温柔贤良，是母仪天下的合适人选，所以被高太皇太后和神宗皇后向太后看中，册立她为哲宗的皇后，并为她举行了北宋有史以来最为隆重的婚礼，一时极尽荣耀。

　　宋哲宗赵煦是神宗的第六子，神宗死后他便继承了皇位，改元"元祐"。由于赵煦继位时年纪尚小，只有 10 岁，所以朝中的一切政务还是先由高太皇太后主持。元祐七年（1092 年），哲宗到了大婚和亲政的年龄，于是高太皇太后便下诏要在百余名世家少女中为哲宗选出一位母仪天下的皇后来。没过多久，来自全国各地的几千名美女便纷纷来到了皇宫，等待着飞上枝头变凤凰的那一刻，在这些秀女中便有孟娘。

　　到了选秀那一日，高太皇太后仔仔细细地端详着这些美女，可是看了一个又一个，都不太满意，没有一个是自己心中能够母仪天下的理想对象。直到最后，高太皇太后发现在队伍的最后几名女子中，有一个女孩子特别与众不同。

宋 佚名 宣仁圣烈皇后高氏像

高氏拥有十分优秀的执政才能。执政期间，勤俭廉政，励精图治。期间政治比较清明，经济十分繁荣。因而，宋哲宗时期是北宋最后一个经济繁荣、天下小康、政治清明、国势较强的时期。

宋 佚名 宋哲宗昭慈圣献皇后像

宋哲宗赵煦第一任皇后，眉州防御使、马军都虞候、赠太尉孟元的孙女。二度被废又二度复位。

她仪态端庄，面若桃花，长得实在是俊俏，于是太皇太后便在这个女孩的身上多停留了几秒钟，并暗自点了点头。诏令官察言观色，急忙上前向太皇太后禀报："此女子名叫孟娘，乃是马军都虞候孟元的孙女。"太皇太后听后便招呼孟娘上前一步说话。孟娘十分乖巧地走到太皇太后跟前，跪下说道："民女孟娘叩见太皇太后。"太皇太后让孟娘起来说话，但是她却不肯起来，坚持跪在那里说道："太皇太后德高望重，人人共仰，民女应跪拜听话。"此番话经孟娘说出口，太皇太后便更加喜欢她了，认为她是一个知书达理、性格温顺的女孩，正是母仪天下的皇后的不二人选。于是便停止了这次甄选，把孟娘领到了后宫。

那么孟娘到底有着怎样的出身和为人呢？孟娘的祖父是北宋马军都虞候孟元，从小就对聪明伶俐、性格温顺又漂亮的孟娘格外疼爱，并请当地最好的老师来教孟娘诗词歌赋和经文，希望她能成为一个知书达理、有学问、有教养的人。果然，孟娘不负众望，一眼便被高太皇太后看中。高太皇太后与向太后商议，想立孟娘为后，向太后对孟娘也是非常满意，于是便开始择日完婚。经过比较研究，太史官又查阅了大量的文献记载，认为五月初八是个黄道吉日，是举行册礼大典的好日子。两位太后亲自传授孟娘宫中的礼仪，甚至一颦一笑、举手投足，都是亲自把臂。孟娘冰雪聪明，一学就会。没多久，宫中那些烦琐的礼仪，她都能做得娴熟自如，优雅中度。随后，为了把婚事办得隆重热闹，高太皇太后亲自出面，命翰林学士起草制词、召见台谏会同礼官，议定了一套正规的册立皇后的六礼仪制，并且组建了主持六仪的部门，成员都是来自内阁的各位大臣。可见，皇室两位太后对孟娘是相当重视和满意。而且哲宗也早就听说了孟娘的美貌和为人，对这位皇后也是有着些许的向往和憧憬。

皇帝大婚在中国古代是一件十分庄重和重要的事情，因为它代表的不仅是皇室的喜庆，更是向天下显示皇室威严的时刻。皇上和皇后将合天下之好，上事宗庙，下继后世，更是为全天下的夫妇树立仁德和睦的典范，所以皇帝的大婚必然非同一般，礼仪必定也是非常复杂的。孟娘首先接受了宋朝迎立皇后的"诰命"，即册宝，册用珉玉五十简做成，宝则用纯金制作，方一寸五分，高一寸，上面刻有"皇后之宝"四个大字。接受册宝也就代表着孟娘愿意做皇后，愿意入主后宫。接着，她将册宝交由司言、司宝掌管，再由司仪引导坐上皇后宝座，坐北面南，接受内官们的叩拜。这样，册立皇后的仪式就告一段落。接下来便是大婚仪式，全部礼仪结束之后，孟娘便入主坤宁宫，成为宋哲宗的皇后。

在宫中，孟娘依旧保持着温顺贤惠的性格，对待下人十分宽厚，与其他的妃嫔也是和睦相处，所以在成为皇后以后一直受到皇宫上下和朝廷官员的尊敬与拥护，可以说是宋朝典型的好皇后。

刘婕妤扳倒孟皇后

众所周知，后宫之争虽不见刀光剑影，但也都是惊心动魄、暗藏杀机。为了达到自己的目的，众嫔妃可谓不择手段，心狠手辣。宋哲宗宠爱的刘婕妤就是这群人里的一分子，而贤良淑德的孟皇后便是其中的被害者。那么，刘婕妤究竟使用了何种手段扳倒了受人敬仰的孟皇后呢？

贤良淑德的孟皇后是高太皇太后和向太后亲自为宋哲宗挑选的皇后，两人在最初的几年里也是相敬如宾。而且孟皇后对待其他妃嫔和宫女也都是非常关心和照顾，是公认的好皇后，受到了皇宫上下一致的尊敬和爱戴。可是凡事都是利弊均衡的，孟皇后这样的好性格却也成为别人篡取后位的筹码和工具。

高太皇太后去世之后，朝中的一切政务开始由哲宗亲自处理。由于亲政后事情很多，哲宗逐渐冷落了孟皇后。起初孟皇后并未把此事放在心上，后来时间久了，孟皇后才发觉事情的蹊跷。经打听才知道，皇上喜欢上了善于谄媚讨好的刘婕妤。但温柔贤惠的孟皇后并没有太在意，任由事情发展。俗话说得好，"不想当将军的士兵不是好士兵"，在后宫之中哪有不想当皇后的妃嫔呢？刘婕妤觊觎皇后的位置已经不是一天两天了，只是愁于有很多障碍，首当其冲的就是孟皇后。所以刘婕妤一直都在想方设法扳倒孟皇后，自己好取而代之。

关于刘婕妤和孟皇后之间的"斗争"，史学界一直都有争议。有些人认为是刘婕妤仗着受到哲宗的宠爱，一直在寻找压倒孟皇后的机会。绍圣三年（1096年），一次孟皇后率领众妃嫔到景灵宫朝谒。礼仪结束后，皇后坐下来休息，此时其他的妃嫔都要恭敬地站在皇后的周围等待，可是刘婕妤却特立独行，她大胆地站在门边并用后背对着孟皇后。此举是对皇后的大不敬，按照宫中规矩，孟皇后完全可以治刘婕妤的罪。但是孟皇后宽宏大量，对刘婕妤不予计较，没有说什么。此事便让刘婕好觉得孟皇后是一个容易欺负的懦弱皇后，从此更是不把孟皇后放在眼里，而且经常在哲宗面前说她的不是。

另一件事更坚定了刘婕好扳倒孟皇后的决心。有一年冬至，孟皇后率众妃嫔朝见向太后，在太后没有出来之前，孟皇后和诸位妃嫔坐下来等候。按规矩，孟皇后要坐金饰的椅子，其他妃嫔坐木制的椅子。可是当宫女为刘婕好搬来木椅子的时候，她并没有坐下，而是一直虎视眈眈地盯着孟皇后的金饰椅子。众人虽心知肚明，但并不知道该如何处理此事。这时有一位宫女急忙为刘婕好也搬来了一把金饰椅子，刘婕好很高兴，就坐了上去。此时有宫女喊道："太后驾到！"刘婕好听见了，赶忙站了起来，但太后并没有出来，所以众人只好又坐下。可是不知道哪位宫女把刘婕好的金饰椅子拿走了，刘婕好一下子便坐到

宋　佚名　宋哲宗坐像轴

此像与大部分现存宋代帝王像轴类似，哲宗身着圆领朱衫，头戴黑纱幞头，足蹬朝履，侧向坐于靠背椅上。然哲宗像可谓其中最精丽者。由领口、袖口露出的黄色花卉纹内里，装饰着可能绣着珍珠的白底金花边；花间行龙纹靠垫亦缀满珍珠；黄色座椅各面，则以不同色金描绘精致龙纹、团花纹。

了地上。众妃嫔见状，都笑了起来，刘婕好气愤极了，当下就到哲宗面前去告状，并诋毁孟皇后。这件事情让哲宗很是气愤，认为孟皇后不像以前那样贤良淑德了，也开始变得蛇蝎心肠了，对皇后存有了一定的疑心。从此，刘婕好和孟皇后的每次交手都以孟皇后居于下风而告终，这样更加助长了刘婕好扳倒皇后的气焰和决心。

关于刘婕好扳倒孟皇后的过程，大多数史学家都同意这样一种观点，即是宫中非常忌讳的符水之事和祈福之事。应该说，在她们两人之间的战争中，孟皇后从来都不知道如何保护自己，总是让事情顺其自然地发展，以至于屡屡让刘婕好占了上风。绍圣三年（1096年），孟皇后所生之女福庆公主病重，药石罔效。于是孟皇后的姐姐便持道家治病符水入宫进行医治。由于符水之事一向都是宫中的大忌，所以孟皇后并没有同意此法，命将符水藏起来，待哲宗来时，再一一说明原委，哲宗认为这是人之常情，便没有加以治罪。岂料公主不久病逝，孟皇后的养母燕夫人等人便要为孟皇后和公主祈福，此事正中刘婕好的下怀。她便开始将前后两件事情联系起来，在哲宗面前搬弄是非，说孟皇后的行为其实是在诅咒皇帝。哲宗听说后也开始怀疑起来，并命梁从政、苏珪调查此案。不想，宰相章惇和刘婕好是一丘之貉，在他们两人的授意之下，梁从政他们逮捕了皇后身边的侍女及宦官数十人，并对这些人严刑逼供。史料记载："榜掠备至，肢体毁折，至有断舌者。"由于平日里孟皇后对身边的宫女和太监们都十分照顾和关心，所以他们都不愿意诬蔑孟皇后，个个被打得体无完肤，被割舌断肢者不在少数。最后，梁从政等人无奈，就开始伪造供词，这才让哲宗相信孟皇后图谋不轨。就这样，一向贤良淑德的孟皇后后位被废，被安置在被废妃嫔出家所居的瑶华宫，号"华阳教主""玉清妙静仙师"，法名"冲真"。在奸人的怂恿之下，酿成了这件冤案，最终以刘婕好的胜利告一段落。

韦贤妃回朝多艰辛

宋高宗赵构的生母韦太后，原本是宋徽宗的一个普通侍女，后因乔贵妃的引荐渐渐赢得了徽宗的喜爱。大观初年，韦氏晋封为婕妤，后来又升为婉容。后生赵构，母凭子贵，晋封为龙德宫贤妃，人称韦贤妃。原本以为会享尽世间的荣华，却没想到会成为敌国的阶下囚，受尽屈辱，回国之路更是崎岖难行。

1126年，金兵攻陷汴京，"靖康之耻"使得徽、钦二宗以及后宫妃嫔、皇族等人同时被金人掳到了北方。建炎二年（1128年），众人抵达上京，韦贤妃等300余人被送往浣衣院，钦宗的东皇后不堪欺辱，投井自尽。史书记载："妇女分入大家，不顾名节，犹有生理，分给谋克以下，十人九娼，名节既丧，身命亦亡。"文献还记载："被掠者日以泪洗面，虏酋皆拥妇女，恣酒肉，弄管弦，喜乐无极。"

靖康二年（1127年）五月份，赵构在南京（今河南商丘）登基为帝，改元建炎，史称南宋。宋高宗赵构尊生母为"宣和皇后"，而此时的韦贤妃已经被辗转送到了五国城（今黑龙江依兰县），与徽宗关押在一起。宋高宗一直都想将生母韦贤妃接回朝，可是怎奈大宋与金一直都处于关系紧张的状态。绍兴七年（1137年），徽宗和郑皇后企盼南归无望，相继去世。此事对高宗的震撼很大，

宋　佚名　宋高宗半身像

南宋　赵构　孝经图·开宗明义章第一

此图选自中国古代儒家的伦理学著作《孝经》。这一章是全书的纲领，开示孝道的宗旨，说明以孝为政，则上下无怨；以孝立身，则显亲扬名。此图为赵构书，马和之绘。

又让他想起了自己的母亲韦氏，想到韦氏现在所受到的苦难，不禁悔恨自己不能将母亲及时接到身边。于是他做出了一个决定，就是不惜牺牲江山社稷，也要换回自己的母亲。他对辅臣这样说道："宣和皇后年事已高，却还在金国受难，朕想到此事就寝食难安。如今委屈求和，也正是这个原因。"高宗的说法得到了辅臣的谅解和同意。

于是，宋高宗派出使臣与金人进行频繁交涉，大宋使者带去了高宗皇帝的口谕："只要金人同意将韦贤妃放回宋朝，那么高宗便答应金国提出的任何条件。"最后，金国同意放还韦贤妃，但是也提出了几个苛刻的条件：宋朝需割唐、

邓、商、秦四州给金国；宋朝需每年向金国进贡25万两白银、25万匹绢……面对这些极其屈辱的条件，宋高宗都一一同意了。高宗认为自己乃泱泱大国之君，却不能奉养自己的双亲，实属不孝，现如今为了换回母亲，只能不惜一切代价，屈辱求和。很快，金人就同意放还韦贤妃了。

了满足金国所提出的条件，南宋朝廷解除了岳飞、韩世忠、刘锜、杨沂中等大将的兵权，为《绍兴和议》做好了充分的准备。绍兴十一年（1141年）十一月，南宋与金就《绍兴和议》达成了书面协议。十二月末（1142年1月27日），南宋朝廷杀岳飞，据《宋史》记载，此举都是为了满足完颜宗弼议和所提出的条件。绍兴十二年（1142年）三月，宋与金《绍兴和议》彻底完成了所有手续。五月，高宗生母韦贤妃同徽宗棺椁归宋。

金人同意归还徽宗梓宫和放还韦贤妃之后，韦氏怕金人随后再反悔，便立即做好了随时启程的准备。可是，当时正值北方盛暑天气，金人不愿那时送还他们。于是韦氏便在返回途中假称有病，稍做休息，等凉快一些的时候再启程。而且韦氏为了犒赏金人，还在金国使者那里借了一些黄金。于是韦贤妃在金使高居安和完颜宗贤的护送下，整整走了四个月的时间，终于在绍兴十二年八月到达了南宋。到此为止，韦贤妃已经流落异乡长达15年之久。

当韦贤妃一行人到达临平时，宋高宗赵构带领着韦贤妃的弟弟永乐郡王韦渊、秦鲁国大长公主、吴国长公主等人在淮水大道恭迎，见面时，高宗母子抱头痛哭，其情景感人至深。韦太后回宫后住在慈宁宫之中，高宗对其十分孝顺，并请韦太后为自己选后。可以说，在宋高宗的细心安排下，韦太后终于过上了安宁的晚年生活。绍兴二十九年（1159年），韦太后八十大寿，高宗皇帝特意为她举行了盛大的庆寿典礼。之后，韦太后便卧病不起，最终死于慈宁宫。

宋高宗可以称作一个孝子，但是自古"忠孝不能两全"，其选择了孝道，把国家的利益放在了一边，这从某个角度看也是情有可原的一件事情。不过作为君主，他忽略了作为一国之君应该承担的责任，所以宋高宗并不是一个被后人所称颂的皇帝。

慈懿皇后独霸后宫

　　作为母仪天下的后宫之主，本应具备雍容大度、宽以待人的素质，成为天下妇孺的典范。然而，南宋光宗的李皇后却是一个喜欢搬弄是非、说三道四的长舌妇，她的行为与自己的身份格格不入，却也能在明争暗斗的后宫之中一直独揽大权，她究竟用怎样的手段独霸后宫的呢？

　　宋光宗赵惇的皇后李氏是历史上有名的飞扬跋扈、工于心计的皇后。李皇后原名李凤娘，父亲是庆远节度使李道，可谓出身将相之家。李凤娘天生丽质，面相大贵，道士皇甫坦曾为其看相，大惊曰："此女相貌不凡，必将为天下之母。"1189 年，李凤娘果然被册封为皇后，谥号"慈懿"。

　　据史料记载，李凤娘生于宋高宗年间，高宗对其美貌也是早有耳闻，再加上皇甫坦的极力美言和推荐，说她怎样的贤淑端庄，将来完全可以母仪天下。于是高宗便聘李凤娘为皇孙恭王赵惇的妃子。在做恭王妃期间，李氏还算是安分守己，但是在恭王被册立为太子、自己成为太子妃之后，她原本骄横跋扈和喜欢搬弄是非的本性就暴露无遗。她不断地在高宗、孝宗和太子三人之间搬弄是非，令高宗和孝宗都对她十分不满。孝宗常常训诫她说："应该多学学太上皇后的后妃之德，不要总是插手太子的事务。"可孝宗的警告与劝诫不但没有奏效，反倒加深了李氏对孝宗的怨恨。

　　光宗赵惇继位之后，李凤娘顺理成章地当上了皇后，此时她恃着光宗生性

▶ 宋　佚名　宋光宗后坐像

放眼南北两宋王朝后妃，能够影响朝政者并不少见，但像李凤娘这样以一个女人之身征服三代皇帝的皇后，在两宋历史上可谓绝无仅有。

宋　佚名　宋光宗坐像

宋光宗于绍熙五年禅位于嘉王赵扩，史称「绍熙内禅」或「光宗内禅」。

懦弱，又疏于朝政，便开始操纵朝中和后宫的一切，大事小事都要取决于她，权力渐渐被骄恣凶悍的李凤娘掌握。虽然李凤娘已经贵为六宫之首，但是她那悍妒的天性还是没有一点改观。她于孝宗四年（1168 年）就诞下儿子赵扩，可是还是没有心满意足，对后宫的其他妃嫔和宫人都存有敌意。有一次，光宗在洗手之际，刚巧留意到捧着盆子侍候在侧的宫人一双白滑的手，便自然称赞了两句。此事被李皇后得知，结果，当日下午，李皇后便派人送给光宗一个食盒，光宗打开一看，里面竟然是一双血肉模糊的手，光宗顿时被惊吓得不能言语，更因此而病了好几天。后来，李皇后又趁光宗不在宫中之际，派人谋杀了光宗十分宠爱的黄贵妃。原本就龙体欠安的光宗听到黄贵妃的死讯更是雪上加霜，病得更加严重了。

李皇后对孝宗当年的劝诫一直耿耿于怀，于是开始离间光宗与孝宗的父子关系。在光宗生病期间，孝宗疼子心切，派人送去药膳，可是李皇后却说那是孝宗要陷害皇上的毒药，不许光宗喝，挑拨其父子间的感情。李皇后不仅在朝政上对光宗加以控制，就连行动也是管制严格，曾多加阻挠不许光宗去看望父皇孝宗，以至于孝宗在病危前想见到儿子和儿媳一面都是难上加难。然而，生性懦弱的光宗对李皇后言听计从，竟然真的没有去看望自己病危的父亲。即使众大臣多次上书请求光宗去看望孝宗以尽孝道，但光宗对此依然不予理睬。直至孝宗大殓之日，光宗与孝宗也没有见上一面，最后竟由吴太后——孝宗之母，代为行祭奠之礼。

但是令光宗和李皇后没有想到的是，就在孝宗大殓之日，光宗的皇帝之位已经被自己的儿子嘉王赵扩悄悄取代了。这主要是光宗和李皇后的不仁不孝激起了朝野上下的不满，也是他们咎由自取的下场。赵汝愚等大臣以光宗龙体欠安为由商议推立太子继位，是为宋宁宗。由此，光宗和李皇后便成了太上皇和皇太后，从此不得再干预朝政。庆元六年（1200年），李皇后病死于宫中，享年56岁，从此结束了她飞扬跋扈的一生。

纵观南北两宋王朝的后妃，应该说影响朝政者并不少见，但像李凤娘这样可以干预三代皇帝的皇后，可以说在两宋历史上还是绝无仅有的。其实，李凤娘的一生并没有怎样特别的过人之处，当初她能够被选为妃，也只是高宗仅凭一个江湖术士之言。更匪夷所思的是，李凤娘碰到的这三代皇帝最后都是退位成了太上皇。这种情况更是中国历史上罕见的，虽然都与李凤娘有所关联，但绝不能说是她一人造成的，而是一种历史的必然。

藏在字画里的大宋史

每个人都梦想着自己能够成为一个公主或是王子，过着衣食无忧、优裕享乐的宫廷生活。然而，一个不争的事实是，历朝历代围绕着皇权和权力之争的最初地点，也就是人们所向往的后宫。在这里，父子、兄弟、姐妹之间为了能够让自己拥有最高权力，相互倾轧，甚至是相互残杀的例子不胜枚举。皇子、公主们在宫廷之中演绎的一幕幕奇闻轶事和宫廷秘史，却是别有一番忧愁暗恨生。

第三章
皇子公主：别有忧愁暗恨生

赵德昭、赵德芳死因有蹊跷

赵德昭、赵德芳是宋太祖赵匡胤的第二子、第四子，深得太祖皇帝的赏识。在太祖去世后，宋太宗以弟之身份即位，所以世人认为宋太宗是谋杀太祖而篡位的。太宗继位后，在太平兴国四年（979年），赵德昭被宋太宗逼迫自杀。太平兴国六年（981年）赵德芳病死。因为赵德昭兄弟二人在短时间内连续死亡，许多人怀疑兄弟二人的死因不单纯，那到底是不是与太宗皇帝有关呢？

宋太宗赵光义刚刚即位便改年号为"太平兴国"，以此来表示自己将要成就一番新的事业，向世人证明自己是一个有能力、有魄力的君王。但是无论怎样，他的继位还是在一片猜疑声中完成的，因此，他为了巩固自己的皇位，防止发生变乱，对在皇位更替中涉及的相关人物都予以一定的安排。封太祖的儿子德昭为节度使和郡王，德芳也被封为节度使，封自己的弟弟赵廷美为齐王，封太祖和廷美的子女为皇子皇女。对太祖皇帝的旧部同样礼遇有加，纷纷加官晋爵。太宗即位初始，无论是在政治上还是文治武功上，他都有超越太祖的地方。但是从他的统治过程来看，还是无法摆脱太祖皇帝对他的影响。

为了保全自己的皇位，不再按照"金匮之盟"的约定，把皇位传给自己的儿子，太宗也是耗费了很多的心思。他曾说过："国家若无外忧，必有内患，外忧之事并不可怕，皆可预防，而内患则是深可惧也！"可以说，太宗皇帝为了能够把皇位传给儿子，正在慢慢扫除一切障碍，但是这个过程也是非常艰辛和富有传奇色彩的。在宋初的皇位传承事件中，太祖没有传位于子的缘故，也许只有他自己和太宗皇帝才能解开这个千古之谜吧。赵光义继位后，他罢黜了被称为"宋军第一良将"的曹彬枢密使的职位。也许是因为曹彬善于用兵，太宗害怕其拥兵自重，最后威胁到自己的统治地位，才最先对其动手。不过太宗

最担心的还不是这些良臣，而是自家的那些兄弟和侄儿，尤其是太祖皇帝的子嗣们。

据《宋史·宗室传》记载，太祖共有四个儿子，其中次子赵德昭和小儿子赵德芳都是很有才干的人。赵德昭被册封为武功郡王，曾被指定是皇位的继承人，而且他骁勇善战，在军队中很有威望。赵德芳年纪尚小被封为秦王，任山南西道节度使。赵光义即位之后，虽然表面上对德昭兄弟很是照顾，但是内心对德昭还是存有一定戒心的。

北宋太平兴国四年（979 年），宋太宗赵光义御驾亲征攻打辽国，赵德昭

竟日观书

选自《帝鉴图说》，宋太宗勤于读书，每日从巳时看书起，直到申时。然后放下书卷，诏史馆儒臣，
采辑古今事迹，纂修成一书，叫作《太平御览》，共有一千卷。宋太宗勤学好问，不以为劳。

也随驾出征。宋军在高粱河与辽军遭遇，由于事出突然，宋军没有做出很好的应对措施，导致宋军在此大败。混战之中，太宗与主力部队失去了联系，一直向南逃去。宋军将领们怀疑皇帝可能已经遇难或是被辽军俘虏，认为军中不可无主，为安定军心，便商讨准备立赵德昭为皇帝。当部队回到汴京的时候，却发现太宗已经安然无恙地回京了，立德昭为帝这件事情也就作罢。但是太宗听说此事后，心中大为不悦，本来他就对德昭存有成见，现在更为严重，于是开始闷闷不乐，对诸将士收取北汉的功劳也不予过问了。

按照以往作战的规矩，宋军胜利回朝后，都会按照功劳的大小有所奖赏。尽管这次宋军失利，但是在太原之战时，也取得了一定的胜利。虽然败给了辽军，不过宋军的主力并没有受到影响，因此军中的一些将领还是希望能够得到一定的奖赏。但皇帝回京数日并未对此给予回应，如此一来，不免使得军中将士有所埋怨。赵德昭为了安抚军心，便主动要求皇上给将士们论功行赏。太宗原本就对他怒气未消，于是便以羞辱、嫉恨的口吻说道："待汝自为之，赏未晚也！"（等你当皇帝时，再赏也不迟！）赵德昭听后大为震惊，他没有想到叔父会对此事一直耿耿于怀，便默默地离开了皇宫。

赵德昭所处的位置在朝中本来就很微妙，再加上叔父现在怀疑自己有夺位之心，日后必定难全其身；弟弟德芳年纪尚小，不懂事理；继母宋氏也被迁入西宫，出入不得自由。德昭越想越觉得自己委屈，而且满腹的心事无处诉说，顿生轻生的念头，回来后便自刎身亡。据史料记载，太宗皇帝得知赵德昭自杀之事后又惊又悔，赶来抱住侄儿的尸体痛哭。哭后，下令厚葬德昭，并颁诏追赐他为中书令，追封为魏王。

德昭死后，太宗皇帝最大的阻碍就剩下太祖的小儿子赵德芳了。德芳的年纪尚小，现在对太宗并不会造成什么样的威胁。但在太平兴国六年，也就是赵德昭自杀后的第三年，赵德芳也是不明不白地得病去世了，年仅 23 岁。对于德芳的死因，史学界也有着自己的说法，他们认为德芳的死因并不简单，必定与宋太宗有着紧密的关系。但是德芳到底死因为何，还需要史学家们进一步研究。

赵元佐为何被废

宋太宗长子赵元佐自幼聪明机警，而且长相酷似宋太宗，深得宋太宗和皇后李氏的宠爱，被封为楚王。赵元佐懂武艺，善骑射，曾经跟随宋太宗出征过北汉、幽蓟等地，太宗有意将皇位传与此子。但众所周知，继位的宋真宗乃其次子元侃，而并非长子赵元佐。其中又有着怎样的不解之谜呢？

宋太宗赵光义先后有过三位皇后，即尹氏、符氏和李氏。尹氏和符氏都在宋太宗即位之前就病死了，皇后的称号也是后来追封的。李氏共生有二女二男，但是两个女儿都相继夭折，长子元佐，后被封为楚王，次子元侃，即是后来的宋真宗。长子赵元佐自幼聪颖灵慧，相貌也酷似太宗，而且性情仁慈宽厚，自小便深得太宗皇帝的喜爱。

赵元佐在少年时，就已经博览群书，志向不凡，非常擅长骑马射箭，而且身手矫健，所以太宗皇帝每次射猎时都会带着元佐陪驾左右。据史料记载，一日，有契丹使者来朝，太宗率众臣与契丹使者一同狩猎，一只野兔突然从草丛间窜出，元佐见之，不慌不忙地引弓搭箭，瞄准野兔，只一箭便把兔子射翻在地。契丹使者见元佐小小年纪就箭无虚发，连连称赞。太宗心中十分得意，从此对元佐更是喜爱有加，甚至出征也会让元佐随驾左右。在征伐太原之后，便封元佐为校检太尉，并加职太傅，封为楚王。

太宗很想立元佐为太子，因为要顾及金匮遗诏，所以一直都没有提及此事。但太宗此后便开始用各种手段一点点排除异己，以此来巩固自己的皇位，并在日后传位于子。然而，赵元佐生性仁慈宽厚，他对父皇的这些做法很是不满。首先是赵德昭幽州兵败，回京后被太宗言语所逼，最后自刎身亡。后又有赵德芳不幸病逝，德芳死后，太宗只是下诏赐予中书令，追封为岐王。赵元佐知道，德芳年纪尚轻，并无任何疾病，死得实在是有些不明不白。这一切都使善良的元佐悲痛不已。

　　然而太宗并没有因为德昭兄弟的死而收手，而是又把矛头指向了秦王赵廷美。他为了确保自己的皇位不受威胁，便诬陷赵廷美与卢多逊密谋造反，将赵廷美迁至涪陵，废为庶人，押至房州（今湖北省房县）囚禁起来。赵元佐知道四叔的遭遇都是父皇迫害所造成的，便出面向父皇申辩，想要救四叔一命，但无果。雍熙元年（984年），赵廷美忧悸成疾，在房州囚所病逝，享年38岁。而且在赵廷美死后，太宗曾对外称赵廷美是陈国夫人耿氏所生，并不是杜太后的儿子，这样他便把赵廷美彻底排除在皇位继承人之外。

　　赵元佐听到赵廷美死于房州一事，竟然悲愤成疾，狂病大发。身边的人只要犯了一点小错，他就会拿刀棒伤人。太宗见此十分痛心，急命太医为长子医治，稍有好转，太宗专门为赵元佐而大赦天下。可见太宗对长子是非常看重的。

赵元佐像

雍熙二年（985年）重阳节，宋太宗照例召集几个儿子在皇宫园林中宴饮射猎，因担心赵元佐病未痊愈，就没有派人邀请他。宴席散后，陈王赵元佑去看望兄长赵元佐。赵元佐得知宫中举办了盛大的宴会，皇子们均出席，唯独没有邀请自己，便又不高兴起来，大声喊道："你们侍奉圣上欢宴，只有我没参加，这是想抛弃我啊！"越想越生气，便开始猛劲喝酒，任凭身边的人怎样劝阻都无济于事。到了半夜，他索性放火烧了自己的宫室。一时间，殿阁亭台，烟雾滚滚，火光冲天，一座楚王府就这样化为灰烬。太宗得知后，猜想可能是元佐所为，元佐也没有推卸责任，据实以对。太宗怒不可遏，欲要断绝父子之情，即下诏将其废为庶人，安置在均州。众大臣前来求情，但始终营救不得。针对元佐的这一行为，也有很多史学家认为他是在装狂，是以此来表示对父亲的不满和对皇位的拒绝。

后来由于百官数次上表，认为元佐身体欠安，还是留在京城养病为好，太宗无奈，便下诏将元佐召回，幽居在南宫之中，不让其随意走动。太宗去世后，元佐的同母弟真宗即位后对元佐也是照顾有加，努力帮他治病。赵元佐死于仁圣五年（1027年），享年62岁。真宗即位后，元佐安享富贵长达30年之久，在纷繁复杂的皇宫中，未受到任何的牵连，这也算是一件幸运之事了。

"狸猫换太子"是真是假

关于仁宗赵祯的身世之谜，历史上有很多说法，其中最为传奇的应该要数"狸猫换太子"的故事了。无论是影视作品，还是清末小说《三侠五义》，故事中的主人公的传奇经历可谓家喻户晓，妇孺皆知。那么关于"狸猫换太子"一事到底是真还是假呢？

"狸猫换太子"的故事本是源自元杂剧《金水桥陈琳抱妆盒》，描述的是宋真宗赵恒当政时，刘妃与内监郭槐合谋，以狸猫调换李妃所生婴儿，李妃随后被打入冷宫。赵恒死后，仁宗赵祯即位，包拯奉旨赴陈州勘察国舅庞煜放赈舞弊案。途中遇到蒙冤的李妃，包拯为其申冤，最后迎李妃还朝，母子团聚。

关于这个故事，民间也有很多传说。在清末小说《三侠五义》中刘氏和李氏在真宗晚年同时怀孕，为了争夺正宫娘娘之位，工于心计的刘妃将李妃所生之子换成了一只剥了皮的狸猫，并污蔑李妃生下了妖孽。真宗一气之下，将昔日宠爱的李妃打入冷宫，而将刘妃立为皇后。可是此举招致天怒人怨，刘妃所生之子夭折。李妃所生男婴在经过波折后被立为太子，并登上皇位，这就是仁宗。在包拯的帮助下，仁宗得知真相，与已双目失明的李妃相认，而已升为皇太后的刘氏则畏罪自缢而死。

自宋朝以来，由于小说、戏剧等各种为人们喜闻乐见的艺术形式的演绎，仁宗的身世之谜就显得更加扑朔迷离，备受大家的关注。尽管历朝历代对这件事情的经过都进行过适当的删减或增加，但是里面始终都贯穿着一件事情，那就是仁宗到底是刘氏所生，还是李氏所生。无论是哪种艺术形式都是众口一词，都认定仁宗是李氏所生。真相到底是怎样的呢？

李氏原本是刘氏的一个侍女，也是刘氏的心腹，她生得端庄秀丽，后被真

清　佚名　包拯像

包拯廉洁公正、立朝刚毅、不附权贵、铁面无私、英明决断、敢于替百姓申不平，故有"包青天"及"包公"之名。

宗看中，得到恩宠，成为后宫妃嫔中的一员。后来李氏怀有身孕，产下一男婴，真宗中年得子，分外高兴。由于真宗最宠爱的刘后一直没有生育，在真宗皇帝的默许下，此子便被刘后据为己有，并立为太子。生母李氏由于与刘后的关系甚好，所以也就默认了这件事情。此事一瞒就是几十年之久。后真宗驾崩，13岁的赵祯继位，也就是宋仁宗。但由于年纪尚小，不能管理朝政，便由刘太后临朝辅政，兼管后宫之事，所以并没有人说出事情的真相。

天圣九年（1031年），仁宗的生母李氏病重，刘太后封李氏为宸妃。第二年，李宸妃去世，刘太后本想以妃子之礼为其下葬，但是宰相吕夷简上书说道，仁宗现在并不知道自己的生母是李宸妃，可是在太后百年之后，定会有人向仁宗说起此事。如果那时皇上再怪罪太后的家人，岂不是后果不堪设想？所以一定要以一品礼安葬李宸妃才是上上之策。刘太后认为宰相言之有理，于是便按照一品礼安葬了李宸妃。宰相吕夷简又在暗中吩咐内侍给李宸妃换上了皇后装入殓，并使用了水银宝箱，刘太后也都默许了，而且李宸妃的丧礼举办得极为隆重。

果然，刘太后去世后，便有人把事情的真相告诉了仁宗，并说其生母是被刘太后所害。仁宗知道后，认为这一切都是刘太后的过错，也非常自责没有对生母尽到孝心。此时宰相吕夷简进言，劝说仁宗，太后当年已有悔过之意，并以皇后之礼下葬了李宸妃，而且刘太后虽然不是仁宗的生母，但是也有养育之恩，这点还是不能忘记的。这番话也使仁宗冷静下来，命人检验了生母的陵墓，并未发现其有被害的痕迹。所以说，"狸猫换太子"一说纯属是子虚乌有的事情，这个故事只不过是人们的传说罢了。

其实之所以会出现狸猫换太子这个故事，是因为历史上确有"仁宗认母"一事。据历史记载，宋仁宗既不是皇后所生，也不是皇妃之子，而是刘德妃的宫女李氏所生。仁宗出生之后，刘德妃将其收为己子，亲自加以抚养。后来他在年幼时继承了皇位，刘德妃便成了皇太后。由于仁宗年幼不能理政，就由刘太后垂帘听政。仁宗并不知道自己生母是李氏，朝中大臣畏惧太后的威严也不敢说。但是刘太后仁慈厚道，当仁宗生母李氏病重时，刘太后将其由宫女晋升为宸妃。后来李氏病故，刘太后还以皇后之礼给予厚葬，这对一位宫女出身的人来说，已经倍感荣耀了。若干年后，刘太后去世，便有人向仁宗奏禀："陛下乃李宸妃所生，李宸妃是死于非命。"言下之意，李宸妃是被刘太后所害。于是仁宗亲自查理此案，对李宸妃灵枢进行查验，亲自开启宸妃之棺检查。发现宸妃遗体由于有水银保护，故其肤色就像活人一般，并没有被人害死的迹象。再看她的冠服，确实是皇后服装。这一切都证明当初李宸妃确实是因病而死，并非被人毒害，刘太后也的确是将李宸妃按皇后之礼安葬。仁宗看到这一切，感慨地说道："人言哪能贸然相信啊！"由此便知，刘妃、李妃确有其人，但其事绝非传说中的那样。

而且此事与包拯毫无关系，因为这件事情发生在仁宗亲政之前，即乾兴元年（1022 年）以前。此时的包拯还是一介草民，直到天圣五年（1027 年）才中了进士，被派到和州做官，但是包拯信守"父母在，不远游"的教诲，并没有去任职，直到守丧期满才去天长县任职，此时包拯已经步入中年。所以说，在很长一段时间里，他都没有去过京城，更不会有为仁宗寻找亲生母亲的事情了。此事更加证实了"狸猫换太子"一事的虚假。

宋仁宗遗落民间的皇子

宋仁宗一生共有三位皇子，但是都不幸夭折，致使大宋江山无人继承。不过民间却有另一种说法，即宋仁宗在民间还遗有一位皇子。此事一时间被传得沸沸扬扬，那么宋仁宗在民间到底有没有遗留一位皇子呢？

宋仁宗13岁便继承大统，在养母刘太后的主持操办下，15岁立秀女郭氏为后，而后，赵祯又相继选择了多位美女来充盈自己的后宫。皇室从来都是希望妃嫔多生皇子，以便从中选择出德才兼备者继承皇位。但是天公好像和仁宗开了一个很大的玩笑，十几年过去了，后宫皇后和众妃嫔中竟然无一个给他生有一位皇子，这就意味着将没有人来继承皇位。这件事情使仁宗心急如焚，甚至在皇宫之中供奉起赤帝像，终日祷告，祈求天降皇子。皇天不负有心人，几年之后，俞美人、苗美人、朱才人相继为仁宗生下了三位皇子，这使仁宗喜出望外。但是也有一句话叫乐极生悲，不知道是什么原因，这几位皇子都在年纪轻轻的时候就夭折了。此事对仁宗的打击很大，因为皇嗣问题不单单是仁宗的忧虑，更是整个朝野所关注的大事。

关于皇帝子嗣的问题，在民间有着不同的说法，民间一直流传着，仁宗还有皇子尚在民间。皇祐二年（1050年），京城里出现一个从庐山来的和尚，叫全大道。和尚原本就是走南闯北的化缘人，并没有怎样的稀奇，但是他身边带着一位翩翩少年，并声称此少年就是当今圣上遗留在民间的一位皇子，他们这次来京就是来和皇上相认的。此事由于涉及皇室，不论真假，官府都会格外重视。而且现在朝廷中的要事就是正缺少一位皇子来继承大统，自然谁也不敢怠慢此事。开封府知府钱明逸听说后，马上把二人带到了衙门，同时派人火速将此事奏报给朝廷。

明 仇英 帝王道统万年图

此图是根据宋史中的记载所绘制的想象画。主要说的是宋仁宗日日观览《尚书·无逸》篇，又命馆阁校勘蔡襄，把《无逸》一篇写在阁楼之屏上，使随处皆得观览以起到警诫自己的作用。

　　皇子一事非同小可，众大臣听到此事后都开始议论纷纷，一些人说："圣上共育有三子均已夭折，这可是天下皆知的一件事情，怎么会又冒出一个这么大的皇子来呢？"也有人说："那个和尚将此事说得有板有眼，或许这个年轻人真的是皇上遗留在民间的皇子呢！"但是绝大部分人不相信这是真皇子，而且主张惩罚这个胆大妄为的"假皇子"，将其诛灭九族。仁宗皇帝听到此事也是非常愤怒，原本没有皇子继承大统已经让他很是伤心，现在又有人敢前来假冒皇子，于是派包拯查明此案。

经包拯一再审查，才弄清楚了事情的真相。原来此少年并非仁宗遗留在民间的皇子，他本名叫冷青，母亲原来是仁宗宫内的一个宫女王氏，曾因犯错而被遣出宫。他的父亲是一个江湖郎中名叫冷绪，冷青根本就和皇室沾不上一点儿边。他从小就游手好闲、好吃懒做，为了逃避父母的谴责才离家出走。碰巧在庐山遇到了和尚全大道。两人在闲聊之时，全大道得知冷青的母亲曾在宫中做过宫女，见冷青又是一表人才，便动了歪心思，想利用冷青母亲在宫中的经历伪造其是"皇子"的事情。全大道认为他可以利用自己的三寸不烂之舌骗过皇上，让他们都过上好日子。两人抱着这个"远大理想"来到了京城，可谁知在还没有见到皇上的时候，就被包拯识破了，最后二人"偷鸡不成反蚀把米"，把各自的小命都搭上了，成了人们的笑柄。

"假皇子"一事算是平息下去了，可是仁宗还在为自己没有皇嗣一事而烦恼着，也就没有更多的精力去管理朝政。在其统治后期，统治阶级内部腐败现象严重，对外也无法抵御西夏和辽国的入侵，每年都要拿出大量的钱帛赔付以求安宁。仁宗对这些政事完全不管，而且身体也一天天垮下去。到了嘉祐四年（1059 年），仁宗立濮王允让之子宗实为嗣，并赐名曙，嘉祐七年（1062 年）立为皇太子，封钜鹿郡公。嘉祐八年（1063 年）即帝位，为宋英宗。

电视剧《还珠格格》曾一度红遍大江南北，里面真假格格的遭遇更是牵动着千万观众的心，但她们是幸运的，最终得到了同样的父爱和自己的幸福。宋朝也有着这样一个关于真假公主的故事，故事的主人公便是柔福帝姬，但她最终却以被杀头结束了短暂的公主生涯。那么与赵构相认的柔福帝姬到底是真是假呢？

　　柔福帝姬，小名嬛嬛，据《宋史·公主传》和《皇宋十朝纲要》卷十五中记载，柔福帝姬是宋徽宗的第二十个女儿，其生母是极受徽宗宠爱的懿肃王贵妃。按照惯例，皇帝的女儿都是被称为公主的。可是北宋政和三年（1113年），因为蔡京的建议，宋朝仿照周代的"王姬"称号，宣布一律称公主为"帝姬"。而且这一制度维持了十多年，直到南宋初才恢复旧制。

　　靖康元年（1126年）冬，金兵开始第二次围攻汴京（今开封）。靖康二年（1127年），金军攻下汴京，并将徽、钦二帝以及诸多妃嫔、皇子、公主、宗室贵戚、大臣近三千人押往北方。被押送的队伍中，女性占了很大的比例，其中就有徽、钦二帝的皇后，宋高宗的母后韦贵妃和柔福帝姬。人们本以为柔福帝姬也会伴随着北宋的灭亡而消失在大宋的土地之上，可令人惊异的是，这样一位弱女子竟然能够逃脱金兵的追捕，历尽艰辛回到了南宋。高宗皇帝和满朝文武大臣对柔福帝姬的归来都感到十分高兴，但高兴之余也难免会对她的身份加以怀疑，不知道这个貌似柔福帝姬的女子是真是假？会不会只是一个贪图富贵之人呢？

　　为了谨慎起见，高宗命令几位老宫女和宦官前去查验，他们见此女子的容貌确实很像当年的柔福帝姬，而且对宫中之事也是了如指掌，并能够叫出宋高宗赵构的乳名，所以他们都确认她就是当年被金人掳走的柔福帝姬。这样，便让大家打消了之前的顾虑，可是还有一个值得怀疑的地方，那就是这名女子有一双大脚，不似柔福帝姬的纤纤玉足。关于这一点，该女子也给出了较为合理的解释："金人驱逐如牛羊，乘间逃脱，赤脚奔走到此，山河万里，岂能尚使一双纤足，仍如旧时模样？"在《鹤林玉露》中也有这样的记载："柔福帝姬至，以足大疑之。颦蹙曰：金人驱迫，跣行万里，岂复故态。上为恻然。"

宋高宗觉得她说得很有理，便认定此人就是自己的姐姐柔福帝姬，于是宣她入宫并授以福国长公主的称号，又为她选了永州防御使高世荣为驸马，赐予一万八千缗的嫁妆。此后更是宠恩有加，先后赏赐达四十七万九千缗。

南宋与金国签订了《绍兴和议》后，高宗的生母韦贵妃也从北方放回。母子重逢，喜极而泣，韦贵妃回朝后，被高宗封为"显仁太后"。韦太后回朝便听到柔福帝姬一事，不禁诧异地说："柔福早已病死在金国，岂会又有一个柔福呢？"于是高宗向韦太后说了柔福是如何从金逃回朝的。韦太后却继续说："金人都在笑话你！说你错买了假货，其实真正的柔福早就已经死了。"

高宗听后既吃惊又愤怒，立即下令逮捕了假柔福帝姬，交由大理寺审理。在严刑拷打之下，冒牌的柔福帝姬没有办法再抵赖了，只好如实招供。原来她只是汴京的一个流浪女子叫静善，生得颇为美貌。汴京被金人攻破后，流浪到北方。在路上她碰到了一个叫张喜儿的宫女，张喜儿曾经是柔福帝姬生母的宫

中侍女，所以对宫中的事情很是清楚，经常讲给静善听，尤其是她说静善的相貌和气质都与柔福帝姬十分相似。说者无心听者有意，静善认为这样的巧合是上天赐给自己的一次机会，可以在这兵荒马乱的年代冒名顶替柔福帝姬。没想到竟然成功地骗过了所有人，甚至是高宗皇帝，而且还享受了十几年的荣华富贵。但是人算不如天算，韦太后回朝后，戳穿了此事，假柔福帝姬也只好供认了。高宗一气之下，将假柔福帝姬斩首于东市。而且高宗把当时确认假柔福帝姬为真公主的一干人等全部降罪，其中也包括宦官冯益。《宋史·宦者列传·冯益》中记载："先是，伪柔福帝姬之来，自称为王贵妃季女，益自言尝在贵妃合，帝遣之验视，益为所诈，遂以真告。及事觉，益坐验视不实，送昭州编管，寻以与皇太后联姻得免。"

　　虽然这个柔福帝姬已经被诛杀，但是民间仍然流传着另外一种说法，很多人为她抱屈。更有一些当时的史学家认为被杀的那个柔福帝姬就是真的公主，韦太后从北方回来后之所以说她假冒，其实是为了掩饰自己在金国受到的凌辱和各种丑事，于是强行说这个柔福帝姬是假的，并令高宗皇帝杀掉她。高宗是母命难违，于是也不容柔福帝姬辩解便杀之。《四朝闻见录》《随国随笔》等笔记对这一段历史都有这样的说法。但是这一切都没有真凭实据，也死无对证，关于柔福帝姬的真假一事，只能是千古之谜了。

南宋　赵构　　宋高宗书女孝经马和之补图上卷

太子赵闳蒙冤致死

身为储君，自然应当顺理成章地继承皇位。然而要知道，宫廷之中任何事情都是有变数的，昨日的太子也许今天就会被贬为庶民，今日的一个无名小卒转眼间便会被黄袍加身。宋宁宗的太子赵闳与宗室中的一个无名之辈赵与莒，就演绎了这样一场太子之位争夺战，那到底是孰输孰赢呢？

宋朝的历代皇子都有夭折的现象，宋宁宗的子嗣也不例外。宁宗的九个儿子均夭折，而后宫现已无所出，所以他只好想办法在宗室中另外选择皇嗣。赵询也是宁宗当年所立的一位宗室皇嗣，赐名赵曦。

据史料记载，宁宗的杨皇后不是一个甘于落在人后的娘娘，她一直在为自己将来的地位做着打算。她虽然也生过皇子，但是都没有活多久就夭折了。随着宁宗年纪越来越大，杨皇后对此也是十分担忧。幸好现在的皇子赵曦与杨皇后的关系还不错，虽不是亲生，但胜过亲生，而且他们还共同反对过韩侂胄，杨皇后在赵曦立为太子的过程中也出过不少力。赵曦为了答谢杨皇后对自己的恩情，曾特向宁宗上书表达过杨皇后对自己的深厚恩情，对杨皇后赞扬有加。所以，杨皇后对赵曦还是十分满意的。但不幸的是，赵曦在嘉定十三年（1220年）也因病去世了。于是宁宗还要选择一个宗室作为皇嗣，这次新选立了赵闳为皇子。赵闳对杨皇后和宰相史弥远内外勾结表现出强烈的不满，所以杨皇后对这个太子也没什么好感。

由于新太子对史弥远心存芥蒂，所以史弥远为了保全自己今后的仕途之路，一直都在力劝宁宗对择嗣一事要谨慎处之，他希望能够立一个有助于自己的太子。于是史弥远以为沂王选择子嗣为由，奏请在宗室中再选择一些有才华之人，也是备日后的皇子之选。这项任务宁宗交由史弥远去办理。史弥远派手下余天赐到绍兴一带为沂王选择合适的子嗣，但告知在沿途也要留意一些宗室中较为贤厚的子弟，遇到便带回来。

余天赐不负史弥远所托，果真从绍兴带回来两个品貌端正的宗室子弟，并确定其中的赵与莒为沂王之后。嘉定十四年（1221年），赵与莒被赐名为贵诚。宫中上下对贵诚的印象都非常好，人人对其赞扬有加，而且贵诚平日里也是少言寡语，对人彬彬有礼。

嘉定十五年（1222年），宁宗晋封太子赵闳为济国公，封贵诚为邵州防御使。史弥远此时是朝中的宰相，而且与杨皇后走得很近，在朝中更是有自己的一些党羽，朝中大权被他牢牢抓在手中，对此朝中无人敢言，但是皇太子赵闳却感到十分不满。史弥远对此也有察觉，为了除掉赵闳这个绊脚石，他收买了一个美人赠予赵闳，作为自己的奸细，让她监视太子的一举一动，一言一行。美人的表现令赵闳非常满意，久而久之，赵闳便视其为知音，常常将心中的烦闷之事与之倾诉。一次酒后，赵闳向美人说自己日后如果当了皇帝，必将史弥远发配到边疆。但他没有想到，自己的这一席酒话竟被身边最亲近的人出卖了。史弥远得知此事后十分惊恐，便开始谋划如何除掉现在这个太子。赵闳却还被蒙在鼓里，依然是一副我行我素的样子，虽然也有人劝过他要懂得孝顺母亲，尊敬大臣，这样才能众望所归，否则日后必定会出现一些意想不到的事情，但是赵闳并没有把他人的话放在心上，依旧对史弥远和杨皇后等人心存不满。

另一方面，史弥远见贵诚是一个虚心向上的人，便有意将其收拢在自己的身边，并向宁宗一再表扬贵诚的优势和长处，又说了很多对太子赵闳的不利之语，目的很明确，就是想要宁宗废掉赵闳，然后改立贵诚为太子。可是宁宗并没有改变自己的初衷，没有废掉太子赵闳。

嘉定十六年（1223年），宁宗病重，史弥远便派人告之贵诚，想要立他为太子，问他是否同意。贵诚是一个十分聪慧的人，知道他们的言外之意是什么，但并没有说同意还是不同意。这样一来，史弥远更觉得他是一个懂得分寸、识大体的人。于是史弥远亲自矫诏立贵诚为皇子，赐名昀，封为成国公，并准备在第二年发动宫廷政变，废掉太子赵闳，拥立赵昀为帝，不过这样做需要得到杨皇后的支持才行。于是在宁宗驾崩之后，史弥远便派人将废立之事告诉了杨皇后。虽然杨皇后并不想忤逆先皇的意思，但事已至此，而且现在自己也不再具备与史弥远相抗衡的实力，便听从了史弥远的安排。再者，就算是赵竑当上了皇帝，对杨皇后也是十分不利的，所以杨皇后默默地同意了此事。

再说赵竑，他原本以为宁宗驾崩，皇帝之位必是自己的囊中物，哪里知道等待他的不是承继大统，而是太子之位被废的命运。眼睁睁地看着赵昀穿上龙袍坐在龙椅上，自己反倒要跪在他的脚下朝拜，虽然不甘于这样的命运，但也无可奈何。就这样，赵昀继承了宁宗的皇位，也就是宋理宗，改元宝庆。而皇太子赵竑被贬，虽然朝野对此事表现出了强烈的不满，但也无济于事。

宝庆元年（1225 年），潘壬、潘丙带兵起事，欲立赵竑为帝。起初赵竑听从了二人的建议，但是后观此二人并不能成事，便又开始率兵讨伐二潘，在讨伐的过程中，潘壬、潘丙均死。后史弥远听说了此次变故，认为只要赵竑还在世，自己就不得安宁。于是对人诈言说赵竑染有重疾，命人带御医到湖州为其看病。等到了湖州，此人便拿出宋理宗的谕旨，逼迫赵竑自缢。之后告知天下，赵竑因得重病而亡。

虽然很多大臣对赵竑之事都心存疑虑，并多次上书为赵竑申冤，但均以无果告终。

南宋　杨婕妤　百花图卷

有学者考证，杨婕妤即书画史籍中所说的杨妹子，也就是宋宁宗赵扩之后。

藏在古画里的大宋史

第四章

将相权臣：留取丹心照汗青

在波澜壮阔的历史长河中，历朝历代都曾涌现出一些叱咤风云的权臣将相。宋代是一个特殊的朝代，它以文治国的统治政策使中国逐渐走上了现代文明之路，开明宽厚的政治氛围使得更多的官员敢于发表自己的政治主张，这些官吏勤俭尽职，为国为民，如寇准、包拯、范仲淹等一代名臣都是敢于直谏的杰出官员，千百年来一直被人们传颂着。宋代的名将更是写就了一曲曲可歌可泣的恢宏乐章。能征善战、冲锋陷阵的杨家将中不仅仅只是男子，其中不乏英勇无敌、英名垂世的女中豪杰。狄青和岳飞戎马一生，他们的故事更是惊天地，泣鬼神。他们都用生命和热血谱写了"人生自古谁无死，留取丹心照汗青"的宏伟诗篇。

"半部《论语》治天下"的赵普

他并非是北宋初期一个声名显赫的宰相。他只是君主幕后那个出谋划策之人，并不常出现在台前，但他所参与制定的重要方针、政策，却一直影响着宋朝三百年的统治历史，关系到国运民命的大问题。他的一生可以说充满了传奇色彩，陈桥兵变、佐命殊勋；从征二李、位列枢使；加强君权、杯酒释兵；廷美疑案、两度入相。他失宠于宋太祖，而又得宠于宋太宗，他在两度任相、东山再起的历程中，扮演了一个什么样的角色？这位"半部《论语》治天下"的宰相，被罢相的背后有着什么样的内幕？

赵普生于后梁末帝龙德二年（922年），字则平，原籍幽州蓟县，其父赵迥，当时为了躲避后唐赵德钧兵乱，迁居洛阳。赵普读书不多，但自幼学习史事。成年后，被聘为永兴军节度使刘词幕僚，后被举荐于朝廷，与赵匡胤同为后周世宗柴荣部下。赵匡胤部破滁州后，欲斩盗百余名，经赵普审讯，大部分非盗贼而存活之。赵匡胤奇之，遂用为同州节度使属下的司法推官，旋用为宋州的书记官。

显德六年（959年），后周世宗去世，由遗孀佐幼主宗训即位。赵匡胤陈桥兵变、黄袍加身，建立了宋朝。旧史记载，这段历史认为赵匡胤是被迫的，按他的仁爱本性是决不会从寡妇、孤儿手中夺取政权的。然而，是谁煽动部将为谋富贵而拥立新主？为什么留京守卫之殿前都指挥使石守信、都虞候王审琦早已愿意拥立赵匡胤呢？为什么兵变前赵匡胤之弟赵匡义与掌书记赵普早已知情而不发？兵变之际又由他们枕戈待旦守护黄袍加身的赵匡胤呢？这些情况都不言而喻地说明，赵普在其中起了智囊军师的特殊作用，而且他也做了新皇帝心中想做而又不便明言的事。所以，按政变的实际作用来说，这位从滁州战役时就与赵匡胤联宗的赵普，是建立了特殊功勋应获头功的。

宋太祖赵匡胤代周以后面临的国内形势，依然是五代十国以来的武臣弄权局面。二李叛乱的平定，从献策亲征的意义上来说，赵普之功显著。赵普针对武臣弄权提出了"稍夺其权、制其钱粮、收其精兵"的方针。赵匡胤听其言就化成一整套加强君权、牵掣和削弱各方权力的政策与策略。首要的任务当然是要解决拥兵以自重的将领问题。

可以说，赵普是赵匡胤的得力助手，赵匡胤对这位臣子也是十分宠信，让赵普居相位长达数十年。君臣两人的关系可以说非同寻常，但是，后来赵普却为什么突然间失宠于宋太祖，被罢了相呢？这是一个值得推敲的问题。

纵观中国封建帝王，绝大部分都是多疑善猜，独断专行，宋太祖赵匡胤自然不会例外。尽管他明确知道自己取得帝位的内幕，也深知在这其中赵普所起的重要作用，但一朝即位后，宋太祖还是将君臣关系分得清清楚楚，并且希望作为自己臣子的赵普绝对忠诚。而赵普身为宰相也可以说是处处小心谨慎，但最终也难免犯错，使得本来已经对赵普的位高权重有些担心的宋太祖，有机会抓住他的一朝之错，借机罢了其宰相之职。

我们来看看宋太祖和赵普之间君臣关系的首次裂痕。

宋初时太祖喜欢微服出行，常常驾临臣子家中。为什么会这样做呢？是加强君臣间的亲密关系吗？不是。这位封建帝王之所以这样做，无非是为了监视臣子，及时掌握他们的动向。作为朝廷重臣的赵普，当然会格外地享受到这种特殊荣耀。

一天晚上，太祖又一次亲临赵普府第，当时恰逢吴越王钱俶派送来书信给赵普，并且还赠送了十瓶海产品，

清　佚名　赵普像

赵普虽读书少，但喜观《论语》。其"半部《论语》治天下"之说对后世很有影响，成为以儒学治国的名言。他为人刚毅果断，在宋初制定统一战争方案和加强中央集权措施的过程中起到了极其重要的作用。

就放在外面的廊屋檐下。太祖突然驾到，赵普在仓促之间根本来不及把东西隐藏起来，只得诚惶诚恐地迎接皇帝的到来。太祖进门一眼就看见了那些大瓶，于是就问赵普里面是些什么东西，赵普只好如实对太祖禀报。太祖假说要打开一观来自东海的海产品，于是命人将瓶盖打开。等到启封一看，赵普吓坏了：瓶子里哪是什么海产品，都是黄灿灿的金瓜子。赵普急忙谢罪，解释说自己并没有拆开书信，不知道这瓶里装的是什么。太祖听后叹了口气道："你不妨收下这些东西，他们以为国家大事全是由你这个书生决定的呢！"扔下这句不咸不淡的话后就走了。

赵普非常担心，一连几日都闷闷不乐。后来看到太祖仍像以前一样待他，这才放下心来。其实太祖此时已经对赵普产生了不信任，只是没有写在脸上而已。

这件事留下的裂痕还未抚平，不久后发生的另一件事更使得太祖不高兴。

赵普准备修建住宅，这本是一件很平常的事，可是他偏偏派亲吏到陕西、甘肃一带采购大号木料，扎成巨大的木筏运到京城来建造府第。而当时太祖已经下了严禁私人贩运秦陇一带大号木料的诏令，但赵普自己采购不说，他的那个亲信小吏还冒用赵普的名义趁机偷运木料到京城贩卖。这件事很快被三司使赵比查到，他立即上奏给了太祖，太祖大怒，又联系上次钱俶送金瓜子一事，于是认定赵普现在恃功自傲，当下拟定草诏，即日罢免赵普宰相之职。这事多亏前丞相王溥的极力劝解，太祖最后才留诏未发。但明显对赵普的态度已经和以前大不相同了。

没想到一波未平，一波又起。贩木头的事情没过多久，赵普的儿子娶了枢密使李崇矩的女儿为妻。这件事让太祖大动肝火，因为当时朝廷为了防止形成朋党，削弱皇权，制定了不准宰辅大臣间通婚的禁令。太祖觉得赵普一次次违背自己的旨意，分明是不把自己这位皇帝放在眼里，便暗自忖度赵普居心何在。

当时有一位叫卢多逊的翰林学士，他为了能迅速升官，常常暗自揣度圣意，

▶ 明 刘俊 雪夜访普图

此图描绘的是北宋开国皇帝赵匡胤夜访重臣赵普，询问计谋的史实。

并经常趁皇帝召见之机攻击赵普的短处。

一天，有个叫雷有邻的人到登闻院告发堂后官胡赞和李可度的受贿案，刘伟伪造代理官职的公文以及赵孚假装生病不去西川上任之类的事情，还说其中最要紧的是这些人都得到了赵普的庇护。这些事本来都是那些小官的事情，可是偏偏卢多逊在太祖召见时，乘机诽谤赵普，将这些事情加油添醋地告诉了皇上，并说赵普学问不高，嫉贤妒能，等等。太祖听后极为生气，就把这些事情交由御史台审问，按法律严惩胡赞等人，而让雷有邻到秘书省任职。

太祖对赵普也完全失去了信任，开始疏远他，并且不动声色地扩大了参知政事的职责范围，下诏让参知政事与赵普轮流执掌宰相的印信，上朝可以领班、可以和宰相一起奏事，借此分割赵普的相权。

识趣的赵普见事情都到了这种无法挽回的地步，只好上表请求太祖罢免自己。于是太祖立即下诏，调赵普外出为河阳三城节度使，提升卢多逊为参知政事。

赵普一生在政治舞台上活动了50年，就封建时代地主阶级的政治家来说，是一个有一定远见的历史人物。他所佐治制定的巩固中央君主集权和地方分权的方针、政策，对于结束长期政治动乱、实现中原统一是有贡献的。但是他同样是负有历史的责任。作为一代名相，他胸中缺少学问，而以所谓半部《论语》治天下，这当然妨碍了他做出更积极的贡献。赵普以个人对君主的忠诚三次任相，但在整个居相期间，看不到他造福人民的政绩，这是最大的缺憾。

"八贤王"的原型

　　杨家将是一部对北宋前期的一些人物和事件加以演义的英雄传奇系列故事，以话本、戏剧等形式在民间广为流传。其中杨家四代人戍守北疆、精忠报国的动人事迹为历代称道，成为人们耳熟能详的历史故事。在有关杨家将的故事或戏剧中，常常会出现一个正气凛然、仗义执言的"八贤王"，他诙谐、幽默、机智，在皇帝、奸臣、杨家之间屡屡周旋，在最关键时刻往往会助杨家一臂之力，使奸臣闻风丧胆，让忠臣安心保卫宋家王朝。这位八贤王在故事或戏曲《杨家将》中的名字是赵德芳，但对于他真正的历史身份，因为没有太多的历史记载，至今仍是一个谜。那么，他到底是谁呢？

　　在民间，"八贤王"往往被认为是赵匡胤的四子赵德芳。

　　著名的戏曲曲目《杨家将》中说的是：宋太祖赵匡胤猝死，留下了一起"烛影斧声"的千古疑案，接着皇弟赵光义灵前继位。因为宋太祖赵匡胤死得不明不白，所以太祖皇后就让长子赵德昭上殿质问。宋太宗赵光义大怒，拔剑欲杀德昭，德昭不愿遭受这等奇耻大辱，一头撞死在殿堂之上。太祖皇后十分气愤，无奈之下带了赵德芳上殿，数落太宗赵光义的过错。宋太宗这时心生悔恨，连忙向太祖皇后道歉谢罪，还赐给了她尚方宝剑，并封入养老宫，另外还封赵德芳为八贤王，从此赵德芳成为朝野上下举足轻重的人物。后八贤王与太宗尽释前嫌，辅助治理大宋江山社稷，对太宗时期出现的太平盛世景象起到了重要作用。

　　但戏剧中的赵德芳只是一个艺术化身，并不是真正的历史人物。不过，生活是艺术的渊源，任何艺术形象都有其生活原型。杨家将的故事是有历史依据的，那么这位八贤王当然也不是完全凭空捏造，在历史中一定有他的原型，但

北宋　西元　定窑　白瓷铺首龙耳
方壶

这件方壶是手拉坯成形，刻的线条
流利婉转，北宋时期，定窑取代了
曾在唐代盛极一时的邢窑白瓷的地
位一跃成为"天下第一"，因定窑
器物的精细特征迎合了宋代士大夫
阶层的审美情趣。

是他究竟是哪一个历史人物的化身呢？

在正史史料中有记载：太祖有四个儿子，第四子就是赵德芳，曾被封为秦王，任山南西道节度使、同平章事等重要职务。根据戏曲中八贤王的名字来看，他应该是宋太祖的第四子赵德芳。

但是，到太平兴国六年（981 年），才刚刚 23 岁的赵德芳就病亡了。因此从这个赵德芳生辰年代来看，似乎并不是杨家将故事中所写的八贤王，赵德芳在世的时候，杨家将中老令公杨业还活着，六郎杨延昭还没有任边关统帅，也就是说，他与杨家将中老令公死后发生的一连串故事没有任何的关系。可见，戏曲中的八贤王不是太祖四子赵德芳，只是借用了赵德芳的名字。

有人认为，八贤王的原型应当是名正言顺的皇位继承人赵德昭。

赵德昭，宋太祖的长子，他自幼聪明英武，喜怒不形于色，很受太祖的喜爱与信任。太祖甚至还曾赐予他象征特权的金简一柄——如果朝野有不法之辈，可以用此金简诛戮。只是，太祖不明不白地忽然间死去，太宗赵光义即位，赵德昭也就失去了当天子的机会。此后太宗虽然封他为武功郡王，朝会时也位居宰相之上，其实在内心里还是对这位文韬武略的侄子存有很大的戒心。

太平兴国四年（979 年）的某天夜里，率军亲征幽州的太宗突然失踪了。这件事闹得宋营中人心惶惶、惊扰不安，军士四处找寻，却久久不见太宗踪影。这时将士们认为，大敌当前，军中不可一日无主，于是纷纷闹着要立德昭为帝。当部队回到汴京的时候，发现太宗已经回到京城，欲立赵德昭为帝之事也就作罢。得知了这件事后，太宗对德昭的戒心更大了。而偏巧在太宗回朝后，德昭又像往常一样提醒他论功行赏，于是太宗说："等德昭你坐了这个位子，再赏也不迟啊！"语气中充满了怀疑和嫉恨。聪明的赵德昭深知，自己在太宗手下一旦受到猜疑，是绝不会有好结果的。现在听到这种话，明白自己终究难逃一死，于是回去就自刎了。

但是，历史上从未记载赵德昭被封为八贤王，史书中赵德昭的事迹也与戏剧中的那个有上殿不参、下殿不辞，上打昏君、下打谗臣之特权的公正无私、一忠二孝的八贤王不相符合，所以赵德昭也不应该是戏曲中的八贤王。

但有人认为，在毫无办法的现实中，创作戏曲的人出于对这位被逼迫致死的皇子的同情，将他在戏曲中化身为八贤王了，并且还让他帮助杨家将对付那些危害朝政的权臣。也许人们确实是为了抑恶扬善才赋予赵德昭八贤王这个艺术形象。

还有学者认为八贤王就是太宗第八子元伊。

据正史记载，相貌堂堂的元伊名闻朝野，有着一副不可侵犯的严毅神情，人们都很忌惮他，当时人们称呼他为"八大王"。虽然这八大王的所作所为与八贤王的故事相距甚远，但他的事迹很可能影响、丰富了八贤王的传说，现实中的八大王经过艺术的加工就成了戏曲中的八贤王的形象。

因为上面所提到的"八贤王"的历史原型都与戏曲、传说中的八贤王相距甚远，所以很多学者认为"八贤王"这个人并不是现实中真实存在过的人物。为什么这么说呢？因为，在皇权至上的宋太宗统治时期，是不会允许有这么一个能制约皇帝的人存在的，所以戏曲中的八贤王只能是虚构的人物。或许有某些历史依据，也不过是由宋初宗室中的一些逸闻，加上人民群众的感情倾向，再经过剧作家的艺术加工融合而成的人物而已。他之所以能够出现在民间传说中，是因为他更好地满足了人们惩处权奸、崇敬忠臣的心理需求。

侦破高手包公

在老百姓的心目中，他是一个非常富有传奇色彩的人物，是清官的杰出代表，人们习惯称他为"包公"或者"包青天"。九百多年来，有关包公的传说实在太多，他的口碑之好，影响之大是有目共睹的！那么，在这些传说中，究竟哪些是真的，哪些是假的呢？他真的是父母早亡，由嫂子抚养成人的吗？他真的铁面无私，毫不留情地铡死了侄儿包勉吗？他真的审理过"狸猫换太子"这样离奇的案件吗？

包公本名包拯，字希仁，死后谥号为"孝肃"，生于北宋咸平二年（999年），自幼聪颖好学，深受父母的宠爱。在《铡包勉》《包公赔情》等戏曲里，说包拯从小受父母遗弃，由大嫂带养成人，其实是不符合历史实际的。

包拯在人们心目中，是一个断明了很多冤案错案的出色侦探形象。现存的元代公案戏有18种，包拯一人就占了11种；明代北京永顺堂刊印的说唱词话有13种，反映包拯破案的也有8种。正是戏曲小说的这般大肆渲染，才使包拯从一个尽职尽责的清官变成了无所不能、神通广大的破案能手。历史上的包拯，其实远非传说中的那样神奇，只是因为他为百姓办实事，所以受到了人们的爱戴与拥护。

不能否认，包拯确实破获过一起盗割牛舌的案件。包拯在天长县任知县时，一个农民来告状说有人偷割了他家耕牛的舌头。当时宋朝的法律严令规定，民间私杀耕牛是犯法的，要受到重责。但是包拯让那位农民回家把牛杀了，自己留一点吃，其余的拿到市场上去卖。那位农民回到家中就真的把耕牛杀了。第二天就有人向包拯控告那位杀牛的农民，包拯反而将告状的人扣押起来，怒问道："你为什么把人家牛的舌头割了？"那人被这突如其来的追问弄得惊慌失

清　佚名　京剧一百人物像　包文正

措，只得如实招供。这个人怎么也没有想到，包拯使了个"引蛇出洞"之计。包拯在接到牛舌被割的报案后，马上意识到这一定是有仇家有意陷害这个农民。

令人遗憾的是，在宋朝史料中，只记载了包拯类似"断割牛舌"这样的几件小案，关于他如何成为"日断阳，夜断阴，三口铜铡泣鬼神"的破案高手，宋朝史料中并没有记载。后代耳熟能详的推断明了、察识细微、判决恰当、结案迅速的大案要案，大都是来自晚明时期的《龙图公案》一书。此书记录了包拯审理的案子共百余起，但是据有关学者考证，在这100多起案子当中，很多是不可靠的，其中有22例抄自《海公案》，借用他书的有20例，不知出处的有37例，完全传说下来的有8例。也就是说，包拯成为福尔摩斯式的破案高手，应该是后人演绎出来的。

包拯的青少年时代，也曾刻苦读书，所以在他29岁时，终于考中了进士甲科。按照宋朝规定，考取进士之后，便可以做官。包拯被派到建昌县任职。但当时包拯的父母年事已高，按照"父母在，不远游"的古训，应该尽孝奉养双亲。因而包拯请求回到安徽，在和州做官。后干脆弃官在家奉养父母。在家孝敬父母多年、时年39岁的包拯，直到双亲去世，守丧期满，才出任天长县知县，3年后又到端州任知州。这种孝道，深受家乡人的称道。近年，在安徽合肥发现了一块包拯为父亲包令仪立的神道碑，碑上阴刻篆书"宋故赠刑部侍郎包公神道碑"12字。这既是包拯留下的珍贵文物，又是他力尽孝道的见证。包拯对公务兢兢业业，受到百姓的普遍称赞。这就是说，包拯中进士后，也没有来得及审理多少案件。

包拯担任过多种官职，但从史料记载来看，他一生的主要精力并不在决狱断案，而主要是充当谏官和财政官。

庆历三年（1043年），包拯初任监察官员。他先后向宋仁宗提出了《论取士》《论县令轻授》《请选广南知州》等建议，还细心考察北面和西面的边防，写成了著名的《论契丹事宜》《论边将》等奏折，希望朝廷重视军队训练，警备边防。庆历六年（1046年）三月，包拯被任命为三司户部副使，很快又接连被派为京东路、陕西路和河北路转运使。短短4年时间，包拯担任了四五个职位，干的都是盐务、粮米、漕运方面的工作。他支持"钞盐法"，严厉打击不法商人，几年后，物价稳定，增加了国家财政收入和维护了百姓的利益。

包拯的才干和敬业精神受到了当朝者的赏识。嘉祐元年（1056年）八月，经过同僚朝臣的联袂推荐，包拯出任江宁知府，当年年底，他又到开封府任职。包拯在开封府任职只有一年半左右，可是却给人们留下很深的记忆。他惩治奸庸，为民做主，整治市容，任人唯贤，铁面无私，享誉京师。根据《宋史》记载，当时的北宋都城汴梁（也就是现在的开封）就流传着这样的民谣："关节不到，有阎罗包老。"意思是说，打官司没有钱疏通关系，不用担心，还有阎王老爷和包公包老爷为你做主呢！可见，包拯的口碑之好，影响之大。嘉祐三年（1058年）六月，包拯升任御史中丞，具体任务是"纠察官邪，肃正纲纪"，最后，他在枢密副使的职位上告终。

终其一生，包拯并没有多少时间去办案，他大部分精力放在了进谏和财政方面，可是为什么民间却传说他是一位神判法官呢？其实这和当时百姓们所期待的执法如山、清明如镜的大清官为他们主持公道的希望有极大的关系，再加上包拯确实也明断过多起案件，这样包拯的破案高手形象就顺理成章地树立起来了。

总之，包拯是一面镜子，照出了官场的黑暗、百姓的无奈，照出了人们对刚正不阿的清官的希望。换句话说，包拯已经成了正义和智慧的象征，和真实的历史人物已经相去甚远了。

潘美谋杀杨业存疑

在《杨家将》中，潘仁美是一个夺权篡位、勾结契丹颠覆宋朝的大奸臣。为了扫除障碍，潘仁美借陈家谷战事的机会，公报私仇，未予以接应，致使杨业撞死在李陵碑前。杨业的儿子七郎向潘仁美搬救兵，却被潘仁美用酒灌醉后乱箭射死；六郎再次求救，也差点被潘仁美捉住杀掉。六郎最终忍无可忍，向太宗状告潘仁美，杨业与七郎冤死一事才真相大白，潘仁美兵权被夺，背负奸臣臭名。但历史上并没有潘仁美，他只是小说、戏曲中的人物，是潘美的原型。关于潘美此人，一直是众说纷纭，有的说他是恪尽职守的忠臣，有的说他是遭人斥骂的奸臣。那么，历史上真实的潘美到底是一个什么样的人呢？潘美在杨业之死中又扮演了一个什么样的角色？

潘美，字仲询，后唐同光三年（925年）出生，祖籍荥阳，后迁至大名。潘美从小喜好读书，长于诗文。26岁那年，他到后汉当了一名典谒，专门负责接待宾客和联络事务。这一官职虽然级别不高，接触的人却很多。潘美见后汉气数将尽，于是跑到后周，并在周世宗柴荣与北汉的高平之战中立功，很快升至西上阁门副使，并结识了赵匡胤。在"陈桥兵变"中，潘美的积极行动受到赵匡胤的赏识，逐渐被委以重任。

《宋史·杨业传》中记载：雍熙三年（986年），辽军以十余万兵力大举入侵北宋，宋兵分东西两路迎击敌人。东路由曹彬统帅，西路由潘美统帅，杨业为副帅，与辽兵接战于朔州。

其时辽兵势大，不可硬攻，但随军王侁、刘文裕却主张强取。潘美命令副帅杨业进军，杨业以为不可，哭谏也未被采纳，只能服从。出兵前他与王侁、潘美约定，请他们在陈家谷口安置伏兵接应。王侁等在陈家谷口设置了伏兵，但一直没见到杨业，便带兵撤离。此时杨业与辽军作战已伤亡大半，原以为有人接应，谁知到了陈家谷口却空无一人，最后遭俘。杨业被俘后叹息说："朝廷待我甚厚，本当讨敌安边，以报国家，不料被奸臣所逼，致使王师败绩，我还有什么脸面活着！"即拒绝进食，三日而亡。他死后，宋廷给潘美贬官三级，将王侁、刘文裕罢官，旌表杨业"尽力死敌，立节迈伦，诚坚金石，气激风云，求之古人，何以如此"，并给杨家以丰厚馈赠，令杨家其余六子都入朝为官。

许多人认为，历史上潘美在陈家谷之战中，是否把杨业置于死地，以求谋叛篡权，并无确凿证据。从潘美一向的所作所为来看，凭其机敏的头脑，不可能愚蠢到与宋太宗这个精明的帝王为敌的地步。按照《宋史·杨业传》中的记载"美不能制"，也就是说潘美在此事中能负什么责任呢？他应负有领导责任，责任就在他身为统帅，未能有力节制王侁的轻敌妄动，此外实在不能再追究他什么了。部分历史学者更认为，当时王侁是监军，宋太宗一朝，监军权力甚大，潘美虽是外戚、主帅和名臣，但也受制于王侁，故害死杨业的大半责任，应该在王侁而不在潘美身上。而且，潘美作为宋初的功臣，在朝野口碑也不坏，所以宋太宗只是对其进行责制，由原来的检校太师降成了检校太保。一年后，太宗又发出诏令恢复了潘美的检校太师职务，仍任并州都总管。从皇帝对这位老臣的充分信任来看，潘美的谋反之说也不过是戏曲的艺术加工而成。

那么，这种说法是否成立？历史上真实的潘美到底是一个什么样的人呢？潘美在杨业之死中又扮演了一个什么样的角色？我们不妨先从杨业与潘美的矛盾说起。

杨业归宋之前，是北汉的大将。潘美随军出征太原，攻打北汉，两军阵前，杨业武功高于潘美，曾枪挑潘美于马下并刺了他十多枪，而佘太君也曾将潘美射下马来，潘美因重伤差点丢了性命。从此，杨业夫妇便得罪了潘美。杨业夫妇归顺宋朝后，更是被潘美视作眼中钉、肉中刺，潘美必欲除二人而后快。

我们再来深究一下王侁和杨业之间有什么矛盾，他为何不遗余力地要害杨业？关于这些，史书上并没有记载。只是在《宋史·王侁传》中简单地说："侁性刚愎，以语激杨业，业因力战陷于阵，侁坐除名，配隶金州。"问题在于，如果他只是简单地"语激杨业"，为何会导致"坐除名，配隶金州"这样一个大罪名呢？

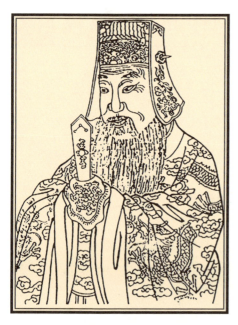

民国　敕赐余姚潘许同宗济美宝纶堂
谱牒　潘美像

潘美是北宋开国名将，与宋太祖赵匡
胤关系素来深厚，宋朝建立后，受到
重用。李重进叛乱，太祖亲征，潘美
为行营都监从征。

《宋史·杨业传》中明确记载："以西上阁门使、蔚州刺史王侁，军器库使、顺州团练使刘文裕护其军。"也就是说，当时同时为监军的还有刘文裕。刘文裕官职在王侁之上，而且刘文裕是外戚，并有相当的沙场经验。也就是说，刘文裕在军中权力不应低于王侁；潘美则是忠武军节度使、韩国公，外戚身份，开国重臣；王侁监军权力再大，也不能一手遮天。

再者，从潘美的性格和其平时所作所为而言，他和杨业不和，也是情理中事。据《烬余录》记载，潘美督军攻太原，屠其城，掠其妇女为营妓，旋又放火烧城，烧之不足，又决水淹灌，直到把"锦绣太原城"夷为平地。潘美如此杀戮太原人，对杨业这样的北汉降将，会没有戒心吗？可见，潘美绝对比王侁更有动机也更有能力陷害杨业。

最后，从杨业临终前的感慨中："朝廷待我甚厚，本当讨敌安边，以报国家，不料被奸臣所逼，致使王师败绩，我还有什么脸面活着！"我们也可以看出，潘美是陷害杨业的主谋。就当时宋人的看法，潘美不仅是陷害杨业的主谋，而且，在杨业兵败后，潘美等人还一度把脏水泼在杨业身上，这让人何等愤慨？

千百年来，民间把潘美一直当作奸臣是不无道理的。真正的英雄，人民会千百年歌颂不休；而真正的罪人，人民也会牢牢记住的。

杨门女将几成属实

　　杨家将是一部英雄传奇系列故事，它对北宋前期的一些人物和事件加以演义，讲述了杨家四代人戍守北疆、精忠报国的动人事迹。在杨家将中，能征善战、冲锋陷阵的不仅仅只是男子，而且不乏英勇无敌、英名垂世的女中豪杰。根据民间传说《十二寡妇征西》和扬剧《百岁挂帅》改编而成的电影《杨门女将》，更是让电影观众过足了戏瘾。然而，历史上到底有没有杨门女将呢？

　　电影《杨门女将》这部彩色戏曲艺术片在20世纪60年代初曾经获得百花奖，并成为中国京剧院的保留节目，内容如下。

　　天波府喜气盈门，百岁老人佘太君正在为镇守边关的孙子杨宗保举办五十寿宴，从边关回来的焦廷贵、孟怀源带来了杨宗保阵亡的噩耗，立时，寿堂变灵堂，杨门一时陷入悲痛之中。这时，朝廷畏惧强敌，意欲求和，佘太君力抑悲愤，率领孀居的儿媳、孙媳和重孙子杨文广等，驳斥了以王辉为首的主和派的谬见，在丞相寇准的支持下凛然挂帅，全家出征。年轻的杨文广立请出征替父报仇，其母穆桂英也同意儿子上阵，但祖母柴郡主却担心杨门只此独子，不准前行。佘太君令他们母子比武，以定去留。校场比武中，杨文广在杨七娘的授意和母亲的暗让下，用梅花枪取胜，终随军去至边关。阵前一仗，来犯的西夏王大败，退回老营，凭借天险顽守，并设计欲将文广诳进绝谷，以威胁杨家。其计为太君和桂英识破，她们根据杨宗保生前绝谷探道的遗言和马夫张彪的陈述，证实葫芦谷内确有栈道可以飞跃天险，奇袭敌营。于是穆桂英请求将计就计闯进谷去，太君允准，并将杨宗保的坐骑白龙马赠给杨文广，以壮其行。穆桂英母子、杨七娘率精锐小分队闯进绝谷后，历尽艰险，几经波折，终于在识途老马的引导和采药老人的帮助下，攀上栈道。此时，西夏王已将谷口围住，

清　佚名　穆桂英像

扬言纵火，威胁佘太君。百岁老人不为所动。忽见敌营内火光冲天，太君知道穆桂英奇袭成功，遂率兵猛扑敌营，里外夹攻，全部歼灭西夏兵将。

由于杨门女将的事迹并没有任何史料加以对证，所以大部分的学者认为这些形象不过是民间出于褒善抑恶倾向，塑造出了像佘太君、穆桂英这样内涵丰富的艺术形象。那么，历史上究竟是否真有其人？

在后代的各种戏曲中，杨府的老祖宗、杨业之妻佘太君是一个充满了正义与忠心的人物。她原名佘赛花，面临辽兵入侵宋境，仍能挂帅领兵赶走契丹兵，实在是让人敬佩。但是，很多相关史料却不见记载有佘太君的事迹。

有学者考证证实，历史上确实存在过佘太君其人，只不过佘太君本不姓佘，而是姓折，后人讹传就改成了佘姓。折家屡世居住在陕西府州，从折氏曾祖以来，世袭军职，多次参加抗辽战争，而杨家也是世居此地，代代习武，两家可谓门当户对。当时杨业在离石、临县一带的七星庙驻防，迎娶了府州折氏的女儿。按照宋制，凡是有功之臣的妻、母都要有所封赠，以示奖励。宋太祖赵匡胤下诏制定文武群臣母妻的封号，其中庶子、少卿、刺史等的母亲封为县太君，妻子封为县君。而折氏的儿子如杨延昭等,位居刺史之上,他母亲应受封为某县太君的,所以后来人们就叫她佘太君了。

在杨门女将中,除佘老太君以外,还有一个受人瞩目的女将,那就是穆桂英。但这位在戏曲中多次领兵挂帅、频频扭转战局、内外有度、勇敢有为的巾帼英雄,在正史中却未有记载。既然曾拜大将,又曾力挽狂澜,为何死后却默无声息?因此,不少人对穆桂英本人的存在提出了质疑。

有人认为穆桂英只不过是戏曲中虚构的人物。传说穆桂英是杨延昭之子杨宗保的妻子,她敢作敢为,性格开朗,坚持女性独立,婚姻自由,当初杨宗保不同意与她结婚,穆桂英拿出刀来架在杨宗保脖子上逼其成婚,最终二人也是美满幸福。穆桂英巾帼不让须眉,过门不久就领兵挂帅,甚至年过半百还跨马领兵。但由于在史料上找不到记载,人们认为她是虚构的人物,甚至有人提出观点说不仅穆桂英是虚构的,而且杨宗保在历史上也根本不存在。

也有人说穆桂英这个人可以从杨氏的眷属中找到原型。杨延昭的儿子杨文广有位堂兄叫杨琪,此人曾娶慕容氏为妻,而穆桂英的姓也许是"慕容"氏的转音,"桂英"只是民间通俗的名字,这样,以慕容氏为原型的穆桂英这一形象,通过戏曲、小说本的改编,就很快流传开来。况且,慕容氏是当时鲜卑大族,也是世代习武,与杨家通婚也不无可能,不过这只是一种猜测,并没有真凭实据。

但是艺术与史实并未完全脱节,对于这些艺术形象加以细察,还是可以找出一些史实影子的。就说传统戏曲中穆桂英大破天门阵那回,穆桂英率军大破敌兵,让宋朝子民扬眉吐气。然而,历史上却是南宋将领折可求在天门关与金兵激战,大败后许多人仓皇南逃,宋朝河山损失无数,许多人背井离乡,饱受战败的恐惧。为彻底抹掉战争阴影,话本小说的作者将此事巧妙地移到穆桂英身上,由大败变为大胜,在心理上寻求安慰和平衡。

众所周知,传说中的杨家将故事,多是以小说和戏曲演唱等艺术形式流传下来的,中间加上了无数人的艺术加工和改编,不过尽管有些情节与人物史书没有记载,也没有真凭实据,但杨家将的故事主体是事有源流的。杨门九代精彩而又悲壮的故事代代流传,经久不衰,受到了社会各阶层的广泛喜爱。

狄青为何会受到重用

"清明时节雨纷纷,路上行人欲断魂。借问酒家何处有,牧童遥指杏花村。"这首出自唐代诗人杜牧之手、被传诵千古的七言绝句《清明》中,牧童遥指的一方就是宋朝名将狄青的故乡——汾州西河(今山西汾阳)。有关狄青的小说和戏曲很多,甚至被改编成同名电视剧及动画片,他几乎达到了家喻户晓的程度。那么,历史上的狄青究竟是怎样的一个人物?狄青生前被视为朝廷的眼中钉,但为何含冤而死后却受到了礼遇和推崇?

狄青(1008—1057年),字汉臣,北宋有名的大将,人称"面涅将军"。

在演义小说中,狄青的曾祖父叫狄泰,是五代时后唐明宗的翰林;祖父叫狄元,是宋太宗时威震边夷、名声远播的两粤总制;他的父亲更是太原府总兵。总之,狄青出身于一个显赫的武将之家。不过狄青的真实出身,比小说中虚构的谱系要寒酸许多,以至于并没有人知道他父亲的名字。

曾与狄青一起平定侬智高之乱的余靖,后来为狄青写墓志铭,其中写道,狄青有个远祖,是唐朝的名臣狄仁杰。因为在狄青当上枢密使后,有一位狄仁杰的后裔,将狄仁杰的画像与其他文物档案奉献给狄青,以此作为狄仁杰是狄青远祖的确凿证据。没想到狄青老老实实地说:"我只是一时运气好当上了大官,无论如何也不能与梁公相提并论。"

正史上有这样的记录:"青每出入,辄聚观之,至雍路不得行。"意思就是说,在京城老百姓的眼里,狄青是一位充满阳刚之气的美男子。后来到宋哲宗时期,皇帝为大长公主遍寻夫婿而不遇,近臣们纷纷探听公主心目中的驸马究竟是个什么样子,皇帝言之凿凿:一定要像狄咏那个样子。狄咏是谁?他就是当时在宫廷里充当卫士的狄青之子。由此推断,狄咏之父狄青的出众相貌可见一斑。

　　狄青相貌出众、气概非凡应该是没有疑义的事情。那么，"临敌披发、戴铜面具"却是狄青在战场上的特殊装扮，他是否是因为自己杀气不足而佩戴面具呢？由于这找不到足够的证据，一时难以定论。但是，在中国百姓的心里，狄青已不是一个出身贫寒的凡人了，简直是一个天神形象。

　　虽然出生农家，自幼练得一身好武艺，但狄青却不是主动从军的。宋朝军人地位低下，远没有唐朝军人"宁为百夫长，胜作一书生"来得豪迈。为了防止士兵潜逃，宋朝有在士兵脸上或身上刺字的习惯。狄青因为兄长与他人斗殴，造成严重后果，为兄顶罪被迫充军，"逮罪入京，窜名赤籍"，所以他脸上刺有黥文。他从普通士兵做起，在重文轻武的宋代，创造了位极人臣的奇迹。

　　狄青开始隶属骑御马直，身份是京城卫士。当时西夏的赵元昊起兵反宋，宋仁宗下令挑选善于骑射的卫士从军，狄青于是来到了西北前线，开始了血战沙场的边塞生涯。由于"出入贼中，皆披靡莫敢当"，他得到了经略使韩琦、

清　上官周　狄青像

清　上官周　狄仁杰像

范仲淹的赏识。范仲淹甚至对狄青说"将不知古今，匹夫勇尔"，并将《左氏春秋》赠予狄青，鼓励他多读史书兵法。狄青因战功累累，升至经略招讨副使。西夏人十分畏惧这个戴着铜面具的宋朝武将，把他称作"狄天使"。

1052年，狄青升为枢密副使，带着精锐的西北军来到平定侬智高叛乱的前线，打出了兵书上传诵千古的精彩战役——昆仑关之战。

据史书记载，为了摆脱交趾的控制，西南壮族首领侬智高多次向宋朝恳求内附，但宋仁宗赵祯担心因此会得罪交趾，拒绝了侬智高的请求。皇祐四年（1052年），忍无可忍的侬智高向大宋发动了一场风云变色的战争。乱军在汉族奸细的帮助下，很快形成了雷霆之势，"陷邕州，又破沿江九州，围广州，岭外骚动"，在邕州建立了大南国。

宋仁宗惶恐之下一反往日文人为正、武人为副、宦官监军的带兵惯例，任命狄青为宣徽南院使，总领平南的一切事宜。皇祐五年（1053年）正月，狄青想出了智取昆仑关的妙计。他传出命令，让地方为大军备下五天粮草，在军中安排三个晚上的酒宴，分别宴请高级军官、中级军官和低级军官，让手下官兵过个开怀畅饮的上元节。奸细们给侬智高送去了最新消息，侬智高放下心里一块大石头，居然也让手下摆开宴席，要好好过个上元节。

第一天晚上，狄青和高级将领们喝到天明，第二天晚上，宴会如期举行。但喝到一半，狄青让孙沔代为张罗宴会，自己则点精兵数万趁着风雨大作进攻昆仑关。天明时分，大军越过昆仑关，在归仁铺摆开了阵势。随后宋军骑兵从左右冲击，杀得敌人溃不成军，狗头军师黄师宓和侬智高的弟弟侬建中、侬智中都死于此役。侬智高逃到大理，后来死在了那里。

南方平定了，宋仁宗欣喜万分，将狄青破格提拔为枢密使，成为最高级别的军事长官。但是，此事却在朝廷内掀起了轩然大波。为什么呢？原来，大宋自开国以来，为避免唐朝藩镇割据的局面出现，一直极力压制武人的地位。武人作为二等人是没有资格充当统治集团的宰辅的，所以狄青当上了枢密使自然会让众多进士及第的文人心中忐忑不安。宋仁宗曾劝狄青用药物除去脸上的黥文，但狄青十分坦然："青若无此两行字，何由致身于此？断不敢去，要使天下贱儿知国家有此名位待之也。"其凛然正气让人钦佩。但是，文人出身的大臣如欧阳修等人轮番上书，一定要罢免狄青这个忠心耿耿的大将，而且不达目的誓不罢休。

于是，实在找不到狄青什么罪证的文人们，牵强附会地制造狄青企图谋逆的证据。众口铄金，终于，在狄青担任了四年枢密使之后，宋仁宗在强大的朝廷舆论压力下，"乃罢青为同中书门下平章事"，外放陈州。

去陈州之后，朝廷每半个月都要遣使探问，狄青整日生活在惶恐之中，"明年二月，疽发髭，卒"，享年49岁。宋仁宗得知他的死讯，非常悲痛，"赠中书令，谥武襄"，陪葬皇陵，极尽哀荣。

纵观中华上下五千年历史，可谓忠臣辈出：夏王朝最后一个君王夏桀统治时期的关龙逄，一生忠君爱国的殷商国相比干，好文习武、勇而多谋的伍子胥，忠心耿耿为汉家天下操劳的晁错，扶助刘备父子治理蜀国数十年、"鞠躬尽瘁、死而后已"的诸葛亮……而与之同留史册的北宋丞相寇准，尤以其忠君卫国、足智多谋，千年来深受人们的爱戴与尊敬。民间甚至有其"夜审潘仁美"的传说，更为这个历史人物披上了一层神秘的色彩。

寇准（961—1023年），字平仲，华州下邽（今陕西渭南）人，北宋政治家、诗人。他一生刚直不阿，疾恶如仇，深受人们的爱戴与尊敬。寇准从小喜爱读书，聪颖异常。8岁时，就写过一首《华山诗》。十几岁时，把《春秋》三传读得烂熟，且能说出其中异同。19岁时，就考中了进士，被授予大理评事，知大名府成安知县。31岁时，他做到了参知政事，这是一个相当于副丞相的职位。寇准年轻有为，才能出众，既不玩弄权术，也不阿谀奉承，而且他为官清廉，处处为国为民。

年轻有为、机智灵敏的寇准，为百姓做了不少实事，他的事迹也广泛流传，其中最有名的故事就是寇准智审铜钱案。

一天，有两兄弟提着一个装满铜钱的袋子拉拉扯扯地走上公堂。其中一个上前说："我是本地一个专门卖羊肉的，他是我的远房亲戚。我们两个住在一起，我辛辛苦苦卖了一年多的羊肉，攒了两千铜钱，让他替我保管着。这几天，媒婆给我说了一户人家，我急着用钱来娶媳妇，就叫他把钱还给我，不料他竟想吞了我这笔血汗钱，说这钱是他的，反说我敲诈他。青天大老爷在上，请您帮我评评这个理。"

引衣容直

选自《帝鉴图说》，寇准为人忠直敢言。一日奏事殿上，不合太宗的意思，太宗发怒起去，欲罢朝回宫。寇准即上去扯住太宗的袍服，请太宗复还御座，决断其事，务要听其言才罢，太宗见他这般耿直，反嘉美他说道：朕得寇准，如唐太宗之得魏征也。

另一个年轻人也不紧不慢地随后说道："大老爷，别听他胡说。我天天上山砍柴，好不容易才积攒了这么多钱，今天早晨，他硬说是他的，要把这钱拿走。小人冤枉呀，这确实是我的钱，请大老爷为小人作主！"寇准沉思了一会儿后对一个衙役说："去拿个盛满清水的盆来。"又对另一个衙役说："你去找个火炉子来。"两个衙役马上出去把所要的东西弄到了大堂上。这时寇准命令那两个衙役把钱袋子里的两千铜钱全部倒进水里，把水盆放到火炉上。不一会儿，盆里就冒出了热气，只见盆里的水面上浮着一层厚厚的油花，一股羊膻味从盆里散发了出来。寇准惊堂木一拍，严厉地对砍柴人说："这钱是卖肉人的，大胆刁民，你拿人家的钱，反说是自己的，该当何罪？"砍柴人再也不敢狡辩了，跪在地上连求饶命。从此寇准机智断案的名声也越传越远了。

寇准还善于打破常规，以智审案。他借当时成安天降陨石之机，利用人们的迷信思想，琢磨出不少破案绝招，利用无字碑断案就是其中之一。

寇准在衙门前立了一座石碑，在立碑的同时，还有意放出风来，说有天夜里，东南方向一道亮光、一声雷鸣闪电之后，县衙院里落下一块石头，同时下来一位鹤发童颜的神仙对他说："我给你带来一块仙石，可辨是非，能断阴阳，遇有疑难之事可助你一臂之力。"从此，这无字碑的来历在民间越说越神，越传越奇。

准备工作已妥，寇准便开始导演出一幕幕"碑前解疑案"的好戏来。

五月十八为成安大集，县衙事先贴出公告，说是这天要在无字碑前审疑案。当日，周边的民众纷纷涌向成安，一饱"石碑断案"的眼福。

当时，监狱里押着一个十分刁钻的杀人犯，虽然案情已基本查清，但犯人硬是百般抵赖、拒不承认。寇准就把他作为典型，进行公开审理。

午时已到，狱卒、衙役押着犯人来到现场。设案待审的寇准按照程序先审问了一遍，犯人仍是避重就轻，对杀人的关键情节拒不交代，而且还大喊冤枉。这时，寇准站起对大家说："今天审案遇到了困难，只好求助于这块神碑了，但愿它能解开疑团。"寇准命衙役端来了一盆清澈的水，然后对群众说："无字碑显灵，真相大白。清水伺候！"说着将这盆清水缓缓倒在碑上，观众鸦雀无声，屏气睁目。片刻，无字碑上隐显出文字，于是寇准命主簿念一下这碑上写的是什么。主簿一字一句地念了起来，刚念完罪犯作案的关键情节处，罪犯就感到事实如此活现、难以隐瞒，连连认罪。

其实，无字碑显字是寇准精心策划的，是侦破难案的一种手段。碑上的字是主簿用明矾水预先在碑上写好的，干了没有痕迹，一旦水湿即可显现原字。虽说有些愚弄之意，但在那个时代也算一招。

从此，寇准在审理难案遇到狡猾的犯人，总以"要不要到无字碑前判案"来震慑、制服罪犯。

寇准一生为官清正，他刚直无私，疾恶如仇，受到了人们永远的敬仰。寇准去世后，人们将他的尸体运回洛阳安葬。途中经过他曾为官多年的荆南公安县时，县里的人都聚集在路两旁，哭着祭奠他。当地老百姓还为他建了一座庙，每年都按时祭祀他。传说祭奠他的人折下竹子插在地上，在上面挂上纸钱，过了一个月再去看时，那些枯竹已长出竹笋来。在寇准去世 11 年后，朝廷恢复了他太子太傅的官衔，追赠他为中书令、莱国公，后来又赐谥号"忠愍"。

苏东坡为何仕途受挫

　　提起苏轼，你自然不会陌生，因为他给我们留下了太多太多流传千古、脍炙人口的作品。当登高远望的时候，就会想起"大江东去，浪淘尽，千古风流人物"；当中秋赏月的时候，就会想起"但愿人长久，千里共婵娟"。那么，这些流传千古的诗词名句的背后究竟隐藏着什么样的传奇故事呢？对于生活中和官场上的苏轼，你又了解多少呢？苏轼究竟是一个什么样的人，他人生的大起大落，大喜大悲，与他本人的个性到底有着怎样的关系呢？今天我们又该如何解读他的宦海沉浮呢？

　　苏轼是北宋时期著名的文学家、书画家，字子瞻，号东坡居士。他与黄庭坚合称"苏黄"，与辛弃疾合称"苏辛"，与欧阳修合称"欧苏"，与韩愈、

柳宗元、欧阳修、王安石、苏洵、苏辙、曾巩合称"唐宋八大家"。在书法方面，与黄庭坚、米芾、蔡襄合称"宋书法四大家"。他是我国宋代著名的豪放词派的代表人物。作为北宋时期万人倾慕的一代文豪，他的诗词功夫堪称宋人之首。无论在诗词歌赋，还是书法绘画各方面，都有卓绝的成就。

苏东坡出身于书香门第，他的父亲苏洵、弟弟苏辙都是当时的文坛名人。21岁时，苏东坡参加了科举考试，主考官欧阳修读过苏东坡的文章后，禁不住对其他参评官说：读完苏东坡的文章，老夫汗都出来了。又在他的进士试卷上批上："老夫当避路，放他出一头地也。"当时的文坛盟主欧阳修这样一说，苏轼很快就名扬天下。

后来的殿试中，苏东坡在他的《进策》《礼以养人为本论》中，全面、系统地提出了改革的主张。他的弟弟苏辙也参加了这次考试，也对朝廷提出了改革的建议。宋仁宗读过他们兄弟二人的文章后，十分高兴地说：朕今日为子孙得两宰相矣。按常理，这么一位难得的旷世奇才，应该位极人臣才是，可是苏东坡在有生之年却屡受打击，屡遭谪贬，并未受到多少重用，最后还落得个客死异乡的悲惨下场。苏东坡虽然在文学上成就很高，但是在仕途上却一直郁郁

明　仇英　赤壁图

苏轼的《赤壁赋》对后世影响深远，该画作是仇英以苏轼的赋词原意为母体创作出来。

南宋　刘松年　西园雅集图

西园雅集卷绘宋代雅士高僧苏轼、黄庭坚、米芾、圆通大师等盛会于王诜西园。京中文人学士围绕在苏轼周围，拥戴他为文坛盟主。

153

元　赵孟頫　苏东坡像

此东坡像是赵孟頫为明远所作行书前后赤壁二赋册首所附带的一幅小画，现在为故宫博物院收藏。

不得志，这究竟是为什么呢？我们不妨一起来探讨一下。

苏东坡刚做官时，在一次为宋军在北方边疆取得胜利而举行的庆祝会上，宋仁宗下令宫中要多悬红灯以示庆贺。但是，宫中一时无法找到那么多的红灯，只好到民间去买。负责买灯的官吏们强行要求老百姓低价卖灯，弄得京城内外怨声载道。苏东坡了解到这件事后，在朝堂上当面批评仁宗说战争胜利固然可喜可贺，但如果借此去损害民众利益，就会适得其反，失去民心。他还同时提出减少悬挂红灯的数目，还老百姓一个安宁的生活环境。

从众多的文献资料中我们可以看到，苏东坡不仅是一位豁达大度、平易近人的忠厚长者，还是一位勇于直谏、疾恶如仇的正义之士。

宋神宗在位时期，特别宠信王安石，并且准备任用王安石进行改革。而苏东坡认为，王安石就像战国时代的李悝、商鞅等人一样，是急功近利之人，是抱着一种侥幸的心理拿国家大事进行赌博。就在王安石推行新政如火如荼的时期，苏东坡却敢于和王安石主导的新政集团正面交锋，历数推行新政给老百姓带来的种种不便和痛苦，指责王安石"怀诈其术，以欺其君"，把推行新法比作亡国的举动。苏东坡这种不畏权贵疾恶如仇的凛然风节，就连当时同样以不畏权贵、仗义执言著称的司马光也自叹不如。

其实，就当时的情况来看，苏东坡的话是有一定道理的。但是，神宗却听不进去。而且他的这种行为，毫无意外地遭到了新政集团的残酷打击。元丰二年（1079 年），苏东坡受到四个变法集团官员的弹劾，他们罗织罪名，断章取义，欲置苏东坡于死地，这就是历史上有名的"乌台诗案"。在这起案件中，苏东坡身心均遭受到严重的打击。

因为政见不同导致苏东坡仕途受挫，但这只是其中的原因之一，还有一个原因恐怕就是苏东坡由于文才盖世而遭到一些阴暗小人的倾轧和攻讦。

王珪是北宋时期一个有代表性的腐儒，和苏东坡同为四川老乡，而且同入欧阳修门下，应该说两人有同门之谊，在朝廷里应该互相扶持才是。可是当欧阳修等发掘出了苏东坡的盖世才情之后，王珪却连一句褒扬的话也没有，不仅如此，还利用一切场合对苏东坡进行攻讦。苏东坡遭贬之后，宋神宗好几次想重新起用他，但就是王珪百般阻挠，还断章取义说苏东坡有"不臣之心"。苏东坡遭受这些小人的暗算和攻讦，对他的前途影响较大。

苏东坡屡遭谪贬未被重用的最主要的原因，还是因为苏东坡所代表的阶级立场。苏东坡代表的是广大劳动人民的立场，而王安石等一些人代表的是地主阶级的立场，但在漫长的封建社会里，基本上都是以维护地主阶级的利益为主导的。

当然，如果苏东坡只是一个阿谀奉承、攀附权贵之徒，那我们还能读到他那些大气豪迈、传诵千古的不朽佳作吗？

范仲淹屡屡被罢黜

在封建时代，读书人一旦通过了科举考试，就步入了士大夫的行列，其社会地位便会如鲤鱼过龙门般，发生质的飞跃。这种前后境遇不同所造成的巨大反差，会逐步将人的志气消磨殆尽，使之安于现状、趋于平庸。但受尽了艰苦磨难，尝尽了世态炎凉的范仲淹却没有忘记先贤"达则兼济天下"的倡导——他要实践自己的政治抱负。但让人感到奇怪的是，就是这样一位旷世奇才，在其仕途生涯中却是屡屡受挫，并多次遭贬，以至于他那些治国安邦的大计最终都没有得以实现，遗憾终生。那么，究竟是什么原因使得这位一生以"先天下之忧而忧，后天下之乐而乐"为做人准则的官吏屡屡被黜呢？

范仲淹是北宋仁宗时候的名臣，苏州吴县人。他身世坎坷，两岁的时候就失去了父亲，母亲谢氏迫于生计而改嫁到长山朱家，他也就随母亲到朱家生活，并改从其姓，取名朱说。

继父朱文翰常年经商，家道殷实，身为养子的范仲淹多次拒绝父母让其经商的愿望，而宁愿寄宿在醴泉寺读书。名义上仍然是富户朱氏之子的范仲淹，其苦行僧式的学习方式给寺里的僧人留下深刻的印象：每天只煮一锅稠粥，凉了以后划成四块，早晚各取两块，拌几根腌菜，调半盂醋汁，吃完继续读书——这就是流传于后世的"断齑画粥"的典故。

在22岁那年，范仲淹终于从生母口中知道了自己的身世。愧愤之下，他决定自立门户，不再依托朱家。于是不顾朱家和母亲的阻拦，"感泣辞母，去之南都入学舍"，远赴南都应天府书院求学。

自开宋以来，重文之风日盛，通过科举考取进士成为获取功名的主要途径。于是，在这股潮流的影响下，各地都纷纷开设书院，为读书人提供求学的场所。

应天书院就是宋代著名的四大书院之一，书院有校舍 150 间，藏书上千卷，同时也汇集了诸多品行才智俱佳的精英。范仲淹选择到这样的学院求学，除了觉得这里有大量的书籍可供阅览，有名师悉心指导，有志同道合的人互相切磋之外，最为重要的一点就是因为应天书院是免费就学，这对于经济拮据的范仲淹来说无疑是最佳选择。

在应天书院就读的日子，范仲淹常常过着食不果腹的艰涩生活。但他仍然孜孜以求，昼夜攻读。对他求学之刻苦，《宋名臣言行录》中有如下记载："昼夜苦学，五年未尝解衣就寝。或夜昏怠，辄以水沃面。往往饘粥不充，日昃始食，遂大通六经之旨，慨然有志于天下。常自诵曰：当先天下之忧而忧，后天下之乐而乐。"

经过了 5 年的刻苦攻读，大中祥符八年（1015 年）春，范仲淹终于迎来人生的转机，通过了科举考试成为进士。

时年 27 岁的范仲淹被任命为广德军的司理参军，接着又调任为集庆军节度推官。生活有了着落，他就立刻把母亲接来赡养，两年以后，范仲淹请求认祖归宗，获诏准后正式恢复了原本的范姓，改名仲淹，字希文，并从此开始了近 40 年的政治生涯。

范仲淹不仅学识渊博、才能出众，而且对治国安邦也很有见解，有一套独特的理论，深受皇帝的赏识。在元好问的《遗山先生文集》一书中，就曾写道："范公在布衣时为名士，在州县为能吏，在边境为名将，在朝廷则又为孔子所谓大臣者，纵观历史前百年，这样的人都不见有一两人啊！"可见人们对他的评价是何等的高！但让人感到奇怪的是，就是这样一位旷世奇才，在其仕途生涯中却屡屡受挫，并多次遭贬，以至于他那些治国安邦的大计最终都没有得以实现，遗憾终生。那么，究竟是什么原因使得这位一生以"先天下之忧而忧，后天下之乐而乐"为做人准则的官吏屡屡被黜呢？原因如下。

第一，刚正不阿，怀才不遇。

范仲淹怀才不遇的首要原因在于其刚正不阿的品格。据史书记载，范仲淹在做谏官的时候，一直坚持着直言刚正的古训，毫不畏惧权贵。他遇事遵从实际，尊重事实，这种刚正不阿的性格，得罪了朝廷上下不少官僚，甚至一度触怒了刘太后和宋仁宗。这在皇权至上的中国古代是绝不允许的，所以范仲淹屡次被贬黜。但可贵的是，多次的受挫并没有使范仲淹放弃为人为官的道德准则，而是依然正气不改，仍旧直谏不讳。

第二，直言进谏，横遭贬放。

天圣七年（1029年），时任秘阁校理的范仲淹，多次上书请求刘太后撤帘，归政给已经长大成人的仁宗。提意见本来是臣子的一项职责，可是范仲淹提的意见实在是有些过火，触及了太后的忌讳，于是范仲淹被贬官，出任河中府判官。明道二年（1033年），仁宗借口郭皇后无子，想把郭皇后废掉，让她幽居长宁宫了此残生。当时的宰相吕夷简因为曾经与郭皇后有过节，所以非常赞同皇帝的意见，力主废后。这时，任右司谏的范仲淹却认为郭皇后并无大过，不应废掉，还一再上书违逆皇帝的旨意，同时也抵触了当朝宰相的意见。范仲淹的做法使得仁宗和宰相吕夷简都很生气，又将他贬放到外地去了。

第三，恪尽职守，引人嫉恨。

仁宗虽然多次将范仲淹贬官，不过还是很欣赏范仲淹的为官做人的品格，于是又升迁他为天章阁待制，权知开封府。范仲淹在职期间尽职尽责，处理了很多事情。景祐三年（1036年），范仲淹因为不满宰相吕夷简滥用职权、网罗亲信的做法，便上书给皇帝，洋洋洒洒几万言谈论用人之道。不料却遭到吕夷简的嫉恨，向皇上反告一状说范仲淹结交朋党，挑拨君臣关系。仁宗一向信任吕夷简，就听信了他的谗言，将范仲淹再贬出京到江西饶州任职。西夏战争发生后，仁宗又派范仲淹前往陕西。范仲淹在对西夏的战争中立了功，仁宗很高兴，从此认为范仲淹是个人才，很倚重他，还调范仲淹回京任宰相，希望范仲淹能提出治国方案。

第四，除陈革新，得罪权贵。

经历了数十年的官场生涯，范仲淹深知朝廷的弊端。如果想强盛国力，必须一步步地进行稳妥的改革。于是他向仁宗进《答手诏条陈十事》，提出了十项改革意见，后都为皇帝所采纳并颁行天下，这就是历史上有名的"庆历新政"。在这十条新政中，范仲淹提出了依照法度治国的举措，并提出要打破资历的限制，按能力选拔官员。

在推行新法时期，身为宰相的范仲淹特别注重推荐良才，在《得地千里不如一贤赋》中，对贤能的人才给予了极高的评价，说贤者的价值是一百个城池

明　沈周　两江名胜图（局部）　《两江名胜图》是明代画家沈周创作的绢本设色画册，此图为范仲淹的古祠堂。

8

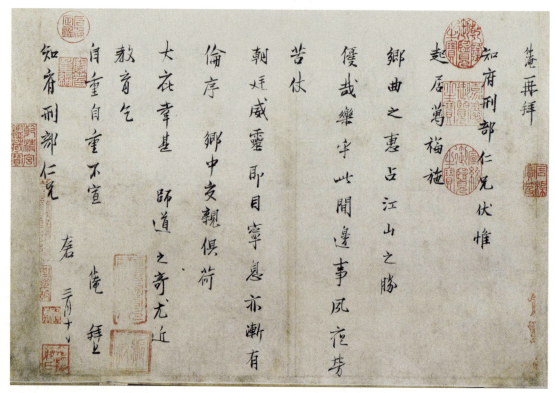

宋　范仲淹　二札帖边事帖

范仲淹的书法瘦硬方正，清劲中有法度。人常将此书风喻其人品，称"公书庄严清澈，信如其品"。

也比不上的。仁宗朝时，许多大臣，如后来的宰相文彦博、富弼等都曾得到过他的推荐。范仲淹坚持为国选良才的原则，在对贤良的官员极力推荐的同时，对那些无能之辈也坚决地罢黜，所以得罪了很多官员。

　　由于仁宗急着要看新法成效，推行新法的官员不免急功近利，所以新政未能很好实施。碰巧这时京东地区发生了兵变，陕西地区发生了农民起义，不少地区还发生了蝗灾旱灾，一时国家有些动荡不安，加之一些皇亲国戚纷纷站出来诋毁新政，原本就对范仲淹心存不满的大臣们也向皇帝造谣说范仲淹交结朋党，滥用职权。于是仁宗对新政措施也失去了原有的耐心，再次废黜范仲淹为河东宣抚使，庆历新政以失败告终。

司马光精心编著《资治通鉴》

　　《资治通鉴》是北宋司马光主编的一部著名的历史著作，历来为人们所重视。书中记述了从公元前403年至公元959年总共1362年的历史。全书294卷，完整地介绍了各个朝代重大历史事件的前因后果以及政治、经济制度和文化成就，并且还记录了一些重要历史人物的事迹和思想。《资治通鉴》编写的主要目的是为封建统治阶级服务，可由于此书继承和完善了我国史书中的编年体例，所以对中国历史文化的传播做出了重大的贡献。那么，司马光是如何编著成《资治通鉴》的呢？

　　北宋结束了中唐以来长期混战的局面，实现了国家统一。在社会经济恢复的情况下，学术文化出现繁荣。但与此同时，北宋国力积贫积弱，内政多弊，御戎不力，局势很不稳定。在这样一个有生气又很苦闷的时代，一个在前进又很软弱的时代，上至君主将相，中到志士仁人，下至平民百姓，都在考虑如何生活，寻找出路。于是，有主张以"柔道"治天下，说祖宗之法不可变的顽固派；也有立志改革，实行变法的改革派；还有因生活所逼铤而走险、起义的造反派。具有浓厚儒家思想的司马光，以积极用世的态度，连连上疏，陈述自己一整套的治国主张，大致是以人才、礼治、仁政、信义作为安邦治国的根本措施，这在当时是有积极意义的。

　　司马光，字君实，陕州夏县人。他从小聪颖过人，勤奋好学，酷爱史书。5岁时就能熟练背诵《论语》《孟子》等古文篇章；7岁时，听人讲解《左传》，就能理解它的基本思想。年少时，他就读了《史记》《汉书》等史书，对于这些书籍，只要稍能了解文章大意，他就会手不释卷，甚至忘记饥渴寒暑。宝元元年（1038年），司马光考中进士甲科，授奉礼郎。

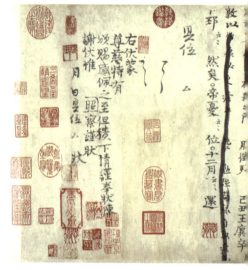

宋　司马光　《资治通鉴》残稿

此稿为宋司马光手书，二十九行，四百六十五字，上起
周威烈王二十三年，下迄后周世宗显德六年。

　　在熙宁变法中，司马光与主持变法的王安石发生了严重分歧。就其竭诚为
国来说，二人是一致的，但在具体措施上却各有偏向。王安石主张围绕当时财
政、军事上存在的问题，进行大刀阔斧的改革以解燃眉之急。而司马光则认为
应通过伦理纲常的整顿，来把人们的思想束缚在原有制度的制约之内，即使改
革，也定要稳妥。他的主张虽然偏于保守，但实际上是一种在"守常"基础上
的改革方略。后从王安石变法中所出现的偏差和用人不当来看，证明了司马光
在政治上的老练和稳健。

　　在政见不同、难于苟合的情况下，司马光退居洛阳。通过编纂史著，从历
史的成败兴亡中，吸取治国的经验，"使观者自责善恶得失"。从这个意义上
来说，司马光著史是其从政治国的另一种方式。

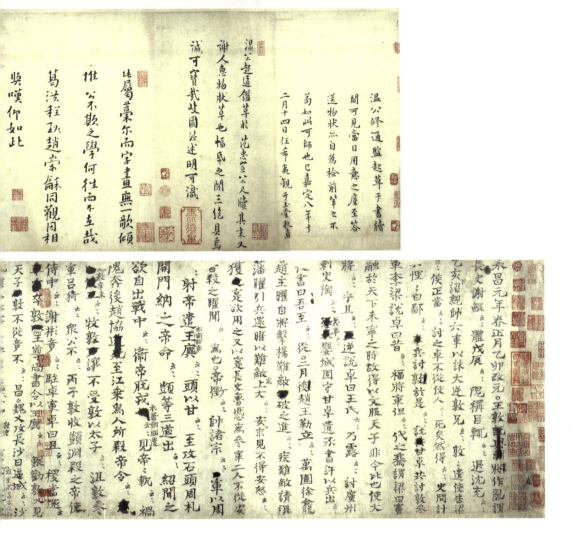

在长期阅读史书的过程中，司马光对于中国古代的史书有着深切的感受。他认为中国古代的史书虽然很多，可是由于没有一部书能够系统地记载从古到今的历史，所以造成了中国古代历史的纲目不清的状况，给研究历史的人带来了一定的困难和不便。所以，他决定要集采众家史书的长处，着手编写一部以年为经，以国为纬，有鲜明时间和空间特色的史书，方便后人读史，也使中国古代的历史记载不再由于朝代的更迭而被分割得支离破碎。

当时的皇帝宋英宗为了维护帝王的统治，也很想请那些学识渊博的大学士编写一部有关历代君臣事迹的书，供后世帝王借鉴和仿效，于是同意司马光设立书局，自择官属。这样，司马光就承担了这项工作，开始着手编写新的史书。

其实，早在宋仁宗嘉祐年间，司马光就曾与刘恕商量说："余欲托始于周威烈王命韩赵魏为诸侯，下讫五代，因丘明编年之体，仿荀悦简要之文，网罗旧说，成一家之言。"这说明他在 30 多岁的时候，就已酝酿出《资治通鉴》的规模。治平元年（1064 年），司马光首呈《历年图》25 卷，两年后又呈《通志》8 卷，说明他在政事活动之余，已进行撰写。

司马光采用《左传》编年记史的方法，从战国开始写到秦二世时期，起草完成了《周纪》5 卷，《秦纪》3 卷，总共 8 卷的编年史，合称为《通志》。到 1066 年，就把它作为样书呈送给宋英宗。结果，这部《通志》受到了英宗的肯定和支持。英宗鼓励司马光继续编写，并且还下令设置书局（在汴京城的崇文院），让司马光带领着一批历史学家如范祖禹、刘恕、刘颁等进行编写。这批历史学家根据各自的爱好和特长，进行了不同的分工，与司马光密切配合，正式开始编撰从古至今的一部通史。

宋英宗去世后，继位的宋神宗也十分重视这部史书的编写工作，并以此书"鉴于往事，有资于治道"而命名为《资治通鉴》。"资治"就是帮助皇帝治理好国家，"鉴"是镜子的意思，"资治通鉴"就是这部书能够使皇帝借助历史这面镜子来分清是非功过和利害得失，以求作为统治阶级巩固封建政权的借鉴。宋神宗还亲自为书作序，其对《资治通鉴》的重视程度可见一斑。除了允许司马光借阅国家所有的图书资料外，神宗还将颍邸旧书 3400 卷赏赐给司马光参考。修书所需笔、墨、绢、帛，以及果饵金钱之费，尽由国家供给，为他提供了优厚的著书条件。

司马光在编写过程中，态度特别认真，史料记载说他在每次编写一个内容之前，都要先广泛收集史料，包括正史、杂史等，然后本着实事求是的态度，考证史料的真伪，继而拟定总提纲和分目提纲，根据时间先后顺序排比史料，删繁就简，咬文嚼字进行编写，据说当时经他修改过的书稿堆满了两间屋子。

司马光为编写《资治通鉴》付出了自己毕生的心血和精力。他从 1065 年开始，到 1084 年成书，前后共用了 19 年时间。他十九年如一日，废寝忘食、夜以继日地工作。为了不使自己因过度劳累睡过了头，耽误写书的时间，他曾经专门请人制造了一个圆木枕。睡觉时，只要圆木枕轻轻一动，头就会落枕，把自己从睡梦中惊醒，这样他就可以早点起来继续写书，司马光的那个圆木枕被人们称为"警枕"。司马光的这种勤奋治学、一丝不苟的精神广为人们称道。

李纲守卫东京

两宋时代的中国虽然号称是统一的国家，实际上却一直处在分裂的状态中，而且几百年间一直战事不断，在宋、辽、金、元、西夏等国家之间常常发生战争。在这种种纷争中，涌现出了无数的民族英雄、仁人志士，像名扬千古含冤而死的大将岳飞，甘愿拼却一死而青史留名的文天祥。还有一位鲜为人知的民族英雄李纲，同样在宋金的征战中立下了汗马功劳。

北宋王朝的建立，结束了自唐末以来形成的四分五裂的局面，使中国又归于统一，但由于与宋同时代的辽、金、西夏等国的强大，使北宋政权一直处于外族的威胁之中。

北宋后期，生活在黑龙江一带，以渔猎为生的女真族一部完颜部逐渐强大。辽朝的长期统治和压迫，终于导致女真族的反抗。1115 年，女真领袖完颜阿骨打——史称金太祖，称帝建国，国号大金。而其时辽政权腐朽，剥削苛重，各族人民不断起来反抗。金国建国后，国力迅速增强，于是展开了以辽五京为战略目标的灭辽之战。

1120 年，金与北宋结成海上之盟，联合夹击辽。协议金攻辽中京，宋攻辽燕京，事成之后，燕云十六州归宋，其余国土归金。1123 年，金太祖的四弟完颜晟即位，是为金太宗。金太宗继续进行灭辽战争。后来金兵攻破辽中京，而腐败的宋军大败。燕京被金人所攻占，1125 年，辽天祚帝被俘，辽国灭亡。宋朝廷此时要求金人履行协议，金人反指北宋没有履行攻打燕京的盟约，北宋后用岁币将燕云十六州买回。宣和五年（1123 年）七月，前辽国将领、金平州留守张觉以平州降宋，事败后逃奔刚成为北宋燕山府的原辽燕京，金人以宋私纳叛金降将为由，于宣和七年（1125 年）南下攻打宋朝。这年十月，金军

清　中国历代名人画像谱　李纲

李纲是两宋之际抗金名臣，为社稷民生，有效地组织了东京保卫战的城防，屡次击退了金兵。

分兵两路，西路军以完颜宗翰为主将，由大同进攻太原；东路军以完颜宗望为主帅，由平州攻燕山，两路金军计划在宋朝首都东京会合。

前线的告急文书像雪片一样飞到北宋朝廷，满朝文武大臣惶恐不知所措。这时，金太宗又派出使者到东京，胁迫北宋割地称臣。

不堪一击的北宋军队在金朝大军的进逼下节节败退，不久，金西路军在太原遇到军民的顽强抵抗，无法前进。东路金兵攻下燕京，宋将郭药师投降。金将宗望又命令郭药师做向导，领兵南下，直取东京。

东京危急，形势严峻。眼看要做亡国之君的宋徽宗又气又急，拉住一个大臣的手说："唉，没想到金人会这样对待我。"话没说完，一口气塞住喉咙，昏厥过去，倒在床上。大臣们手忙脚乱地把他扶起，把太医请来灌药急救，总算救醒过来。他向左右侍从要来纸笔，写下了"传位东宫"的诏书，把帝位传给儿子赵桓（即宋钦宗），自己则带着两万亲兵逃出东京，到亳州避难去了。

宋朝廷在和战问题上意见不一，宋军在前线接连打败仗，东京吃紧起来，宋钦宗和宰相李邦彦、张邦昌等主张屈辱求和，答应赔款割地。但当时的太常少卿李纲坚决主张抵抗金兵，他得知这个消息，立刻求见宋钦宗，说："太上皇（指宋徽宗）传位给皇上，正是希望陛下能留守京城，陛下怎么能走呢？"他认为应采取进取之策，皇帝应"亲政"。钦宗先后任命李纲为兵部侍郎、尚书右丞、东京留守、亲征行营使等，全面负责东京的防务。

李纲稳住了宋钦宗，就积极准备防守，在京城四面都布置好强大兵力，配备好各种防守的武器，还派出一支精兵到城外保护粮仓，防止敌人偷袭。

靖康元年（1126年）正月初七，宗望率领的金兵已经到了东京城下，东京保卫战打响。金兵用几十条火船从上游顺流而下，准备强渡护城河，火攻宣泽门。李纲招募敢死队兵士两千人，在城下列队防守。金军火船一到，兵士们就用挠钩钩住敌船，使其没法接近城墙。李纲又派兵士从城上用大石块向火船投掷，石块像冰雹一样砸了下来，把火船打沉了，金兵纷纷落水。

宗望眼看东京城防坚固，一下子攻不下来，就派人通知北宋，答应讲和。宋钦宗和李邦彦一伙人早想求和，立刻派出使者到金营谈判。

宗望一面向北宋提出苛刻条件，一面加紧攻城。李纲亲自登上城楼，指挥作战。金兵用云梯攻城，李纲命令士兵用火烧毁云梯，用箭射杀金兵。李纲又派几百名勇士沿着绳索吊到城下，烧毁了金军的云梯，杀死几十名金将。金兵被杀死的、落水淹死的不计其数。这时从河北、山东等地赶来救援的义军约20多万人，使抗金形势大有好转。

金帅完颜宗望见东京难以强攻，转而施行诱降之计，宋廷弥漫开了屈辱投降的气氛。正当李纲指挥将士拼死抵抗的时候，宋钦宗的使者带来了金营的议和条件，李纲因坚决反对向金割地求和，被宋钦宗罢官。由于东京军民愤怒示威，迫使宋钦宗收回成命，李纲才又被起用。完颜宗望因无力攻破东京，在宋廷答应割让太原、中山与河间、河北、河东三镇之后，遂于二月撤兵。东京保卫战获得胜利。

金兵撤离之后，李纲即遭到宋廷投降派的排斥和诬陷。靖康元年五月，宋廷强令李纲出任河东、河北宣抚使，驱赶他出朝。李纲就任后，宋廷又事事加以限制，使宣抚使徒具空名，无节制军队之权。李纲被迫于九月辞职，旋又被加上"专主战议，丧师费财"的罪名，先责建昌安置，再谪夔州。一代抗金名臣，就这样被无情地抛弃了。

李纲被贬，钦宗等于自毁长城，大宋防御金朝入侵的最后一道屏障被人为地拆除了。当金兵的铁骑再次南下之时，大宋帝国迎来了开国以来最大的耻辱"靖康之难"——徽、钦二帝同时被金人掳去，北宋灭亡。

宋四家中的 "蔡"

　　宋朝建国的时候，横亘在宋人面前的是博大的唐文化。在如何超越唐朝方面，他们走了一条精工内敛之路，以内秀、精美、安闲区别于唐人的博大豪放，在唐诗之外发展了宋词这一形式，成为与唐诗齐名的又一种文学形式，在抒情达意方面更进一步。尤其是在书法方面，宋人创造了一个文化高峰。宋四家一般认为是书法四大家苏轼、黄庭坚、米芾、蔡襄的简称，是宋代尚意书法的代表。在"苏、黄、米、蔡"四大家中，前三家苏轼、黄庭坚和米芾，一向没有任何异议，可是列于四家之末的"蔡"究竟指谁，千百年来，人们对此有很大的争议。

　　说到宋代书法，人们都会想到"苏、黄、米、蔡"四大家的说法，由于这四人在书法上都有很深的造诣，所以被认为是宋代书法风格的典型代表。在"苏、黄、米、蔡"四大家中，前三家分别指苏轼、黄庭坚和米芾。此三人列于四家，一向没有任何异议。他们的书风自成一格，各有千秋。苏轼的书法丰腴跌宕，天真烂漫；黄庭坚的书法纵横拗崛，昂藏郁拔；米芾的书法则是俊迈豪放，沉着痛快。他们的书法不仅功力深厚，而且都富于创新，深受后人的喜爱和推崇。可是列于四家之末的"蔡"究竟指谁呢，千百年来，人们对此有很大的争议。

　　现在就大多数人的观点来看，所谓"蔡"是指蔡襄（蔡君谟），他的书法取法晋唐，讲究古意与法度。其正楷端庄沉着，行书温淳婉媚，草书参用飞白法，谓之"散草"，自成一体，非常精妙。《宋史·蔡襄传》中记载，宋仁宗特别喜欢蔡襄的书法，曾"制元舅陇西王碑文命书之"，又"令书温成后父碑"。不仅这样，黄庭坚曾在《山谷文集》中说："苏子美、蔡君谟皆翰墨之豪杰。"欧阳修在《欧阳文忠公集》中说："君谟独步当世，然谦让不肯主盟。"苏轼

在《东坡题跋》中指出："独蔡君
谟天资既高，积学深至，心手相应，
变态无穷，遂为本朝第一。"可见
当时的很多文人也非常重视蔡襄的
书法。

可是，从排列次序看，苏、黄、
米三家的排列有明显的年辈次序，
而蔡襄则是仁宗时期的人，他年辈
最高，为什么会列于哲宗、徽宗时
的米芾之后呢？既然蔡襄的书法有
如此深的造诣，在北宋前期书法中
被推为"本朝第一"，那么应当是
列位于四家之首的啊，为什么排在
了最末？

清　佚名　蔡襄像

蔡襄为官正直，所到之处皆有政绩，擅长书法，
与苏轼、黄庭坚、米芾并称为宋代著名书法家，
其书法楷行皆妙，尤以"飞白散草"为最。

明清以来又有另一种说法，认
为从四家的排列次序及书风的时代特色来说，"蔡"原本指的是蔡京，只是后
人厌恶其为人，才以蔡襄取代。

可以说，这种说法的提出确实是有一定道理的。蔡京的书法姿媚豪健、痛
快沉着，在当时已享有盛誉。与蔡襄相比，蔡京的书法似乎更富于新意。元陶
家仪在《书史会要》中曾引用当时评论者的话说："其字严而不拘，逸而不外
规矩，正书如冠剑大人，议于庙堂之上；行书如贵为公子，意气赫奕，光彩射
人；大字冠绝古今，鲜有俦匹。"可见蔡京的书法艺术在当时的地位之高。

另外，虽然蔡襄的书法在北宋前期被推为"本朝第一"，但是自北宋中期
宋代书法新风貌形成后，人们就不再将蔡襄的书法奉为至尊了。像苏东坡在《东
坡题跋》中说，蔡君谟书法在宋初被认为是当朝第一，可是到北宋中期，文人
谈论蔡君谟书法时已经不认为是最好了。虽然苏轼始终坚持蔡襄为第一的看法，
但至少在北宋中后期，人们对蔡襄的评价已经不那么一致了。

明书画鉴赏家张丑在《清河书画舫》中说："宋人书例称苏、黄、米、蔡
者，谓京也。后人恶其为人，乃斥去之而进君谟书耳。君谟在苏、黄前，不应

宋　蔡襄　澄心堂纸帖

全文以行楷写成，结体端正略扁，字距行间宽紧合适，一笔一画都甚富体态，工致而雍容。

唐
伏觀
御製雪江歸棹水遠

真經堂至毛田之六

大餅松□物書跋□題

襄得書不書地里遠□之承左枕
當為用今方□出關歷嘗刻辭
□□始計二十一日之暮子
此玄友下□郡執情意相通件
因□變庵務少□王白□章為
游□室不緣大勾怪心初交別之京
清□和氏我執自書為渚堂□

襄舟拜自
安道領桂管以固循不得時
逋記讀愧諷無撥中間辱
書於知勤靖之聞儀範西南
華者生好之請固佳事
永叔之論之留都下王仲儀之

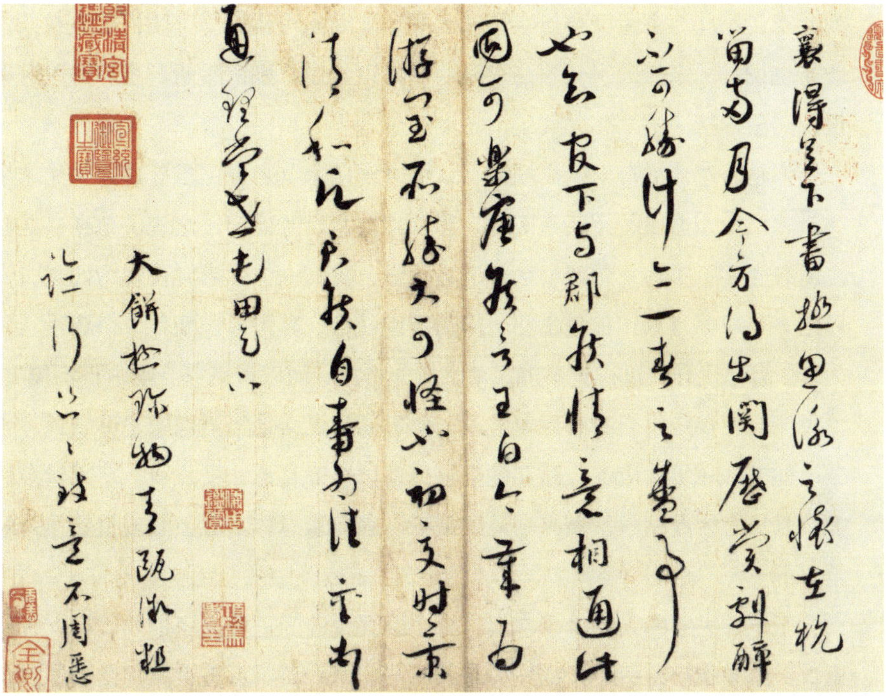

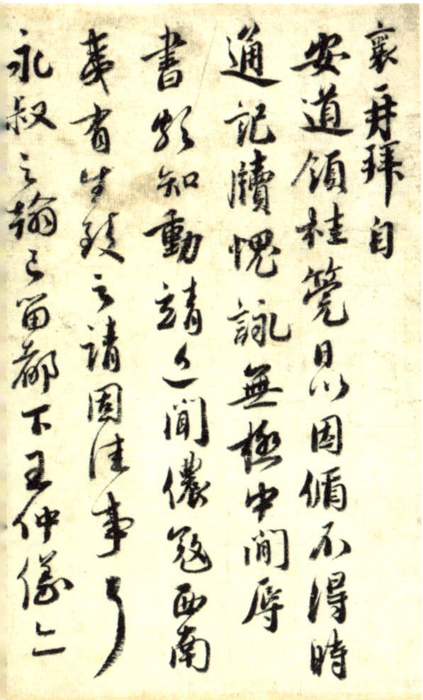

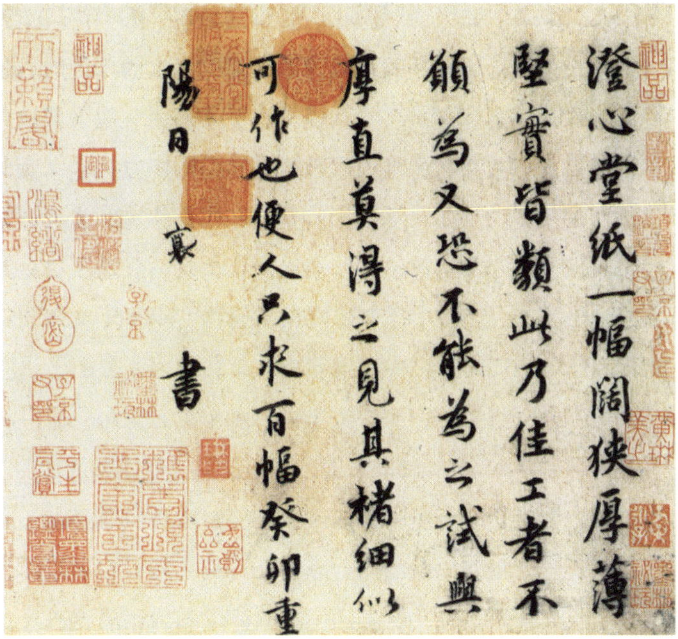

澄心堂紙一幅闊狹厚薄
堅實皆類此乃佳工者不
願為又恐不能為之試與
厚直莫得之見其楷細似
可作也便人只求百幅癸卯重
陽日襄
書

列元章后，其为京无疑矣。京笔法姿媚，非君谟可比也。"明代孙镀在《书画跋》也说："宋四大家其蔡是蔡京，今易以君谟，则前后辈倒置……"这么一说，"蔡"指"蔡京"无疑了。

但是，对此又有人提出反驳，认为"宋四家"之说，虽然迄今未见于宋人文献，但南宋遗民、元朝人王存，已明确提出过"四家"之说。他在《跋蔡襄洮河石砚铭》中称：蔡襄书法"笔力疏纵，自为一体，当时位置为四家。窃尝评之，东坡浑灏流转神色最壮，涪翁瘦硬通神，襄阳纵横变化，然皆须从放笔为佳。若君谟作，以视拘牵绳尺者，虽亦自纵，而以视三家，则中正不倚矣"。可见王存不仅指出当时有四家之说，而且明确无误地指出四家是苏、黄、米、蔡。此外，在书法史上，蔡襄的书法成就以全面著称，楷、行、草书皆独树一帜，且又有摒弃帖学、振兴书风的贡献，因此从总体上看，其成就显然是超过蔡京的。

至于四大家的人物排列次序，持"蔡襄说"的近代人张伯驹曾在《宋四家书》一文中指出，按年代次序应是蔡、苏、米、黄，可是大家都读成苏、黄、米、蔡，其实是因为阴阳平仄顺口的关系，人们读习惯就成这样了。这种说法说明排列只是读音上的顺口而已，与四大家的年代前后是没有关系的。

综合以上观点，"蔡京说"和"蔡襄说"似乎各执一词，难分是非。也许真的是由于蔡京身为乱国"六贼"之一，所以人们多倾向于蔡襄说。但宋代书法四大家中的"蔡"真正指的是谁，还有待进一步考证。

岳飞"黄龙痛饮"辨析

　　岳飞作为中国历史上的抗金名将，其精忠报国的精神深受后人的敬佩。其在出师北伐、壮志未酬的悲愤心情下写的千古绝唱《满江红》，至今仍是令人激将振奋的佳作。流传至今的"撼山易，撼岳家军难"是对"岳家军"的最高赞誉。岳飞的"嘉言懿行"，自南宋以来一直被历代广泛传诵，那句"直捣黄龙府，与诸君痛饮"，更是成为历代将士激励人心的名句。然而这句话在学术界却引发了颇多争议——岳飞是否真的说过"黄龙痛饮"这句话？

　　岳飞，南宋军事家，中国历史上著名的抗金名将。据《宋史·岳飞传》记载，北宋末年，北方女真族建立金国大举进攻北宋，消灭了北宋。宋钦宗的弟弟宋高宗建立南宋，南宋朝廷软弱无能，步步退让。岳飞指挥岳家军英勇抗金，金国士兵闻风丧胆。在一次率军出征之前，岳飞勉励他的部下们说："直捣黄龙府，与诸君痛饮耳！"这句话充分显示了岳飞抗击金兵的必胜信念和豪迈的英雄气概，从此，"直捣黄龙""黄龙痛饮"一再为人们所称引，就是在后世，人们在鼓舞士气、激励豪情时还常用此语。然而，这句话在学术界却引发了颇多争议。

　　有学者经考证认为，《宋史·岳飞传》中记载的这段故事，事实上来源于南宋岳珂所编《金陀粹编》中所收编的《忠愍谥议》，是岳飞的议论言辞。有关"黄龙痛饮"的一段是依据黄元振的杂记，其原文是："诸公识黄龙城否？其城若此山高，……他日俟至黄龙城，当大张乐饮酒，……以慰今日之劳。"如果上述记载是真实可靠的，那么根据这句话可以推知：岳飞知道此城的高度，肯定是以前曾见到过黄龙城，确实曾以直捣黄龙、黄龙痛饮作为自己的奋斗目标，并以此来激励他的部下。

清　佚名　岳飞像

飛白精忠早賜
樸霜寒又壅上
流師本末原是
腹心說十二金牌
竟莫為兩子春
乾隆御題

付岳飛

氏

卿盛秋之際提兵按邊風霜已寒征馭良苦如是別有事宜可密奏來朝廷以淮西軍叛之後每加過慮長江上流一帶緩急之際全藉卿軍照管可更戒飭所留軍馬凱練整齊常若寇至靳陽江州兩處水軍二宜遣發以防意外如卿體國豈待多言

南宋　赵构　赐岳飞批劄卷

赵构即位初年起用一些抗战派将领，对岳飞又爱又敬，这是赵构写给岳飞的一封手札，也就是君臣之间的私信。

但是，有些学者对岳飞是否到过黄龙城和是否提出过"黄龙痛饮"提出了疑问。

第一，从 10 世纪中叶直到 12 世纪初时一般人所说的黄龙府，是指辽政权在辽太祖耶律阿保机逝世之地所命名的一个城镇。之所以叫黄龙府，史书有明确记载："紫城上空，现黄龙缭绕，可见一里，光耀夺目，于是改扶余府为黄龙府。"当夜，辽太祖耶律阿保机驾崩，黄龙府自此闻名于世。此后，这座城一度废而复建，城址也略向东北迁移，新址即现今吉林省的农安县。在完颜阿骨打起兵抗辽过程中，黄龙府曾一度成为战略要地，后金兵南侵，虏北宋徽、钦二帝于黄龙府，从此它的名声就更大了。但是，黄龙府距离北宋的北部边界线远达数千里，是宋朝的军队和军官绝对不可能到达的地方。更何况，岳飞的足迹，依照《鄂王行实编年》和《忠愍谥议》所载，是连北宋的北部边界线也不曾到过的，怎能到过黄龙府城下呢？

第二，查阅岳飞现存的许多文章、札记，并未发现有关于岳飞深入敌军腹地、得知其山川地理的文字，也未见到有率军直捣黄龙的计划和请求。

第三，靖康之难后徽宗、钦宗二帝被俘，包括皇后、嫔妃、皇子、公主等皇室成员和机要大臣、宫廷女官、宫廷乐师、厨师等都被金人俘虏北上。而此时，宋徽宗第九子康王赵构，被宋钦宗派在外任河北兵马大元帅，侥幸躲过这场劫难而成为皇室唯一幸存的人。赵构在大臣推举下在应天府登基，后迁都于临安，恢复宋国号，史称南宋，赵构便是后来的宋高宗。就南宋初的军事实力而言，确实仅足以谋划招架支撑，要想恢复北宋的故疆已无可能，若要收复五代以来就已失落的燕云之地，实在堪称不可能实现的奢望。至于要深入金境，直取黄龙，更是人们做梦也不敢想象的。在这种客观状况下，岳飞提出这样一个不可能达到的目标，与其说是在鼓舞士气，倒不如说是在动摇军心。

以上说法是从历史、地理两个方面论证，指出文献记载中的破绽，似乎颇合情合理。如果此说能够成立，那么"黄龙痛饮"这句流传了数百年的豪言壮语，便属"子虚乌有"了。不过，推测毕竟是推测，宋代文献是否有误？岳飞究竟有没有说过这句话？

这句话的出典所在，是《宋史》卷三六五之《岳飞传》。《宋史·岳飞传》全部是从南宋末章颖撰写的《中兴四将传》中的《岳飞传》照抄来的。而章颖所写《岳飞传》，则又是把岳珂所写《鄂王行实编年》加以删减而成的。

岳珂是岳飞的孙子，岳霖的儿子。他所编写的《鄂王行实编年》中对岳飞一生的事迹记载得极为详细。但是，岳珂是在岳飞被杀害 60 多年之后才开始编写这部传记的，尽管他在调查访求方面做了一些努力，也终无法把岳飞生平事迹搜集齐全。因此，《鄂王行实编年》当中的记载难免有疏漏、失实之处。

根据岳珂的自述，在他编撰《鄂王行实编年》的过程当中曾说："大访遗轶之文，博现建炎绍兴以来记述之事，下及野老所传，故吏所录，一语涉其事则笔之于册。积日累月，博取而精核之。因其已成，益其未备……盖五年而仅成一书。"话虽如此，但当时的官私著述当中，所有涉及岳飞"嘉言懿行"的记载，在秦桧凶焰高涨之日，已大都遭到焚毁的厄运，所以，即使岳珂穷搜冥索，所能搜集到的材料也并不多。

这样说来，很可能是文献记载有误，那么问题出在哪里呢？学者们推测，岳飞年少时曾当过韩琦家的庄客，韩琦的曾孙韩侂胄，当时已出仕当官，他曾奉命出使辽国贺辽主生辰。岳飞时年十六，如果说他曾到过东北，必定是此时作为韩侂胄的随从到过辽都燕山。这样，燕山便是岳飞一生中可能到达过的最北面的城池。据此分析，岳飞想说的城池应该是燕山，而又一时口误说成"庐龙"，后人又错记成"黄龙"，以致构成历史上的这一段疑案。

"精忠报国"与"尽忠报国"

　　"岳母刺字"早已成为中华民族的母教典范，同时也是在歌颂岳飞的英雄事迹。但是有人说，岳飞背上刺的那四个字是"尽忠报国"，而非"精忠报国"。一字之差，到底哪一个才是正确的呢？

　　岳飞，字鹏举，河南洛阳人，是我国著名的军事家、战略家、抗金名将。自幼得到父母与恩师的教养，忠厚坦诚，一身正气。他喜欢阅读《孙子兵法》，并练就了一身精湛武艺。岳飞一直都怀有忧虑天下之心和兴国安邦之志。

　　歌颂岳飞的英雄事迹在民间一直都是广为流传的，其中最为有名的便是"岳母刺字"。但是关于岳母刺字一事，历史上并没有详细的记载，应该说是查无依据的。宋人笔记和野史也都均无记载，其中包括岳飞的孙子岳珂所著的《金陀粹编》中也没有关于岳母刺字的记载。

　　岳母刺字最早见于元人所编的《宋史本传》，书中说道："初命何铸鞫之，飞裂裳，以背示铸，有'尽忠报国'四大字，深入肤理。"可以清楚地知道，在岳飞背上的确刺有四个大字，但书中并未注明此四字是出自岳母之手。岳飞背上刺字是毫无疑问的，但是，据历史记载，岳飞背上的四个大字并非"精忠报国"，而是"尽忠报国"。

　　据《宋史·岳飞传》记载，当岳飞蒙受不白之冤的时候，是当时的大理寺官员何铸审理他的案子。面对他们的欲加之罪，岳飞十分气愤，撕开自己的衣襟，露出了刺在他后背上的四个大字"尽忠报国"，何铸见其字早已深深嵌入肌肤，十分醒目。由此我们可以更加肯定，岳飞背上的字是"尽忠"而不是"精忠"。再者，为什么又说这几个字不是岳飞之母所刺呢？北京师范大学历史学院教授游彪认为，岳飞出身普通的农民之家，他的母亲姚氏只是一个普通的家

明　佚名　岳飞像

庭妇女。在宋代，普通的家庭妇女是没有受教育机会的，所以他的母亲肯定是不会刺字的。有些学者认为，文身刺字是一门很专业的特技，是有严格的操作程序和技巧的，绝非一般常人所能。岳母乃家庭妇女，不可能具有这种技艺，所以可以肯定地说，这"尽忠报国"四个字绝非岳飞的母亲姚氏所刺，而是另有其人。

那么岳飞背上的字到底是何人所刺呢？明嘉靖三十一年（1552年）熊大本的《武穆精忠传》中记载，岳飞见汤阴的乡亲父老被生活所迫，聚啸山林，他为了自勉和勉人，于是请工匠在自己的背上深刺"尽忠报国"四个大字。明末，由李梅草创和冯梦龙改编的《精忠旗传奇》中又称："史言飞背有'精忠报国'四大字，系飞令张宪所刺。"文中说"精忠报国"四字是岳飞成为大将后，命令部下将领张宪刺的。所以说，那些认为字是出于岳飞母亲之手的人也只是根据历代岳飞传记中记载的岳飞背上刺字的记叙而加以想象得来的。关于岳飞背上的字出于何人之手，在史学界可谓众说纷纭，应该说至今仍是一个难解之谜。

关于后世人为什么会把"尽忠报国"传为"精忠报国"一事，也是有着它的历史根源的。"精忠"二字其实是出自杀害岳飞的罪魁祸首宋高宗赵构那里。宋高宗曾经因为岳飞抗金有功，特赐给岳飞一面写有"精忠岳飞"的大旗，作为他的战旗，以示对他的鼓励和褒奖。人们便把岳飞称为"精忠"元帅，"精忠"二字成为岳飞的代名词，再加上他秉承母训，尽忠报国，所以，人们就将"精忠岳飞"和"尽忠报国"合称为"精忠报国"了。

北京师范大学的游彪教授说，在明清时期，人们把"尽忠报国"变为"精忠报国"，其实更多的是在宣扬一种帝权，因为"精忠"这两个字是宋高宗御赐的。想要激励当时的老百姓在国家危难的时候，发扬这样一种精忠报国的精神。在元朝的时候，蒙古人占统治地位，汉人的社会地位相对低下。到了明朝，尽管朱元璋建立起汉人统治的政权，但实际上明朝时期，外患仍然很严重，北方的蒙古势力很强大，所以在这种情况下，需要全体老百姓用这种"精忠报国"的精神来巩固和捍卫汉人的政权。所以"尽忠报国"就慢慢流传成了"精忠报国"。这样的解释是非常合情合理的。

▶ 明　沈周　两江名胜图

此图画面入眼便是烟云缭绕的群山中有一座山寺，山寺前后有高松为伴，绘的是岳飞坟墓的情景。王世贞跋："岳王坟畔松，枝枝尽南向。无那临皋亭，国书偏北上。"

辛弃疾闯金营活捉叛徒

辛弃疾，是开一代词风的伟大词人，也是一位勇冠三军、能征善战、熟稔军事的名将。他的词作"大声镗鞳，小声铿鍧，横绝六合，扫空万古，自有苍生所未见"，已成为中国文学史上的瑰宝。他始终把洗雪国耻、收复失地作为自己的毕生事业，并在自己的文学创作中写出了时代的期望和失望、民族的热情与愤慨，词集《稼轩长短句》保存了他卓尔不群的词作六百多首，均表现出其不可抑制的英雄主义精神。

辛弃疾，原字坦夫，改字幼安，中年名所居曰稼轩，因此自号"稼轩居士"，山东历城人。他是我国南宋时期的著名爱国词人，强烈的爱国主义思想和战斗精神是辛词的基本思想内容，后世流传的共六百多首，被称为我国历史上伟大的豪放派词人、爱国者、军事家和政治家。

在辛弃疾出生的时候，北方久已沦陷于金人之手。辛弃疾的祖父辛赞虽在金国任职，但是一直心向宋朝，他常常带着辛弃疾"登高望远，指画山河"，一直希望有机会"投衅而起，以纾君父所不共戴天之愤"。同时，辛弃疾也不断目睹汉人在金人统治下所受的屈辱与痛苦，这一切使他在青少年时代就立下了恢复中原、报国雪耻的志向。另一方面，正是由于辛弃疾是在金人统治下的北方长大的，较少受到使人一味循规蹈矩的传统文化教育，在他身上，有一种燕赵奇士的侠义之气。

辛弃疾长大后，因为文才出众，被金朝的济南官府推荐到燕京去参加进士考试。临走的时候，辛赞叮嘱他在去燕京的路上，注意沿路的地理形势和金朝内部的政治情况。辛弃疾到了燕京，没有考取进士，但是对祖父叮嘱的事情倒很留心观察。过了三年，他又到燕京去参加考试，对金朝内部的情况了解得更清楚了。

辛赞没有能盼到南宋恢复中原，就满怀遗憾地去世了，辛弃疾决心继承祖父的遗志，不久机会终于来了。

1161年，金主完颜亮率军大举南下，企图将南宋政权一举灭亡。趁金朝后方空虚之际，北方和中原人民纷纷起义。当时济南府有一个叫耿京的农民，他聚集了几十个人首先举行起义，先后攻占了莱芜、泰安两座县城。随之，起义军的声势不断扩大，很快就发展到二十几万人，成为各地起义军中最大的一支队伍。投奔耿京起义军的人中，除了在金朝统治者残酷压迫下的多数贫苦农民之外，还有一个爱国的知识分子——22岁的辛弃疾。

在耿京的起义队伍里，像辛弃疾那样有文才的人是少有的。耿京对他的前来投奔十分欢迎，派他负责起义军的文书工作，掌管起义军的大印。

辛弃疾告诉耿京，在济南附近有一支起义军，首领是他熟悉的一个名叫义端的和尚，懂得兵法。耿京听了很高兴，就派辛弃疾去跟义端联络。没几天，义端就带着队伍参加了耿京的起义军。

义端参加了起义军后，跟辛弃疾很接近。哪知义端不怀好意，一天晚上，趁辛弃疾不防备，偷走了他保管的起义军大印，逃奔金军。辛弃疾恳请耿京给他三天时间把义端抓回来。得到耿京同意后，辛弃疾就快马加鞭向金营追去，赶了一段路后，果然追上了义端。辛弃疾抓住义端，那叛徒吓得哆哆嗦嗦，跪在地上求饶。辛弃疾按捺不住心头怒火，当场砍了义端的头，把它拴在马背上，回到耿京营里。

采石大战之后，金兵被迫北撤。金世宗一面跟南宋讲和，一面在北方使用招抚和镇压两种手段，企图瓦解北方抗金的义军，耿京的义军受到了严重威胁。

胸怀抗金大志、一心恢复中原的辛弃疾在对形势做了正确的分析之后，认为要和朝廷取得联系，南北呼应，这样才可以解义军之危。耿京接受了辛弃疾的意见，就派义军总提领贾瑞做代表，到建康去见宋高宗。由于贾瑞是个不识字的武将，不懂得朝见礼节，要求辛弃疾跟他一起去。

1162年，贾瑞、辛弃疾带着十几个随从人员到了建康。宋高宗听说山东义军派人来归附，十分高兴，当天就在行宫里召见他们。辛弃疾陪同贾瑞上朝，从容不迫地宣读了他代义军起草的奏章，报告北方义军的抗金情况。宋高宗立

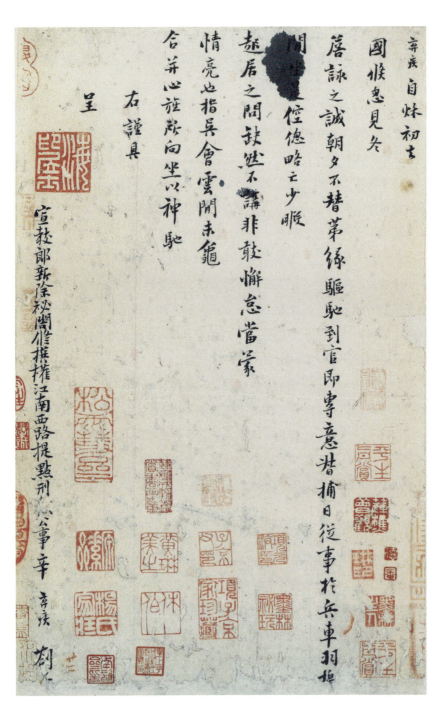

宋　辛弃疾　去国帖

此帖不失方正挺拔之气，为辛弃疾仅见的墨迹珍品。

刻任命耿京为天平军节度使，对贾瑞、辛弃疾也各封了一个官衔，要他们回去向耿京传达。

完成了任务的贾瑞和辛弃疾立即往北方返回，在经过海州（今江苏连云港）的时候，听到一个不幸的消息——耿京被人杀害了。原来，在金朝官府加紧诱降活动以后，义军的将领张安国贪图金人的赏赐，勾结另一部将趁耿京不防备之时闯进营帐将耿京杀害，之后投奔金军被封为济州（今山东巨野）的州官。于是，一心要除掉叛贼的辛弃疾带了50名勇士奔向济州。

辛弃疾的队伍到了济州官府，闯进大厅把张安国捆绑起来，拉出衙门，缚在马上。辛弃疾又当场对济州的兵士们宣布说朝廷大军马上就要到了，愿意抗金的可以参加到他们的队伍里来。济州的兵士多数原是跟过耿京的，听到辛弃疾一号召，纷纷响应。辛弃疾带着义军，押着叛徒，直奔南方，叛徒张安国被押到建康行营砍头示众。

辛弃疾回到南方后，被派到江阴做官。他好几次提出抗金的主张，但软弱的南宋朝廷均没有采纳。辛弃疾始终没有能够实现他北伐中原的愿望。在他42岁那年，竟受朝廷官僚打击被免职，归居上饶。他一生写下了许多满怀爱国热情的词，在我国文学史上占有很重要的地位。

一面是朝廷内奸臣当道，排挤忠良，置国之危难于不顾；一面是苟且偷安、寻欢作乐、沉湎酒色的大宋皇帝；一面却是古稀老人矢志抗金，坚守城郭，泣血连奏二十四疏乞求皇上御驾亲征以光复国家。然而奸佞当道，皇帝昏庸无能，使得一代重臣含恨去世。今天，我们再现这位两宋之交的老臣可歌可泣的传奇一生，颂其正义之气节。

靖康二年（1127年）一月初九，完颜宗望、完颜宗翰与金诸将破城，俘房了宋徽宗、宋钦宗二帝，这就是历史上有名的靖康之变。靖康之变不久，北宋宣告灭亡。

北宋灭亡以后，康王赵构一路南逃。在南方大臣的拥护下，靖康二年五月，赵构在南京应天府（今河南商丘）即皇帝位，史称宋高宗。这个偏安的宋王朝，

后来定都临安，历史上称作南宋。

高宗称帝之初，迫于金军威胁的严重形势，不得不起用有众望的李纲为宰相。李纲认为应迅速集结各地抗金力量，收复失地，并推荐老将宗泽留守开封。

宗泽，婺州义乌人，靖康元年（1126年）初，金兵第一次围攻开封撤退后，宗泽入京任台谏之职。八月，金兵第二次南侵，他任磁州知州兼河北义兵都总管，不仅在磁州击退金兵，还主动出击，获取一些战果，使磁州军势声震河朔。当时，钦宗派赵构（康王）前往金营求和，到达磁州时，宗泽劝阻赵构使金，使其免于被金军俘虏。金兵第二次围攻开封时，钦宗任命宗泽为河北兵马副元帅，协同兵马大元帅赵构等人救援京师。他力主向开封进军，并不顾赵构、汪伯彦等人的阻挠，率兵奋战，多次挫败金兵，虽由于势力单薄，未能解京师之围，但有力地打击了金军的气焰。

宋高宗早就听说了宗泽抗击金军的勇敢事迹，这次听了李纲的推荐，就派宗泽为开封府知府。

宗泽于六月十日接到朝廷任命，立即出发，十七日即到了汴京。这时候，金兵虽然已经撤出开封，但是开封城经过两次大战，城墙全部被破坏了。百姓

南宋　赵伯骕　万松金阙图

金阙特指皇帝的宫殿，绍兴八年，赵构定都临安，以行宫为基础，东起凤山门，西至凤凰山麓，南抵笤帚湾，北达万松岭，在方圆9千米的范围内营造了南宋皇朝宫殿。

宗泽像

宗泽是北宋、南宋之交在抗金斗争中涌现出来的杰出政治家、军事家，我国历史上著名的抗金名将。

和兵士混杂居住，再加上靠近黄河，金兵经常在北岸活动，开封城里人心惶惶，社会秩序很乱。宗泽到任后，立即着手整顿社会秩序，稳定市场物价，疏浚河道，恢复交通。经过努力，在一个多月的时间里，宗泽就把开封这个经过金兵洗劫、残破不堪的城市，整顿成为抗金前线的坚强堡垒。在社会秩序初步安定之后，宗泽又着力修建京城防御设施。在京城四壁，各置统领守御使臣，随处设置教场，日夜加紧训练义兵。根据城外地理形势，建立坚固壁垒24 所，随其大小，驻兵数万。宗泽尤为重视黄河防线，沿河防务分给各县守卫，并在河的南岸设置障碍物，以阻止敌骑突入。沿河走向，依次建立连珠寨，相互支援策应。

建炎二年（1128 年）春，金军多次渡过黄河做试探性的进攻，骚扰濒河州县以及滑州以南的沿河诸寨。宗泽坐镇开封，运筹帷幄，多次打退金军的进攻。宗泽何以能保卫开封呢？

宗泽保卫开封的一个突出特点就是不坐守孤城，而是善于打出去。

当金军渡河时，宗泽派刘衍、刘达各领兵两万、战车二百乘，分别开赴滑州和郑州，打出去牵制敌人。金兵见宗泽戒备森严，乘夜切断河梁以阻止追兵。金军不甘心失败，不久，又从郑州进犯，前军抵达白少镇，离京城只有 20 千米左右，宗泽派遣精锐力量支援刘衍。正月十五灯节之夜，宋军大败金兵于板桥，乘胜收复了延津、河阴、胙城等县，一直追到滑州。刘衍又分兵夜袭滑州西边的金兵营寨，尽得其辎重粮草。这场保卫京城的战斗以宋军大获全胜而告结束。

宗泽在巩固开封防务的同时，积极联络北方抗金义军、各地农民起义军以及若干支溃兵游勇，积极做渡河的准备。准备在进入六月，由于天气炎热金军兵马疲乏之时大举北伐。这时，王彦的八字军奉宗泽之命，移屯滑州。五马山的首领马扩，也携带信王赵榛的信，前来留守司。他们三人共同制订了渡河作战的计划。宗泽自到开封后，先后向高宗上了24道奏疏，恳请他"回銮"东京，鼓舞士气，号召军民报国仇、复故疆，但均为奸佞所阻。

就在宗泽准备北上恢复中原的时刻，宋高宗却嫌南京不安全，准备继续南逃。当了75天宰相的李纲因为反对南逃，很快被投降派黄潜善、汪伯彦挤走，被宋高宗撤了职，抗金措施皆被废除。

此时年已古稀的宗泽，满怀对宋朝的忠心，日夜盼望朝廷批准他的渡河作战计划和高宗回銮的请求，但左等右等杳无音讯。壮志未酬的苦闷加上年老重病，终于打倒了这位老英雄，但就算是这样，他念念不忘的仍旧是为国收复失地的事情，在临死之前他高呼三声"过河！过河！过河！"才气绝身亡，令在场的将士们无不落下眼泪。这三声"过河！"也就成了这一代名将的绝唱。

建炎二年（1128年）七月宗泽死后，宋高宗派杜充继任东京留守，他的所作所为与宗泽完全相反，宗泽招抚的抗金义军纷纷离之而去。东京战守形势急转直下，高宗逃窜至南海，惶惶不可终日。

宗泽虽未能实现驱逐金兵，收复失地，恢复宋王朝大一统的宏愿，但他坐镇抗金前哨的开封，多次阻止并粉碎了金兵的大举进犯，保卫了南宋王朝的半壁江山，不愧为我国历史上的抗金名将。

藏在古画里的大宋史

宋太祖最初的"杯酒释兵权"的做法，就已经奠定了宋朝的中央集权制度。但是，在皇帝收回武将兵权，运用文官管理军政的同时，也造成了很多的弊端，出现了严重外强中干的弱国趋势。宋朝军事实力的衰弱使得边境的辽和西夏不断侵扰中原，加之宋朝大大小小的农民起义不断，更使风雨飘摇的大宋王朝面临着灭亡的危机。积贫积弱的两宋最终毁于金国和辽国的铁蹄之下。

第五章

政坛风云：积贫积弱难太平

宋朝被称为"天水一朝"

　　近代学者常常将大宋王朝称为"天水一朝"，如中国现代最负盛名的大师陈寅恪在《赠蒋秉南序》中写道："贬斥势利，尊崇气节，……故天水一朝之文化，竟为我民族遗留之瑰宝。"国学大师王国维在《宋代之金石学》中写道："天水一朝，人智之活动，与文化之多方面，前之汉唐，后之元明，皆所不逮也。"这里所提到的"天水一朝"指的就是宋朝。那么，为什么"天水一朝"会成为宋朝的代名词呢？

　　中国历代封建王朝的国号大多数都是以开国皇帝曾经的封号或是封地为名的，如汉高祖刘邦就曾经被封为汉王，所以他将新王朝定名为"汉"；李渊曾袭封"唐国公"，故其将新建立的王朝定国号为"唐"。宋太祖赵匡胤也同样受到这样的影响，按照自己任职的地方宋州来命名自己的国号"宋"。《宋史》卷六十五中写道："天水，国之姓望也。"说的就是天水之地，乃是大宋王朝皇帝赵姓的发源地，因为赵姓望族曾聚集在天水郡，所以天水成了赵姓的代称。所谓"天水一朝"，其实也就是"赵宋一朝"的另外一种说法。"天水，赵之望也"。

　　当时人们对郡望一说非常敬仰，许多人都喜欢以此来炫耀自己显赫的家庭背景，所以经常将自己的姓氏和历史上那些同姓的著名人物联系在一起。自隋唐以后，许多士族门第的势力开始逐渐衰落下去，但是还有许多王室贵族喜欢用郡望来相互标榜，特别是在封爵位的时候也不忘记用郡望相称。据史书记载，

▶ 宋　佚名　宣祖赵弘殷坐像

历史上的赵姓宗族有几处著名的聚居地，主要有天水郡、涿郡、南阳郡等，其中以天水郡最为出名。公元前222年，秦国攻打了赵国代郡，赵国大败，代王赵嘉向秦国投降，并受到了秦国的礼遇，代王之子赵公辅率领众族人入住西陇，居甘肃天水（今甘肃通渭县）。赵公辅不只让族人在天水一带休养生息，还把中原的先进文化和生产技术传播到了西陇、怀柔西部各族，他在那里受到了人们的尊敬和爱戴，被尊称为"赵王"。西汉时设置了陇西天水郡，赵匡胤就是这一支的赵氏，他们尊赵嘉和赵公辅为开基始祖。唐朝时期，赵氏中有四人曾担任过宰相一职，其中有三位都是陇西天水郡赵氏族人。由此可见，天水郡赵姓在唐朝时地位也是十分显赫的，赵匡胤的父亲赵弘殷曾经被周世宗封为天水县男。所以赵匡胤在建立赵宋王朝之后，人们便将陇西天水定为国之郡望。当然，这里也包含着统治者为抬高宋朝皇室的出身门第，间接告知百姓要信服赵氏一族统治天下的合理性和不容侵犯性。

北宋被金朝灭亡之后，宋徽宗曾被封为天水郡王，宋钦宗被封为天水郡公，这样的封号应该也是根据郡望一说得来的。虽然宋太祖及其祖上几代人都是聚居在河北涿郡（今保定清苑区）一带，但是宋王朝及其后代的人们还是都以天水作为宋朝皇帝的郡望，习惯上用"天水一朝"来代指大宋王朝。

宋初的农民起义

在中国的漫长历史中，宋王朝是唯一在政权刚刚建立不久就发生了大规模农民起义的朝代。其实在两宋期间农民起义几乎就没有停止过，大的在北宋有王小波、李顺起义，方腊起义，钟相、杨幺起义，而在南宋成立以后，虽然没有什么有影响的起义，但各地此起彼伏的民间暴动事件却层出不穷，为什么会这样呢？

自从秦朝以来，汉族的封建政权在长时期里基本上保持着统一状态。但由于地主阶级中的门阀士族和军阀势力的发展，先后出现了三国至南北朝时期和五代十国时期的割据局面，暂时中断了国家的统一。规模巨大的唐末农民战争沉重打击了门阀地主的残余，960 年，宋太祖赵匡胤推翻后周建立宋朝，结束了五代十国时期的封建割据局面，在此基础上建立起统一的中央集权的封建国家。

宋朝建立之后，统治者为了维护其利益，把镇压农民的反抗和防止割据势力的复辟作为治国方针，基本上依据秦、汉、隋、唐以来的国家制度，建立起专制主义中央集权。宋王朝广泛吸收地主阶级文人参与军事政治的统治，因而在地主阶级中具有比唐朝更为广阔的社会基础，中央集权的程度也更为加强。

中央集权的军事、政治制度，是建立在相应的社会经济制度基础之上的。宋朝建立后，社会经济关系，主要是地主对农民的剥削关系表现出不同于前代的一些新特点，主要有：地主阶级主要以购买土地的方式来扩大土地占有；地主对农民的剥削方式主要是出租土地榨取实物地租，前朝的劳役地租成为从属的、次要的剥削方式；宋朝把客户（佃客）编入户籍，成为封建国家的编户，不再是地主的"私属"。这些事实表明，在封建社会的经济发展史上，宋朝完

南宋　杨威　耕获图

画面上主要描绘宋代封建地主庄园中的劳动生产情景，河塘周围以水稻田为主，田中有插秧、犁田、灌溉等耕作场面，还有场院劳作的人们，将农村大忙时节的田园景象全盘托出。

成了唐中期以来土地占有方式和剥削方式的变革，开始进入一个新阶段。宋朝以后的封建社会，基本上延续了这样的经济关系。

广大佃农虽然在形式上摆脱了那种严格的人身隶属，但依然遭受着地主阶级残酷的经济剥削和政治压迫，所以，在宋朝建国后不久的太宗时期就爆发了大规模的农民起义。此后近 300 年间，不能忍受黑暗统治的农民群众不断地举行武装起义，以反抗宋朝的统治。

如下便是这期间农民起义的例子。

在五代时期，川蜀地区曾经先后建立过前蜀、后蜀两个政权，因为地处偏僻，远离中原，所以幸运地避免了战争的破坏。这样，到了后蜀时期，国家的粮库积贮得满满的，人民生活富足。但是宋太祖灭了后蜀以后，有一段时间纵容将士在成都到处抢掠，还把后蜀贮积的财富运往东京，极大地引起了当地百姓的愤恨。宋太宗时期，朝廷又在那里设立衙门垄断买卖，曾经是当地主要经济来源的茶叶、丝帛先后都被官府垄断，地主和大商人也都趁机囤积居奇，贱买贵卖，这样一来，蜀地百姓的日子更加没有着落。

当时，四川的青城县有个叫王小波的农民，他和内弟李顺都是茶叶贩子，官府禁止私卖茶叶后，便断了生路。无奈之下的王小波铤而走险，于993年聚集了一百多个茶农和贫民，发动了起义。

平时受够了官府剥削的茶农和贫民推举王小波做了起义军的领袖，临近各地饱受欺凌的贫民都纷纷响应，不久，起义军就集中了几万人马。

起义军首先打下了青城县。接着，又乘胜攻打彭山，在彭山百姓的里应外合之下，起义军很快占领了县城，杀死了贪婪无度的县官齐元振，并将其平时搜刮得来的钱财，全都分给当地的贫苦百姓。然后，王小波带兵北上，向江原进攻，与驻守这里的宋将在江原城外展开了一场大战。起义军英勇顽强，胜利攻占了江原。不幸的是在混战中王小波被一支冷箭射中了前额，因伤势太重死去了。之后李顺做了首领，继续带领大家反抗官军。

在李顺的指挥下，起义军越聚越多，连续攻下许多城池，杀死了一大批贪官污吏，最后终于攻取了蜀地的中心成都。淳化五年（994年）正月，李顺在军民的拥护下，建立了大蜀政权，李顺当了大蜀王。他一面整顿人马，一面继续派兵攻占各处州县。

消息传到东京，宋太宗大吃一惊，急忙派宦官王继恩为剑南西川治安使，前往镇压。王继恩分兵两路，派人从东面堵住巫峡的起义军，自己率领大军向剑门进发。

剑门关是四川通向关中的要道。李顺占领成都之后，也派将领进攻剑门，但剑门地势易守难攻，且驻守的官兵都是精兵强将，李顺派去的军队不幸遭到官军阻击，打了败仗。这时，王继恩顺利地通过了剑门，集合各地宋军，形成了对四川一省的合围之势，并且开始派兵进攻成都。在敌人的重兵围攻之下，驻守成都的十几万起义军伤亡惨重，成都城最后被攻破，王小波和李顺领导的这次农民起义以失败告终。

宋代尊崇"火神"

北宋初年，宋太祖赵匡胤宣布"定国运以火德，王色尚赤"，火神也成为宋朝君臣崇拜祭祀的重要神；康定元年（1040年），朝廷又在宋朝开国之处河南商丘设坛祭祀大火之神，到了徽宗当政，还专建了"火德真君殿"，供奉更甚。南宋自绍兴二年（1132年）以来，又恢复了东京祭祀火神的传统，绍兴七年（1137年）在临安府设火神位。绍兴十八年（1148年），又将祭火神的"小祀"升为"大祀"。高宗赵构又在太一宫专辟一"火德神殿"……在宋朝，任何一点违背火神象征和辱慢火神的做法都是不允许的。然而，火神似乎并未领宋朝廷的虔诚情意，反而较之其他朝代更为肆虐。两宋三百多年内，全国发生的大型火灾有两百多次，平均不到两年就有一次，而且主要发生在首都及各州县城镇上，其中以京城这样的大城市最为严重。宋代朝廷十分尊崇"火神"，这是为什么呢？

宋代朝廷十分尊崇"火神"，得从战国时邹衍提出的"五德终始"学说讲起。古人认为，宇宙万物都是由木、火、土、金、水这五种基本物质构成的。五行学说并非言木、火、土、金、水五种具体物质本身，而是对万物的五种不同属性的抽象概括。五行的"行"字，有"运行"之意，故五行中包含着一个非常重要的观念，即变动运转的观念，也就是"相生"与"相克"。

阴阳家代表邹衍运用阴阳五行理论来阐释宇宙演变和历史兴衰，创造"五德终始"之说。

"五德"是指五行木、火、土、金、水所代表的五种德性，"终始"指"五德"周而复始地循环运转。邹衍以这个学说来为历史变迁、皇朝兴衰做解释，开了将五行纳入政治领域之先河。

明 仇英 帝王道统万年图 　图中所绘帝王为汉光武帝。

按邹衍的理论，黄帝时代为土德，夏为木德，商为金德，周为火德，秦为水德。五德相克，改朝换代。他用阴阳五行说，为新兴王朝的建立提供理论依据。因此后世历代帝王建国，皆沿用五德之说。皇朝的最高统治者常常自称"奉天承运皇帝"，其中所谓"承运"就是意味着五德终始说的"德"运，可见这种理论的影响何其深远。

按照邹衍的说法，五行代表的五种德性是以相克的关系传递的，木克土、金克木、火克金、水克火、火克木。自秦汉直至宋辽金时代，五德终始说一直是历代王朝阐释其政权合法性的基本理论框架。历朝统治者莫不对本朝之"德运"萦绕于心，苦心求索本朝承天应命的合法性，以与五德转移的天意相契合。

由于黑色属于水，所以秦朝崇尚黑色。汉代起初在汉高祖刘邦时，张苍认为秦国祚太短且暴虐无道，不属于正统朝代。应该由汉朝接替周朝的火德，所以汉朝之正朔应为水德。到汉武帝时，又改正朔为土德，直到王莽建立新朝，方才采用刘向、刘歆父子的说法，认为汉朝属于火德。汉光武帝光复汉室之后，正式承认了这种说法，从此确立汉朝正朔为火德，东汉及以后的史书如《汉书》《三国志》等皆采用了这种说法。因此汉朝有时也被称为"炎汉"，又因汉朝皇帝姓刘而称"炎刘"。

关于朝代德运的说法，一直深刻地影响了古代的政治，宋朝的建立自然也不例外。虽然在北宋中期以后，"五德终始"说发生了根本动摇，然而国势的颓落，使宋统治者依然竭力依傍"五运"说，从而使之流传甚广。与南宋对峙的金朝政权也力图以"五运"说来证明自己取代宋朝的合法性和必然性。透过这一幕幕长缓的镜头，可以看到"五运"学说在宋代的政治生活中仍然发挥着重要的作用和影响。

赵匡胤曾做过后周的宋州节度使，宋州后来设为南京应天府。根据古人对天文分野的解释，认为天上的星宿正与地上的宋地相对应。星宿中央的大星古代称为大火，这本来只是巧合，可是却引发了宋朝对火神的顶礼膜拜。

后周显德七年（960年）正月，赵匡胤登上皇帝宝座。在《登极赦书》中，他宣布自己是因为五运推移而受命于天，定国号为"大宋"，并且在三月确定宋朝的"德运"属火运。因为后周为木德，木生火，所以宋朝应当以火德称王天下，崇尚赤色。在乾德元年（963年）闰十二月，尊奉赤帝为感生帝，这样

火德星君画像

古代中国人民认为南方之神主火。经历代演变，人们逐渐将火神作为灶神奉祀。

国家的德运体系就确立起来了。

康定元年（1040年）十二月初四，专管礼仪的太常礼院呈上南京大火坛的设计方案，获得朝廷的准许，对阏伯旧庙进行修葺。同时还规定每年的三月、九月由朝廷降旨颁发祝版，由留守看管阏伯祠的长吏来操办祭祀。庆历七年（1047年）七月，朝廷再次下旨，对商丘火祠坛庙的颓毁之处加以修缮。宋朝对大火及阏伯这位火神开始逐渐重视起来。不过直到北宋中期，商丘的火祠仍然没有成为礼制中的中心问题，以致在熙丰变法时期，发生了变卖"火祠"的事情。

神宗知道出卖庙宇后大发雷霆，他认为这种做法实在是有辱国家和神灵，下令给那些负责的官吏，立即停止出卖阏伯庙和微子庙，从此商丘火神的地位更高。崇宁三年（1104年）四月初八，翰林学士张康国上奏章请求修葺火德真君殿，祭祀大火，以阏伯庙相配，同时还对阏伯旧庙进行了修饰。徽宗时，在内乱外患纷扰不断、国事艰难的时候，朝廷不是积极应对，扭转颓势，而是寄希望于国家德运，太常寺、礼部又请求在全国建离明殿，殿以"离明"为名，正是取昌明火运之意，祈求火神保护国家命运。

靖康年间，金国大举入侵中原，大半河山落入金人之手，当时人们都认为国家危急，朝廷应当重新振作，将敌人赶出去。可是面对半壁江山，偏安东南一隅的南宋朝廷仍旧不思进取，皇帝大臣只是常常谈论火运再兴，将希望寄托在那些缥缈的德运上面。靖康二年，宋高宗赵构在南京即位，年号"建炎"，取意正是重建炎德即火德之意。德祐二年（1276年）五月初一，南宋灭亡的前夕，广王在福州登基，改元"景炎"，意思也是重建火德，但是这些都无法挽回宋朝大势已去的局面。更为荒谬的是，此后，南宋宗室旧臣竟然附和说因为金朝是水运，宋朝的火运已去，必为水灭，并不是他们君臣的罪过。

钟相、杨幺反抗宋朝廷

在两宋期间，农民起义几乎就没有停止过，大的在北宋有王小波、李顺起义，方腊起义，而在南宋成立以后，各地此起彼伏的民间暴动事件更是层出不穷，钟相、杨幺起义就是南宋历史上一次著名的起义。那么，钟相、杨幺为什么要反抗宋朝廷呢？

钟相、杨幺起义是发生在南宋初洞庭湖地区的一次农民起义。靖康之变后，北宋灭亡，皇室血脉的唯一幸存者康王赵构一路南逃，后在南方大臣的拥护下，在南京应天府即位，建立南宋。

偏安于南方的南宋王朝，一面对金朝屈辱求和，一面加紧对人民的剥削。由于金军不断南侵，对江南一些地区破坏极大。南宋政府又横征暴敛，被金军击溃的宋朝官军也乘机抢掠，老百姓生活在水深火热之中，在江西、福建、荆湖各路先后爆发了农民起义。1130年，金兵攻占了潭州，大肆抢掠后扬长而去。接下来，一个被金兵打败的宋朝团练使孔彦舟，带着一批败兵残卒在那里趁火打劫，催粮逼租。忍无可忍的当地百姓，终于在钟相的带领下举行了起义。

钟相，鼎州武陵（今湖南常德）人，靖康二年（1127年）初，金人入侵，钟相组织民兵三百人，命长子钟子昂率领北上"勤王"。这支队伍尚未与金兵接触，就被刚即位的宋高宗赵构命令遣返。钟相便以这支队伍为基础，筹划起义。在金兵南下的时候，他用宗教的形式在农民中宣传，并自称"天大圣"，能够解救人民疾苦。他宣称："法分贵贱贫富，非善法也。我行法，当等贵贱，均贫富。"这是为满足广大农民要求财富上平均、社会地位平等而提出的政治主张，得到了大多数人的拥护。一些受尽官府、地主压迫的农民，纷纷把钟相称作"老爷"，要求入"法"的人越来越多。

钟相自称楚王，建立政权。附近各县的农民纷纷参加起义军，钟相分派起义军攻占城池，焚烧官府，打击豪强大户，不出一个月，起义军就占领了洞庭湖周围19个县。

农民起义军的革命行动和浩大声势，使地主豪绅十分恐惧，他们勾结孔彦舟匪军进驻鼎州，镇压农民起义。孔彦舟屡遭失败之后，派奸细混入起义军做内应，于建炎四年（1130年）三月末偷袭攻破钟相营寨，钟相及子钟子昂被俘遇害。

钟相牺牲之后，部众在杨幺等领导下仍继续坚持斗争。杨幺原来名叫杨太，在诸首领中最年轻，故称他为"幺郎"或"杨幺"，逐渐成为起义军共同拥护的领袖。杨幺在洞庭湖周围建水寨、造战船，实行兵家相兼，这种"陆耕水战"的战略方针，使起义军得到迅速发展。他们平时从事生产，战时则登舟作战，充分利用河港交错的地形和自己善于操舟的特长，采用水陆两栖的战术与官军周旋。他们在绍兴元年（1131年）俘获南宋官军车船和工匠后，大造车船。车船是大型战船，用脚踏动车轮，即可击水前进，其行如飞，四周装有打击敌船的拍竿。杨幺水军自此更加强大，在与官军水战中一直保持优势。绍兴三年

（1133 年）四月，起义军重建楚政权，立钟相之子钟子仪为太子，称杨幺为"大圣天王"。这时起义军控制了北达公安，西及鼎、澧，东至岳阳，南抵长沙之界的广大地区。

杨幺起义军的发展，令南宋朝廷寝食难安。

1133 年冬，朝廷派禁军将领王燮又率兵前往镇压。王燮从鼎州水陆并进，对沅水沿岸的起义军水寨发动攻击，并在下游埋伏大量水军，企图一举消灭起义军。但杨幺早将上游的主力及家属转移，使得敌人扑了个空。这时杨幺又发车船数只，偃旗息鼓，交横顺流而下。埋伏在下游的崔增、吴全水军以为是起义军败下的空船，全队争先入湖，大小数百只舟船都被起义军的车船撞沉，崔、吴二人也葬身湖底。一日之内，起义军歼灭南宋水军上万人。

起义军的队伍日渐壮大，南宋朝廷也明白没那么容易镇压，于是改剿为抚，不断地派人去招安杨幺的队伍。此时建立了伪齐政权的刘豫也想拉拢、利用义

南宋　牧溪　潇湘八之洞庭秋月

《洞庭秋月图》描绘洞庭湖月光下动人的月夜景色，画面上传达出非常幽意、宁静山的辽阔、清幽、深远的画面境界，体现了当时南宋时期文人的故国情怀和悲愤之情。

军的强大力量，派在襄阳的官员李成负责，带着金帛文书，到杨幺大寨游说，要起义军联合进攻宋朝，说只要攻占州县，就封他们做知州知县。这些向敌人投降的要求都被起义军严词拒绝了。李成还不死心，又派了35个人带了官诰、金带、锦袍来诱降，起义军这次不再饶恕，把35名伪齐使者全部杀死了。

南宋王朝和伪齐政权的"围剿"诱降，都没有使杨幺屈服，到了起义的第六个年头，也就是1135年，宋高宗调岳飞前往镇压起义军，又派宰相张浚亲临督战。他们在湖区各要道屯驻重兵，缩小包围圈，加紧经济封锁，并在夏季进兵，蹂践禾稼，造成起义地区严重的经济困难。同时大力开展政治诱降活动。黄佐、杨钦首先叛变投敌，起义军内部分化瓦解，后杨幺力战不屈，被俘牺牲。

杨幺死后，其部将黄诚、周伦等力屈投降，夏诚继续抵抗，小寨亦被攻破。澧州的起义军则在雷德进、雷德通兄弟率领下，固守小寨，又坚持了一年多才最终失败。

南宋朝廷终于镇压了农民起义，却无力抵挡外力的强悍，在不久后也最终覆灭。

秦桧被金人掠走的秘密

　　秦桧，这尊在西子湖畔跪了千年的铜像，千百年来一直为人所唾骂。人们在传说着他风波亭所导演的历史冤案以及通金、谋叛的同时，更是对其被金人掠走之原因充满疑问。让我们揭开落满灰尘的历史厚帷，解读其背后的秘密。

　　秦桧出生在一个汉族地主的家庭，其父当过静江府古县县令。年少时的秦桧正值北宋王朝末年，当时因为宋徽宗的昏庸荒淫，使得朝政被蔡京、童贯等"六贼"把持，因此举国上下怨声载道，边境更是危机重重。

　　秦桧自幼可谓聪明过人、才华出众。在宋徽宗政和五年（1115 年）的科举考试中，他针对"夷夏之别"的论题，联系宋朝开国以来边患频仍的局势，引经据典，提出了"威以制夷""德以化夷"的策略，因而受到了考官的大力称赞。

　　登第后的秦桧被派到密州（今山东诸城一带）负责州学教务。州学教务不过是一个小官，而且与政事关涉不大。生活在这样的环境中，秦桧是不可能疾速飞黄腾达的。

　　后来，朝廷允许及第的进士再试词学兼茂科，每年取五人充任国子监官员，于是秦桧又试此科，一举得中，被授予太学学正的职务，成为堂堂京官，从此扶摇直上。

　　秦桧早年尚能坚持大义。当时，北方的金国连年侵占宋朝疆土，并在宣和七年（1125 年）十月兵分两路大举南伐，势如破竹，直达宋朝都城汴京（今河南开封）。惊慌失措的宋徽宗见国事已经不可收拾，便草草将皇位禅让给儿子赵桓，自己则南逃淮、浙躲避金兵去了。

　　靖康元年（1126 年），金兵直抵汴京城下，要求宋朝廷割让三镇：太原、

清　佚名　秦桧像

秦桧在南宋朝廷内属于主和派、投降派，奉行割地、称臣、纳贡的议和政策。第二次拜相期间，他极力贬斥抗金将士，阻止恢复，同时结纳私党，斥逐异己，屡兴大狱，是中国历史上著名的奸臣之一。

中山和河间，以此作为退兵条件，目的很明显，就是要宋朝京畿以北屏障不战自除。

这时身为职方员外郎的秦桧，提出了较为重要的四条意见：金人贪得无厌，要割地只能给燕山一路；金人狡诈，要加强守备，不可松懈；召集百官详细讨论，选择正确意见写进盟书中；把金朝代表安置在外面，不让他们进朝门上殿堂。于是北宋派秦桧和程璃为代表同金人进行谈判，秦桧在谈判中原则性地坚持了上述意见，于是被升为殿中侍御史、左司谏。

后来，金统治者以"进兵取汴京"相要挟，坚持夺取这三镇。朝中百官议论纷纷，很多大臣同意割地，但秦桧等人认为不可。虽然这本奏折呈上后，没有被钦宗采纳，宋朝仍然割让了三镇，金人也在靖康元年二月开始退兵。但是，秦桧的才思还是得到了钦宗的欣赏。不久，秦桧便被任为职方员外郎，成为兵部中的重要官员。

此时宋朝已有二十万勤王大军集中到汴京周围，形势转变得极为有利，于是，钦宗又诏命秦桧以礼部侍郎身份赴金议和，秦桧奉诏不得已入金。可是后来钦宗追悔割地之诏，重命三镇将士固守不让，致使秦桧使命落空，秦桧却也未受金人留难而顺利返回了汴京。一时间，秦桧成为众人议论的对象。趁此机会，秦桧四处放言自己如何深切体会钦宗苦衷而未向三镇守将传达割地诏命，如何坚定而又灵活地与金人交涉，等等。御史中丞李回认为秦桧是不可多得的人才，于是极力向钦宗保荐。钦宗命秦桧担任殿中侍御史，不久又擢升他为御史中丞，成为御史台的最高长官。从此秦桧成为天子近臣，掌握弹劾大权。

但是，金人没有遵奉和议，于靖康元年八月再度南侵，仅仅用了三个月时间，金兵再次进逼汴京城下，不久破城，宋钦宗和宋徽宗先后被拘禁，连同宋朝宗室后宫三千多人被掠往金国。金人还授意立宋朝宰相张邦昌为帝，不准再立赵氏子孙为王。

女真贵族要立张邦昌为傀儡，御史马伸等人上书，里面强调了赵氏不当废也不可能被废，指出若立张邦昌为帝则宋朝臣民绝不会心服，反抗之举一日都不会停息。数十名官员先后签名，马伸等人坚持要时任御史中丞的秦桧签名，无奈之下，秦桧只得签名。

可是诉状递交金人后，金人并不理会，还是册立了张邦昌为"大楚皇帝"。因为上书者中秦桧官职较高，金人以其反对张邦昌，于是在靖康二年（1127年）四月，把秦桧和妻子王氏及另外几个违忤金人的宋朝官员举家随徽、钦二帝一同押往燕京。

这时宋徽宗得知康王赵构即位，就致书金国统帅粘罕要求和议，让秦桧将和议书修改、加工、润色。秦桧以厚礼贿赂粘罕，金太宗于是把秦桧送给他弟弟挞懒任用，这让秦桧迈出了变节的第一步。

建炎四年（1130年），金将挞懒带兵进攻淮北重镇山阳，命秦桧同行，这是为什么呢？

金国的最终目的是要侵吞整个宋朝江山，一举灭亡南宋。挞懒认为，要达到这个目的，只有诱以和议、内外勾结，才能致南宋于亡国之境。现在，秦桧是最为合适的人选，因为秦桧投靠金国的真面目在南宋朝野还未彻底暴露。秦桧于是携其妻王氏以及侍从共同南行。

风雨飘摇中的宋朝，怎能抵御金军铁蹄？山阳城被攻陷后，金兵纷纷入城。

秦桧南归后，自称是杀死监视他们的金兵夺船而来的。臣僚们随即提出一连串的问题：孙傅、何㮚、司马朴是同秦桧一起被俘的，为什么只有秦桧独回？从燕山府到楚州两千八百里，要跋山涉水，难道路上没有碰上盘查询问，能一帆风顺地南归？就算是跟着金将挞懒军队南下，金人有意放纵他，也要把他家眷作为人质扣留，为什么能与王氏偕行而南呢？虽然秦桧竭力为自己辩解，表示他忠于赵家皇朝，但诸多疑团并没有完全消除。

宋徽宗收复燕云十六州

　　因为一部轰轰烈烈的电视剧《水浒传》，宋徽宗赵佶成了家喻户晓的皇帝。作为北宋实际上的末代君主，宋徽宗留给人的印象是非常昏庸，是葬送了大宋江山的腐朽封建统治者。因为他没有秦皇汉武的雄霸之气，也不体恤民情，并豢养了一大群贪官污吏，弄得民不聊生，终于造成了亡国灭种的大祸。然而有人认为，历史上契丹族建立的辽国是一个非常罕见的游牧帝国，既有游牧民族的彪悍和骑兵优势，又具有一些汉族的文明优势。缺乏马源的宋朝能够与之对峙已经不易，宋徽宗还能将其灭亡，不但收复了高喊多年的燕云十六州，还除掉了北方最大的国家，这无疑是一件惊世伟业。史实果真如此吗？

　　燕云十六州，又称"幽蓟十六州"，是指后晋的石敬瑭割让给契丹的，位于今天北京、天津以及山西、河北北部的十六个州。

　　936 年，后唐河东节度使石敬瑭反唐自立，向契丹求援。契丹出兵扶植其建立晋国，辽太宗与石敬瑭约为父子。作为条件，938 年，石敬瑭把燕云十六州献出来，使得辽国的疆域扩展到长城沿岸。

　　显德六年（959 年），后周世宗柴荣率军攻辽，水陆并进，一个多月内收复瀛、莫、宁（今河北静海区南）三州，以及益津关（在今河北霸州市）、瓦桥关（在今河北涿州市南）、淤口关三关。五月，欲攻取幽州（今北京）时，因病重班师，六月十九日，卒于东京（今河南开封）。

　　燕云十六州始终是中原军队抗击北方游牧民族的天然屏障。失去燕云十六州，北部边防几乎无险可守，少数民族的铁骑可以任意驰骋于繁华富庶的千里平原。正因为如此，燕云十六州的割让，成为影响中国政治格局和历史进程的一件大事，所以此后四百余年中，收复燕云十六州成为每一个中原王朝梦寐以求的理想。

北宋初年，宋太宗曾经发动了对辽的高梁河战役和雍熙战役，意图用武力夺回燕云十六州，但由于宋朝国力不强和将领指挥的失误，最终大败而归。这两次战役的惨败使宋朝廷锐气大伤，不仅放弃了武力收复燕云十六州的打算，而且对辽的策略也由积极进攻转为防守。

到了宋徽宗时，辽国统治区边境早年深受辽国欺负与压迫的女真族逐渐强大起来，1115 年，女真族首领完颜阿骨打建立金国，并且开始攻打国力已经衰退的辽国。辽国根本无力抵御女真族的进攻，在其将要亡国之时，宋徽宗决定乘虚而入，联合金国攻打辽国，然后收复燕云十六州。

于是宋徽宗借为辽天子祝寿之机，派童贯率人前往辽国拜贺，乘机去探听辽国的真实情况。

当时，辽国有个叫马植的人向童贯献上了一条锦囊妙计——联金灭辽。此观点正合徽宗之意，于是童贯给辽天子拜完寿，马上就领了马植回去面见徽宗。

马植面见徽宗，建议宋徽宗下令官兵从登、莱二州渡海至契丹后方，联合金兵一举将辽国灭掉，然后乘混乱之机收复燕云十六州。

徽宗听了马植的意见，立刻就派大臣马政出使金国，与金国取得联系。但有大臣进谏，极力劝说徽宗不要联金，他们认为宋金联盟虽然短时间内会对辽构成威胁，但金兵一旦灭了辽国，定会掉过头来攻打宋朝。可是徽宗想做件光耀史册的事，为了收复燕云十六州，根本不听众大臣的劝说，一心想与金国结盟。

1120 年，宋金终于达成协议：宋金联合攻辽，金兵负责攻取辽中京大定府，宋朝攻取燕京析津府；宋金灭辽之后，宋朝将原本进贡辽国的"岁币"转交金国，燕云十六州归宋。

1122 年，金兵先后攻陷了辽国的中京、西京，逼迫辽国天祚帝仓皇西逃，辽国一时朝中无人，面临亡国的危险。这时，一些辽国贵族就把幽州留守耶律淳拥立为皇帝。宋徽宗匆忙之间，派童贯与蔡攸做正副统帅，带兵进攻辽军。对于军事一窍不通的童贯，根本提不出什么好的建议，所以宋军士气低落。而辽国耶律淳则君臣团结一致，誓死将敌人赶出国，军队士气空前高涨。宋辽两军刚一碰面，宋军就被打得溃不成军。童贯与蔡攸立刻率军南逃，辽军紧追不舍，宋徽宗吓得急命班师回京，宋朝与辽军的第一战就这样以失败告终。

就在这一战之后没有多久，耶律谆就病倒了，随后不久就去世了。宋徽宗得知耶律谆病死的消息，立刻又让童贯、蔡攸率领数十万大军出兵幽州。宋军仗着人多势众，一路上趾高气扬，以为必胜无疑，可是，在前往幽州的路上，宋军遇到了辽国大将萧干的部队，宋军被辽军打得落花流水。

童贯压住战败的消息不发回朝廷，而是秘密派人到金营请求出兵攻打幽州。金兵出战攻下幽州后，宋徽宗就派人向金国索要燕云十六州。金太祖看到宋朝没有一点战功，而且国势衰弱，于是在灭辽后准备攻宋。只是由于攻辽战争耗时日久，损伤很大，所以暂时将燕云数州还给宋朝，但是每年向宋朝收取租税100万贯。从此，金国得到宋朝每年进贡的大量钱财，更加强大起来。

宋徽宗就是在每年向金朝大量纳贡交租的情况下，终于"收复"了燕云地区的七座城池。可是这样建立在对金国屈膝让步基础上的"收复"，更让金国看到了北宋政治的腐朽，所以在灭辽后不久就挥师南下，对北宋发动了声势浩大的侵略战争。

◀ 宋　赵佶　十八学士图

宋徽宗赵佶所作的一幅画，画面为典型的文人酬应，内容包括游园、赋诗、奏乐、宴饮、戏马、观鹤，气氛热闹欢愉。

宋江起义有多大规模

　　一部脍炙人口的《水浒传》，将宋徽宗统治末年发生的一场农民起义描写得淋漓尽致，人物刻画生动形象，故事情节惊险感人。尤其是梁山好汉们的英雄气概，千百年来受到后人的称赞和敬仰。可是，据史家考证研究，在宋徽宗宣和年间，确有宋江其人及其领导的梁山泊起义，但不像《水浒传》所写的有一百零八将，也没有那么多生动的戏剧性场面，不过是场规模很小的起义，轻而易举就被宋朝廷镇压下去了，果真是这样吗？

　　北宋末年，由于宋徽宗骄奢淫逸、腐朽糜烂，朝廷大权都掌握在以蔡京、童贯为首的"六贼"手中，各级官吏贪污腐化成风，鱼肉百姓。

　　各地方政府更是趁火打劫，搜刮民脂民膏。为了增加收入，山东郓州官府在梁山泊周围设卡征税，无论是捕鱼的还是采藕的，都要按人头数交税，否则就要按照漏税的法令来施以重罚。即使遇上水旱灾害、百姓颗粒无收的情况，也不减免。

　　梁山泊是郓州（今山东东平）西南方环绕在梁山（今梁山县南）周围的一个大湖泊，形成于北宋时期。当时黄河两次决口，河水泛滥，注入这个本来就有的浅水滩，从而在梁山周围形成了一个方圆约八百里的大湖泊。生活在梁山周围的人，大都是以捕鱼、采藕和割蒲为生的贫苦农民，生活条件十分艰苦。

　　为了维持庞大的军费开支和向辽、西夏交纳"岁币"银帛，北宋政府宣布将整个梁山泊八百里水域全部收为"公有"，规定百姓凡入湖捕鱼、采藕、割蒲，都要依船只大小课以重税，若有违规犯禁者，则以盗贼论处。贫苦的农民与渔民交不起重税，长期积压在胸中的对社会现实的不满终于像火山一样爆发了。他们在宋江等人的领导下，铤而走险，武装对抗官府，凭借梁山泊易守难攻的地形，阻杀前来镇压的官兵。到宣和元年（1119年），这支农民队伍正式宣告起义。

史书记载，宋江起义军中有36个主要头领，所带领的起义军人数虽然不多，但是作战却很勇猛，常常避实击虚，屡次以少胜多，大败官军。起义军出没在青州（今山东益都）、齐州（今山东济南）、濮州（今山东濮县）、单州（今山东单县）一带，被朝廷称为京东贼。

宣和元年十二月，北宋政府曾经企图招安这支农民军，但是被宋江等人拒绝了。1120年冬天，北宋政府派曾孝蕴为青州知州，负责镇压宋江起义。在曾孝蕴所率军队的围追堵截下，宋江起义军被迫离开了梁山泊，向南发展。起义军在途中经过沂州时，与沂州知州蒋圆所带领的军队发生激烈战斗，不幸战败，继续南逃。

1123年，起义军到达了淮阳县（今江苏邳州市北），在那里再次发展壮大，并建立了革命根据地。此后，起义军向东北挺进，在沭阳县（今江苏沭阳县）与县尉王师心的官军

法国　禄是道　《中国民间信仰研究》插图

宋江是施耐庵所作古典小说《水浒传》中的角色，梁山一百零八将之一，排第一位。

清　任熏　水浒人物册页（部分）

任熏所绘《水浒传》人物神态肃穆，面部夸张，须髯细密，
衣纹飘逸，别具匠心。

部队发生了战斗，由于寡不敌众，后又仓皇逃走。据《宋史》等书中记载，当起义军从沭阳向海州（今江苏连云港西南）败逃时，不幸中了知州张叔夜在途中设下的埋伏，部队损失极为惨重。宋江就在这场战斗后，向张叔夜投降了，起义宣告失败。

不过，据现存的北宋大将折可存的《墓志铭》记载，折可存参与过镇压方腊起义的战争，班师回朝后，因功受到嘉赏，后来又被派到山东去镇压宋江起义，墓碑上说宋江是被他所捕获。

当然，现在已经说不清楚宋江是向张叔夜投降还是被折可存所镇压，但是不管怎么样，宋代是中国历史上发生农民起义次数最多的朝代，大大小小有数百次之多，宋江起义只是其中规模与影响都较小的一次，对宋朝廷没有构成多大的威胁。但因南宋时编印出版了《大宋宣和遗事》，把宋江起义史事演义化、故事化，明初又出现《水浒传》，将宋江起义故事描述得更加生动感人，因而使这次本来规模与影响都较小的农民起义产生了极大的影响，广泛流传于民间，以至家喻户晓，人人皆知。

杀害岳飞的真凶

"青山有幸埋忠骨，白铁无辜铸佞臣"，这是秦桧跪像背后岳飞墓阙上的楹联，上联写此地以能埋岳飞而感到有幸，下联写岳飞坟前以白铁铸造的秦桧夫妇像，二人日夜为人所唾骂。千百年来，人们都认为心怀报国之志的一代名将岳飞以莫须有的罪名被杀害，秦桧就是刽子手。而且从历史上看，似乎也确实是这样。不过究竟秦桧有没有最后下令杀死岳飞的权力？最后的诏命是高宗自己下的，还是秦桧矫诏呢？究竟谁才是杀害这位抗金英雄的真正罪魁祸首呢？

宋王朝是在五代武官专政、封建藩镇割据严重的局势下建立起来的，鉴于这种背景，所以北宋统治者在建国初期为维护赵家天下，制定朝代法度时，就分外地加强中央集权，尤其特别注意防止武官掌握大权，并且力主子孙们实行文治。

1127年靖康之变后，北宋灭亡，皇室的幸存者赵构在南方大臣的拥护下在南京应天府即帝位，建立南宋。偏安于江南一隅的南宋统治者苟且偷生，昏庸无能，根本没有光复中原的意思，令朝中的有志之士和人民大众失望至极。

但是，强悍的金军并没有就此罢休，常常南下发动进攻，企图将南宋王朝一举灭亡，于是历史上就有了千古传唱的岳飞抗金的英雄事迹。

自建炎三年（1129年）开始，岳飞就率领军队英勇抗击渡江南侵的金军，驰骋疆场十多年，大多数战役都是以少胜多，岳家军的威名响彻中原，当时在金兵中流传着这样的话，"撼山易，撼岳家军难"。令金兵闻风丧胆的岳飞，得到人民大众的深切拥护，其声望甚至超过了高宗。

按理说，朝中能有这样的旷世英雄，皇帝应该引以为豪才是，但是，岳家军声势的高涨，却令高宗寝食难安，为什么呢？

当初宋太祖赵匡胤就是被部下黄袍加身，一朝做了皇帝的，宋高宗每次想到这件事，就不禁心惊胆寒：万一岳飞势力逐渐壮大，像苗、刘杭州兵变时那样，将自己逼下位，那就要遭受灭顶之灾了，历史上这种武官夺权的教训实在是太多了。我们且不说高宗这时是否多虑，但就当时的事实而言，岳飞的影响力确实不断扩大，而且，十分显著的是，宋金双方的力量发生了明显的变化。由于在建炎四年（1130 年）至绍兴五年（1135 年），南宋各路将士奋勇杀敌，岳飞同时又派得力部下四处宣传联合抗金的主张，希望能团结一切可以团结的力量去抗金，这种做法使得抗金力量迅速壮大起来，河东、河北的义军豪杰联合成了一股强大的抗金力量。这样，金兵在北方的一举一动，都在抗金联合军的严密监视之下。这种情况是金国最勇猛的战将金兀术在北方起兵以来从来没有过的，使得他产生了一种强烈的挫败感。局势的发展，让兀术对岳飞和岳家

南宋　赵构　付岳飞书

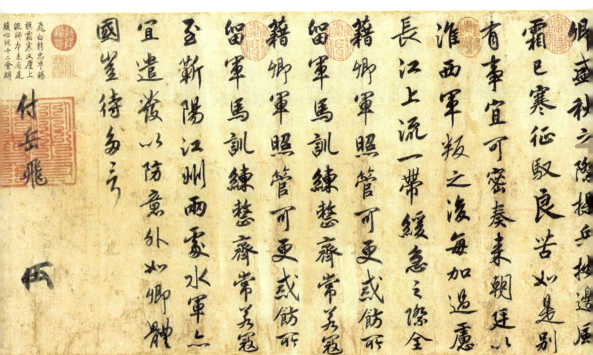

军感到恐惧。就连一向以善谋划著称的金军大将乌陵思谋，这时也命令部将不要轻举妄动，并且暗中准备投降。金军的统制王镇、统领崔庆、将官李凯等人干脆全都率领部下投降，大将韩常也打算带领其五万人马归降岳飞。

岳家军的壮大令高宗赵构坐立不安，生怕岳飞重演当年太祖"陈桥兵变"的一幕，夺了他赵家的江山。另外，岳飞日益扩大的兵势同样让他感到害怕，万一岳飞攻到金国救出宋钦宗，那他高宗的位子该摆在哪里？所以在高宗看来，让岳飞继续打下去，绝对不是明智之举。

在岳家军攻打开封西南的朱仙镇时，金兀术本来已经准备即刻退兵，避免与岳飞正面交锋。这时有个书生却劝说兀术坚守开封，他分析道：南宋朝廷奸臣当道，皇帝昏庸，朝中有秦桧这样的权臣，岳飞即便拥有神兵猛将，又怎么能够尽情施展才华呢？事实果然如其所言，没过多久，秦桧就作为宰相与金使议和，高宗也火速让岳飞班师回朝。

一心为国、破敌之意已决的岳飞，哪里肯班师回朝？秦桧就先将张俊等部撤回，让岳飞军陷入孤立无援的境地，并且岳飞在一天内竟收到了高宗十二道金牌。眼看着就要收复的江山又要拱手让人，"古今一撤使人哀"，这位名将不禁潸然泪下。

岳飞回朝后，就以谋反罪的罪名被逮捕下狱。金兀术趁势火速派人传信给秦桧，要求必须杀死岳飞才可议和。绍兴十一年（1141 年）十二月，宋高宗、秦桧以"莫须有"的罪名杀害了岳飞，时年 39 岁的抗金英雄含恨九泉。

据《宋史》记载：岳飞被赐死，岳飞的儿子岳云及张宪在闹市里被诛杀。这里所说的赐死，按一般的理解就是皇帝赵构下旨赐死的意思。因此，有人认为，武将出身且威名赫赫的岳飞是犯了高宗的禁忌，才最后被高宗下旨杀掉。

岳飞被赐死究竟是不是高宗下的诏书？秦桧是否是"奉圣旨"将岳飞杀死？这从高宗后来的行为里也能看出些许内容。绍兴二十五年（1155 年）秦桧病死后，基于民愤，高宗对秦桧的党羽都进行降黜，对受到秦桧迫害的人即行昭雪，可是几次昭雪都没有岳飞，直到绍兴三十二年（1162 年），孝宗继位后才为岳飞平反昭雪。这可以说明一个问题：事实上，秦桧不过是杀害岳飞的直接操刀人，而高宗才是背后主使，二人都是杀害岳飞的元凶。

气死金兀术，笑死宋牛皋

　　岳飞抗金的故事在民间广为流传，人们在为岳家军英勇忠诚、一心保卫大宋江山的豪情所折服的同时，更对其中之"气死金兀术，笑死宋牛皋"的故事情节津津乐道。传说金国大将金兀术骁勇善战，英勇无比，可是他却心胸狭窄，被宋朝岳家军将领牛皋的几句话就活活气死了。而牛皋气死了金兀术后，由于心情过于激动，大笑而亡。历史故事中的这段描绘可谓有声有色，在人物性格的刻画上可谓形象逼真，为后人赞叹。可是历史事实果真如此吗？牛皋其人其事如何？历史上金兀术真的是被牛皋气死的吗？

　　牛皋，字伯远，汝州鲁山人，刚参军的时候不过是个小小的射士。但牛皋作战勇敢，能征善战。他曾经率领少量部队成功地阻截金兵进到鲁山；曾经率兵三次都顺利地打败杨进贼党，使其溃不成军。经过这些激烈的战斗之后，牛皋的军事才能表露无遗，从此声名大振，累迁至荥州刺史，兼中军统领。

　　后来，在金军攻打京城西部的时候，牛皋率兵救援，因屡战屡捷被进一步加封为州团练使兼中军将领。没过几年，牛皋又因军功被封为卫大夫。牛皋深得朝廷器重，因而被派到岳飞手下做事。岳飞久闻牛皋大名，立刻表奏牛皋为唐、邓、襄、郢州安抚使等要职。此后，两人曾联手击败入侵襄阳六郡的金兵，又进兵洞庭湖，取得了一个又一个的辉煌胜利。牛皋与岳飞在战斗中结下了深厚的情谊，两人成为出生入死的好兄弟。

　　绍兴十二年（1142 年），秦桧以"莫须有"的罪名将岳飞杀害；绍兴十七年（1147 年），又借田师中之手设计下毒杀死了牛皋。田师中也是朝廷重臣，被秦桧所收买，在群臣参加自己的大寿宴会时，暗中给牛皋下毒，一代名将牛皋就这样被害死了。牛皋不是死在保家卫国的战场上，而是死在了所谓

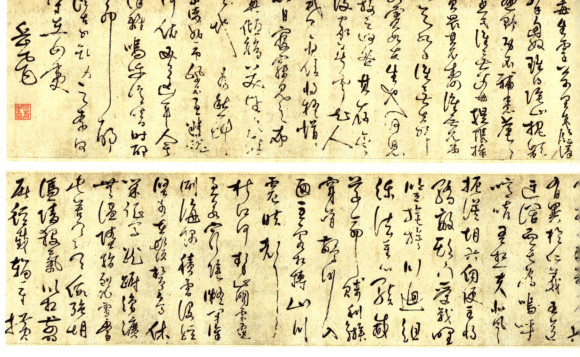

南宋　岳飞　草书《吊古战场》

岳飞所写草书《吊古战场》，相传碑文为岳飞书，唐朝李华作，南宋文天祥，清彭玉麟、德馨题跋。

的自己人手中，甚至是死在了自己所信任的人手里，他死得确实很窝囊。所以，传说中"笑死宋牛皋"这件事根本就不值一信。

既然笑死牛皋的事在历史上纯属乌有，那么，历史上是否又有气死金兀术一说呢？金兀术到底是怎么死的？据历史学家考证，所谓气死金兀术一说也不是真的。

据史料记载，金国将领兀术是在牛皋去世后一年才死去的，并且是得病而亡，算是寿终正寝。可见金兀术不是气死，更不是被牛皋气死。从辽国正史中所记载的金兀术生平事迹来看，这种说法也不过是空穴来风。

金兀术，金国将领，原名完颜宗弼，是金太祖完颜阿骨打的第四子。1125年，金军兵分两路，东路大军由完颜阿骨打的第二子完颜宗望带领，进攻太原，

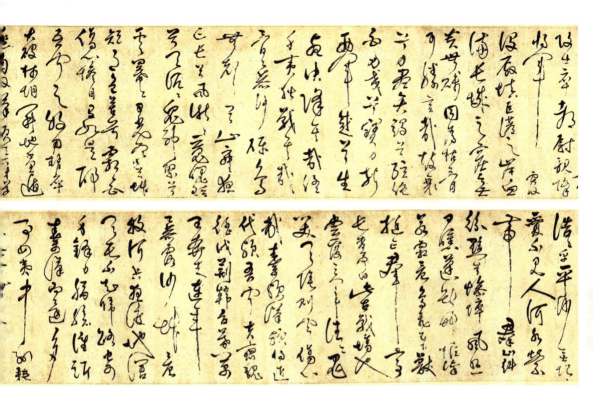

西路由完颜宗翰带领，直取东京。在出兵伐宋的金军中，金兀术随行在东路大军。金兵南侵时，金兀术率军攻打寿春，逼得南宋安抚使马世元率军出降，又在和州大破郑琼所率的宋军。渡过长江以后，这位金国大将军又击破了南宋大将杜充的马步军六万人，并最后迫使杜充投降。

　　这段时间，兀术率军接连攻陷了南宋的濮州、开德、大名、归德、寿春、庐州、和州、江宁、太平州、濠州、句容、溧阳、越州、明州等数十个州，还把南宋的开国皇帝高宗赵构赶下海去。然后，兀术又穷追不舍，将宋高宗从明州追到温州，又从温州下海，赶奔福州，差一点把宋高宗赵构生擒。这一段时期，可谓兀术事业的巅峰期。

　　1130年，金兀术在抵达镇江准备退回北方时，宋军将领韩世忠出现了。韩世忠的出现，无疑使金兀术遇上了克星。时任南宋浙西制置使的韩世忠领子弟兵八千，用船队扼守江口，有力地抵抗了金军，使其不能渡河。尤其是在黄天荡一战中，金兀术所率的金军因为不习水战，致使一向无敌的他屡战屡败。最后，黄天荡一役失败后，金兵不得不退回，此次金兵的大规模入侵宣告结束。

1140年，金兀术再次率兵南侵。这一次他遇到的抵抗更是前所未有，因为除了韩世忠外，岳飞与他的岳家军之威力让金兵闻风丧胆，这样，金国一举灭宋的企图迟迟不能得逞，战局也一直僵持不下。不仅如此，由于岳家军军纪严明，英勇无敌，到后来，战争局势竟向着有利于南宋的一方发展。

然而，在绍兴十一年（1141年）的除夕夜，宋朝廷以"莫须有"的罪名杀害了岳飞，不久，牛皋也被宋都统制田师中大会群臣时毒死。

1147年，金宋双方达成了历史上有名的《绍兴和议》，金宋南北各据一半，金宋之间以叔侄相称呼，这次战争也最终以金国的胜利而告终。

"绍兴和议"后，金兀术被金朝拜为太师，领三省事，都元帅、领行台尚书省事，受到金廷重用，次年病逝。

可见金兀术不是被牛皋气死的，"牛皋气死金兀术"的典故也只是民间的传说，并不是真正的历史。

贪生怕死的宋高宗

宋高宗赵构，一位政治上昏庸无能的皇帝，即使在他即位前后受尽了颠沛流离，却并未磨砺出他坚忍的意志，也未激发起他的任何斗志。他抛弃了父兄被掳、国土沦陷的国仇家恨和中原浴血奋战的军民，只为保全自己的身家性命，宁可忍受雪雨风霜。就是在逃跑途中，还时时不忘向金人割地乞和，以求得苟安。他一再派出使者前往金营，在国书中竟然自称"康王"，说自己未得金朝允许就登基称帝，实为大错，现在甘愿放弃帝位，向金朝称臣。但就是这位贪生怕死的皇帝，却在绍兴四年（1134年）金兵入侵时竟然御驾亲征，这是为什么呢？

1127年至1279年，是我国历史上的南宋时期。因当时只得南方半壁江山，京城在临安，故称南宋。

南宋第一个皇帝是宋高宗赵构，赵构是宋徽宗第九子，宋钦宗弟，即位前封康王。在靖康之变后，赵构南逃，靖康二年（1127年）五月，在南方大臣的拥立下于南京称帝，也就是南宋高宗，重建宋朝，改年号为建炎。

宋高宗即位后，起用抗战派首领李纲做宰相，令宗泽为开封知府，领兵进驻东京。宋高宗又起用黄潜善为中书侍郎，参与政务，汪伯彦同知枢密院事。

李纲提出十条抗金建国的建议，并主张宋高宗还都东京抗金。但朝中的主和大臣黄潜善、汪伯彦等人完全无视广大军民希望政府出兵抗金、收复失地的迫切要求，一再建议高宗率兵南逃，企图以割让土地来换取苟安。当时两河流域人民纷纷组织武装抗金，其中规模较大的有王彦领导的八字军，赵榛、赵邦杰、马扩领导的五马山义军，张荣领导的梁山泊水军，还有活动在山西、河北、陕西一带的红巾军，等等。因此，李纲提出用两河义军收复失地，宋高宗、黄潜善、汪伯彦等投降派却视两河人民抗金武装为仇敌，称之为"盗贼"。黄、

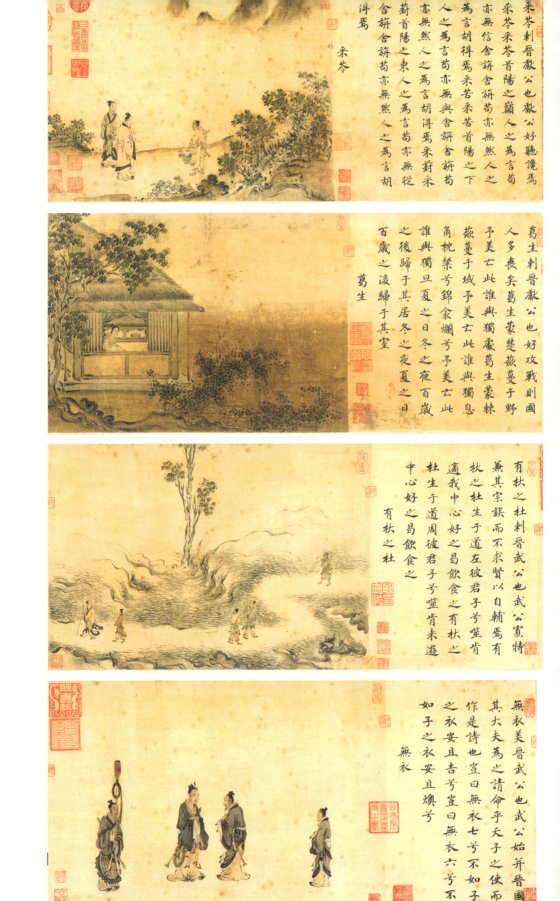

采苓剌晉獻公也獻公好聽讒焉
采苓采苓首陽之巔人之為言茍
亦無信舍旃舍旃茍亦無然人之
為言胡得焉采苦采苦首陽之下
人之為言茍亦無與舍旃舍旃茍
亦無然人之為言胡得焉采葑采
葑首陽之東人之為言茍亦無從
舍旃舍旃茍亦無然人之為言胡
得焉

采苓

葛生剌晉獻公也好攻戰則國
人多喪矣葛生蒙楚蘞蔓于野
予美亡此誰與獨處葛生蒙棘
蘞蔓于域予美亡此誰與獨息
角枕粲兮錦衾爛兮予美亡此
誰與獨旦夏之日冬之夜百歲
之後歸于其居冬之夜夏之日
百歲之後歸于其室

葛生

有杕之杜剌晉武公也武公寡特
無其宗族而不求賢以自輔焉有
杕之杜生于道左彼君子兮噬肯
適我中心好之曷飲食之有杕之
杜生于道周彼君子兮噬肯來遊
中心好之曷飲食之

有杕之杜

無衣美晉武公也武公始并晉國
其大夫為之請命乎天子之使而
作是詩也豈曰無衣七兮不如子
之衣安且吉兮豈曰無衣六兮不
如子之衣安且燠兮

無衣

马和之《唐风图》用生动的艺术形象给予了丰富的诠释。宋高宗所书笔法端雅淳厚、涵永隽秀。

鸨羽刺时也昭公之後大乱五世
君子下从征役不得养其父母而
作是诗也肃肃鸨羽集于苞栩王
事靡盬不能蓺稷黍父母何怙悠
悠苍天曷其有所肃肃鸨翼集于
苞棘王事靡盬不能蓺黍稷父母
何食悠悠苍天曷其有极肃肃鸨
行集于苞桑王事靡盬不能蓺稻
梁父母何尝悠悠苍天曷其有常
鸨羽

羔裘刺时也晋人刺其在位不恤
其民也羔裘豹祛自我人居居岂
无他人维子之故羔裘豹袖自我
人究宪无他人维子之好
羔裘

杕杜刺时也君不能亲其宗族骨
肉离散独居而无兄弟将为沃所
并尔有杕之杜其叶湑湑独行踽
踽岂无他人不如我同父嗟行之
人胡不比焉人无兄弟胡不佽焉
有杕之杜其叶菁菁独行睘睘岂
无他人不如我同姓嗟行之人胡
不比焉人无兄弟胡不佽焉
有杕之杜

绸缪刺晋乱也国乱则昏姻不得
其时焉绸缪束薪三星在天今夕
何夕见此良人子兮子兮如此良
人何绸缪束刍三星在隅今夕何
夕见此邂逅子兮子兮如此邂逅
何绸缪束楚三星在户今夕何夕
见此粲者子兮子兮如此粲者何
绸缪

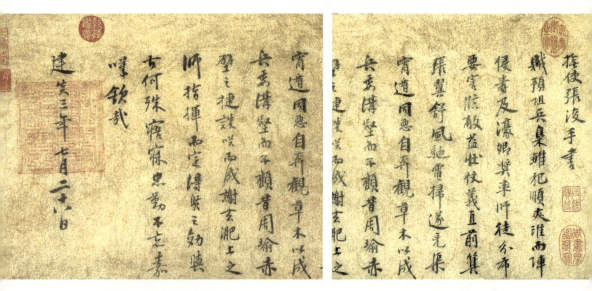

南宋　赵构　宋高宗勅张浚手书

张浚曾部署沿江、两淮诸军防御，并谋求北伐。淮西军变后引咎求罢。秦桧及其党
羽当权时，谪居十余年。

汪还极力排挤打击李纲，李纲当了75天宰相后就被罢免。太学生陈东、进士
欧阳澈上书，说李纲不可罢，黄、汪不可用，宋高宗竟将陈东、欧阳澈斩首。
李纲被罢相，由李纲起用的抗战派将领张所、傅亮也被罢免，所有抗金措施全
被废除。

　　南宋的退让并不能避免金兵的铁蹄，反而使得金军得寸进尺，挥师南下，
掠取了宋朝的大半江山。

　　大敌当前，宋朝的很多将领为了保全自己的性命，纷纷变节投降。建炎四
年（1130年），时任济南府知府的刘豫投降了金军，并在金国的扶植下建立
了以北京（今河北大名）为都城的伪齐政权，替金国管辖着黄河以南和陕西地
区。伪齐政权招降纳叛，到处镇压抗金活动，给南宋造成了很大的威胁。

　　绍兴四年（1134年），岳飞收复了被伪齐占领的襄阳等地，刘豫于是请
求和金人一起联兵南侵。金齐大军分兵南下，南宋政权又一次陷入危机之中。
偏安东南一隅的宋高宗，本来不想和金兵发生冲突，可是转眼之间敌人已打到
家门口，已经来不及逃跑。

眼看着金军临近都城，焦急万分的高宗执意要赵鼎担任宰相。

原来赵鼎也是举朝闻名的主战派。靖康年间，当金提出索要宋北方三镇时，赵鼎力主土地不能轻易割与他人。现在，赵鼎看到高宗态度诚恳，只好听从了高宗的任命，出任尚书右仆射兼知枢密院事。

从当时的形势来看，随着金军攻势越来越强，宋军的士气越来越低落，原有的战斗力根本发挥不出来。赵鼎认为该问题解决的关键在于南宋朝廷的态度。如果朝廷坚持抵抗，众志成城，金兵定会遭到挫败；如果朝廷犹豫不定，朝令夕改，使得人心涣散，那么就会屡战屡败。因此，他建议高宗"御驾亲征"，以显示朝廷抗金态度之坚决，鼓舞全国军民的士气。赵鼎又对敌我双方的情况进行了分析，他认为，虽然这次金兵与伪齐联合入侵，人数众多，但不过是些乌合之众，并不可怕，只要稍受宋军顿挫，便会溃败而散。

赵鼎的分析入情入理，当时又传来韩世忠在扬州大破金兵的捷报，高宗也就没什么害怕的了，决定下诏亲征。

前线将士听说皇帝要御驾亲征，精神振奋，士气大作。可是赵鼎还是担心高宗中途变卦，于是建议高宗起用张浚宣抚江、淮、荆、浙、福建，由张浚募集各地的兵马，前往杭州充实兵力，确保高宗亲征万无一失。经过赵鼎的周密安排，高宗亲率大军到达平江。

高宗下诏命令各路官军和起义军声讨刘豫，并且还说要亲自渡江指挥作战。听闻皇帝的命令，前线将士群情激昂，纷纷表示要把敌兵驱逐出去。赵鼎见目的已经达到，就上书给高宗说："因为敌兵远道而来，不要马上开战，而是坚守阵地，耗尽敌人的力量。还有刘豫只是派其子出征，无须皇上与之对阵，所以陛下也不必亲自渡江了。"高宗正在十分担心自己的安全的时候，还正盼望着有一个解脱自己的理由呢，听了赵鼎的话，赶紧指示官兵伺机出击，自己则打道回府。金兵见这次宋军防备甚严，准备后撤，赵鼎下令各路兵马一齐出击。金军措手不及，仓皇败走，宋军乘胜追击，收复了大片失地。

胆小怕死的宋高宗，是在不得已之下勉强同意"御驾亲征"的，但就是这个"不得已"，在某种程度上却也起到了鼓舞士气的作用。

南宋群臣死守崖山

祥兴二年（1279 年）二月，南宋残军与元军在新会崖门海域展开了一场历时 20 多天的大海战，双方投入兵力 50 余万，动用战船 2000 余艘，最终宋军全军覆没，战船沉没，海上浮尸 10 万，并给南宋王朝画上了句号。但是，南宋群臣死守崖山、忠诚报国之心感天动地。

南宋末年，凶悍的元军一路南下，直逼临安。谢太皇太后、全太后与年仅 3 岁的恭帝因无力抵抗拱手投降。尽管南宋已经回天无力，但是南宋末年那些有骨气的大臣们仍然率领部下做着顽强的抗争。

元军一路杀来，攻打扬州城，但是攻了很久都没有得逞，元军于是拿出谢太皇太后的诏书，命令镇守扬州的大将李庭芝、姜才向元朝投降。李庭芝回答说自己只知道奉诏守城，从来没听说过要奉诏投降。后来，在全太后北上经过扬州时，元军又让全太后命令李庭芝和姜才投降，但是李庭芝和姜才接到全太后的谕旨后也不答话，仍旧命令士兵放箭，当场射死了招降而来的使者，其他人见状，都狼狈逃走了。随后，他们想夺回全太后和皇帝恭帝，于是又带着四万人出城袭击元军，无奈敌强我弱，最终失败，返回扬州城里。

元军主帅阿术亲自派姜才原来的好友前去劝姜才投降，姜才表示宁可死掉，也不做投降的将军。后来，元世祖忽必烈又派人招降李庭芝，李庭芝不仅把使者杀死，而且烧掉了元世祖的招降诏书。

看到李庭芝和姜才都不肯投降，元军派大军将扬州团团围住，连着几十天攻城。时间一久，城里的粮食断绝了，李庭芝和姜才就跟士兵一起煮牛皮等东西吃。尽管这样，扬州军民仍然在继续抵抗元军的进攻。后来，端宗在陆秀夫和张世杰的拥立下在福州即位，急令李庭芝和姜才带兵前去保卫福州，二人这才离开扬州前往福州，不料在走到泰州的时候被元军包围，李庭芝、姜才被元军俘虏，为国捐躯。

元军逼近福州，陆秀夫、张世杰见福州守卫不住，就护卫着端宗和他的弟弟，沿海往南逃到了广东。身体虚弱的宋端宗，因受不了这种艰苦的生活，不久就病死在广东砜州。

当元军打到兴化时，元朝统帅劝守卫兴化的宋将陈文龙投降，可是陈文龙却两次杀死元军派来招降的人。

端宗病死后，陆秀夫和张世杰又拥立端宗的弟弟为卫王，继续进行抗元斗争。卫王任命陆秀夫为左丞相，专门掌管文事；张世杰为枢密副使，专门掌管军事。可是，元军又跟着打到了广东。当时，张世杰和陆秀夫认为砜州只是个小岛，无法长期固守，就护卫着卫王来到新会的崖山，他们打算在那里建立根据地，收复失地，恢复宋朝。他们首先进行了一系列准备长期战斗的工作：征集粮食，修筑工事，建造兵船，还招兵买马，训练军队。

可是，元将张弘范很快就率军攻打到了崖山附近。张弘范到达崖山之后，立刻派兵封锁海口，切断了宋军砍柴、打水的通道。由于崖山也是一个不大的岛，岛上的一切都得靠大陆和海南岛运送，现在元兵切断了大陆的供应线，宋

陆秀夫像

陆秀夫辅弼幼主驻军崖山抗元，不幸战败，驱妻、子入海后，即怀揣玉玺，负帝壮烈投海。

宋端宗像

南宋第八位皇帝，他是宋度宗的庶长子，宋恭帝的长兄，在位时间仅两年。

军没有淡水喝，只能吃干粮，实在没有办法，就只有舀海水解渴。海水又咸又苦，根本不能喝，喝了就得病，因此许多人病倒了。张世杰随后带兵攻打新会，想夺回海口，但大战几天都没有取胜。

祥兴二年（1279 年）二月，张弘范率元军攻打崖山，由于士兵大都生病，张世杰的军队很快就战败了。元军登上了崖山，张世杰只有和陆秀夫等保护着卫王和他的母亲杨太妃，乘上早已准备好的船撤退。元军紧追不舍，把宋军的船队冲散，陆秀夫看到元军近在眼前，不愿意被元军活捉，就含泪背起小皇帝，跳进了茫茫的大海。而张世杰和杨太妃坐的船，也由于遇上飓风翻了船，他们一起被淹死。南宋王朝彻底灭亡了。

北宋　曾公亮、丁度　《武经总要》配图　此图为宋代投石机。

宋军战斗力与军马品种

　　一个部队战斗力的强弱，与部队军事武装力量有着至关重要的联系。火力强自然会在战场上占据优势，使对方处于不能反击的状态，取胜是自然而然的事情。两宋时期是中国历史上有名的军事衰弱时期，究其原因，从古至今也是众说纷纭，如政策重文抑武、临战授图、将从中御等，更有甚者认为与宋军军马品种也有一定的关系，这到底又是怎么一回事呢？

　　对宋史有一点了解的人都知道，两宋时期是我国历史上有名的军事衰弱时期。宋代的国防形势从建朝初期就不容乐观，当石敬瑭将燕云十六州割让给契丹时，中原王朝便失去了北方有力屏障，使得北方的骑兵可以长驱直入中原地区。而且从安史之乱之后，中原丧失了辽东、甘凉河套、河西走廊等产马良地，这也就意味着宋朝已经失去了建立强大骑兵的物质条件。从宋真宗到南宋灭亡这280余年的时间里，宋朝的军队尽管数量很多，但是在对辽、夏、金等国的战争中却屡遭失败，其战斗力下降到了历朝中空前衰弱的程度。究其原因，众说纷纭，如政策重文轻武、皇帝懦弱、没有良好的屏障掩护、缺乏优良马匹来源等。其实单从军队本身来看，宋朝就存在着很大的问题。

　　纵观宋军的战争史可以发现，除了北宋和南宋在开国初期这两段时间外，数量占据上风的宋朝军队在战场上被少数敌人击败的例子可谓不胜枚举，这说明宋朝军队在大部分时间内战斗力都是非常糟糕的，其原因也是多方面的。首先从军队的编制特点上说一下。

　　宋朝军队的编制特点是骑弱步强。宋朝的马匹体形较小，一般在1.36米左右，并不是大马的标准。据记载，韩世忠曾向宋高宗献过一匹马，此马"高五尺一寸，云非人臣敢骑"，马高约1.58米，这在当时已是宋朝罕见的大马了。

宋　赵伯驹　六马图　　此画中马匹形态各异，栩栩如生。

正因如此，有人说宋朝军队战斗力衰弱是因为军马品种较劣的缘故。这可能是一方面原因，最主要还是宋朝军马数量偏少。宋军中骑兵只占七分之一的比例，而骑兵中也并非人人有马。如刘光世军五万二千人，仅有三千多匹战马，可知宋军缺马现象已是十分严峻的问题。而西夏、金和蒙古的骑兵平均每人两匹马，这便使得他们有资源可以对中原策马扬鞭，长驱直入，即使失败了，随时都可以重整队列，卷土重来。然而，以步兵为主的宋军则与之匹敌不了。由于缺少军马，更是没有骑兵，这注定了宋军在军队战斗力上处于衰弱的地位。

但是这并非战斗力衰弱的主要原因，宋军在军事制度上也存在着很多的缺陷。第一，宋朝基层军人的社会地位低下。从唐朝初期到中叶，实行的都是府兵制，军人是作为国家基础的自耕农民，没有被歧视的意思。可是唐末至宋，就开始以募兵制为主，再加之宋朝是一个重文轻武的朝代，军人的地位逐渐下降为可被将领随便役使差遣的人员。所以说宋朝士兵普遍是被人们看不起的，要让这些人卖命为朝廷打仗，实在是有一定的难度。第二，宋朝的募兵制在招募对象上也没有严格的要求，其招募的大多数是一些市井流氓、强盗，还有就是会从灾民、流民中间大量募兵，以此来消除民间暴动的隐患。《续资治通鉴长编》卷六十七中有云："（景德四年）选殿前司龙骑卒材勇者隶龙猛。先是，此军十三指挥皆募强盗以充，时寇贼希少，故议并省。"这种做法虽然在一定程度上减少了百姓起义暴动的危险，但从长远意义上来看，也给宋朝军队带来了战斗力下降等严重问题。再者，由于宋朝政府不考虑已有的军队数量，只是无限制地募兵，导致军队数量激增，造成了军费的巨大开支。《文献通考》中记载："吏以所募多寡为赏罚格，诸军子弟悉听隶籍，禁军额员多选本城补填，故庆历中内外禁、厢军总一百二十五万。"第三，由于军队数量庞大，导致朝廷对军队素质的忽视，使得宋朝在军队的训练和纪律管理方面存在着很大的疏漏。军队在招募之后，没有对其进行严格的训练和严明纪律，所以也导致宋朝军队严重的腐败现象。

宋代军队在编制上，实行禁军和厢军两级体制。其中禁军是正规军，主要负责作战任务。厢军名义上是军队，实际上只从事工程、运输等后勤工作，有时还会担任杂役。所以宋朝厢军和地方民兵等军人的作战能力可想而知。宋朝从一开始，就使军事制度走入了歧途，统治者一直都想借此来维护自己的封建统治地位，可惜这种错误的理念却导致了宋朝难以挽回的政治结局。

在这样的背景下，宋朝的对外战争屡战屡败，有时连国内数十人的农民起义，也常常会让宋王朝的军队乱了阵脚。其结果就是使金军的部队南下击垮了北宋，元军将南宋江山践踏于马蹄之下。对军队建设的疏忽和军事制度的错误长期熟视无睹的宋王朝，不仅没有让军队保住自己的统治地位，反而连江山也失去了。所以说，宋朝军队战斗力衰弱并不是军马品种劣等原因造成的，而是有着诸多因素。

童贯为何能当上最高军事统帅

太监一向给人的感觉都是为人和善，善于揣摩主子心思的人。但是他们一旦在朝中独揽大权，就开始变得专横跋扈，十分毒辣。比如宋徽宗时期的大太监童贯，就是一个权倾朝野，独揽北宋军政大权的人。他曾经残酷镇压过方腊起义，也指挥过对西北少数民族的战争，还曾用15万精兵与金朝合作夹击辽国，他是宋朝宦官中唯一当过全国军队最高军事统帅"枢密使"的人。那么这个大宦官为何能成为宋朝最高军事统帅呢？

北宋权宦，"六贼"之一的童贯是一个充满传奇色彩的人物。在他的一生当中，为自己也为中国开创了几项历史之"最"，可以说是中国历史上迄今为止无人能够打破的纪录：童贯是中国历史上掌控军权最大的宦官；是中国历史上获得爵位最高的宦官；是中国历史上第一位代表国家出使的宦官；是中国历史上唯一一位被册封为王的宦官。

童贯之所以会成为最高军事统帅与宋朝的军队领导体制有着很密切的联系。宋朝的军队体制与别朝不同，宋朝的宦官可以统领官兵征战沙场。这是宋朝在建立初期为了吸取唐末五代武将拥兵自重引起叛乱的历史教训而采取的相应措施，采取利用文臣统兵的军事领导体制。由于宋太祖赵匡胤曾有"不用南人为相，不以内臣掌兵"这样的祖训，所以在北宋前期，宦官担任的是军队监军一职，主要负责窥探主帅的一些活动，让君王对主帅的动向有所了解。到了北宋中期，由于文臣优柔寡断，懦弱的性格，对军队领导的欠妥，导致宋朝军队出现严重衰弱的现象，严重影响了军队的战斗力。如宋仁宗时期的文臣陈执中任枢密使一职，当时面临元昊的反宋行为，他却不知所措，无言以对，"帝数问边计，不能对"。拥有这样的军事领导者实属国家和人民的不幸。但是宋

任六角贼

选自《帝鉴图说》，六贼分别是蔡京、童贯、王黼、梁师成、朱勔、李彦，基本都是宋徽宗时期重要的大臣。

朝君主为了保全自己的皇位不受侵害，一直都不愿改用武将统兵的制度，于是便开始发展运用宦官成为军队统帅。在北宋宋神宗时期，宦官开始在军事上崭露头角，由幕后走到了台前，直接参与军队指挥。到北宋后期，宦官开始掌管全国的军政事务，其中最为著名的人物便是宋徽宗时期的宦官童贯。

童贯生性巧媚，深谙皇帝的心思，在徽宗即位后，他更是如鱼得水，使出浑身解数，为皇上搜罗古玩字画，用尽心机讨得风流天子的欢心，从此开始平步青云，徽宗更是让他掌管很多朝中之事。童贯还结交宫中的妃嫔，网罗朝中的各类官员达数百人。这些官员和嫔妃经常在徽宗面前说尽童贯的好话，这使得童贯在朝中的地位更加稳固。

童贯与蔡京的内外勾结为他的发达提供了更有利的条件。众所周知，徽宗酷爱艺术，他在位期间，在杭州设立了专门为自己搜罗古玩字画的明金局，并让童贯掌管。童贯在杭州掌管明金局时，认识了擅长书法的蔡京。由此，蔡京的作品也就源源不断地流入到宫中，蔡京的作品深得宋徽宗的赏识。蔡京后来被重用，应该说童贯也是出了很大力的。他们二人的关系从此也开始密切起来，二人经常朝内朝外，互相勾结起来剥削压榨百姓，弄得民不聊生，童贯也被称为"六贼"之首。宋朝的民谣中唱道："打破筒（童），泼了菜（蔡），便是人间好世界。"此民谣深刻反映出百姓对此二人的憎恶之情。

童贯不但在朝政上多加干预，而且也获得了一定的军功资本。1102年，蔡京担任宰相，极力主张攻打青唐（今青海西宁），并且推荐童贯担任军队的监军，徽宗同意了出征的请愿。幸运的是，此次出征节节大胜，童贯也因此被升任景福殿使、襄州观察使。此后，童贯又多次带兵出征，征讨青羌等部落屡获战功，从此官职更是节节攀升。但据记载，童贯在西北与夏作战之时，曾隐藏过多次战败和将士阵亡的消息。报喜不报忧的做法终于使他升到了他梦寐以求的开府仪同三司，签书枢密院事，成为全国军队最高统帅。《宋史》记载，因为蔡京、童贯等人贪得无厌地压榨百姓，赋税严重，终于使得百姓忍无可忍。宣和二年（1120年）十月初九，农民方腊假托"得天符牒"，聚集贫苦农民起义。童贯率领众兵残酷镇压方腊起义，并收回了燕云之地。看似军功赫赫，但实际上却是童贯用了很大的代价换回六座空城而已，而且每年还要向金朝交纳一百万的税钱。然而童贯就是这样厚颜无耻地向徽宗上表邀功，昏庸的皇帝更是封童贯为广阳郡王。

就这样，通过多方面的努力，童贯，一个宦官，终于成为宋朝的最高军事统帅，这在宋朝历史上也是绝无仅有的一件事情。这样一个"大英雄"，在 1126 年金军南侵之时，却在太原前线被吓破了胆子，置全城军民安危于不顾，自己仓皇逃回了东京。此后，童贯也不接受新上台的宋钦宗让其指挥抗金的诏命，最终被宋钦宗以"十大罪状"的罪名处死在贬官的路上。掌控了西北和全国兵权 20 余年的童贯，给宋朝的军事带来了难以弥补的缺憾，更对北宋王朝的最终灭亡负有不可推卸的责任。

 ▶ 宋　赵佶　听琴图

画中以宋徽宗为中心，身为君主的徽宗弹琴，臣下专心聆听，也意味着帝王的道德之音被臣下接收而遵行。有专家考证其中红衣者为六贼之蔡京，青衣者为童贯。

吟徵調商竄下桐
松間疑有入松風
仰窺低審含情客
以聽無絃一弄中
臣京謹題

藏在古画里的大宋史

提起赵宋，提起东京汴梁，我们不禁会想起张择端的《清明上河图》，想起柳郎"寒蝉凄切"的《雨霖铃》和最终招来金兵的那首"倾国倾城"的宋词——《望海潮》。从中我们不难想象这诗人笔下的"花花美景汴梁城"，并且对陈寅恪先生"华夏民族的文化，历数千载之演进，造极于赵宋之世"的评价体会有加。同样，在文化领域中，宋朝也是一个群星荟萃的时代，至今"宋词"在我国文化史上还占有非常重要的地位。

第六章

经济文化：稻花香里说丰年

自古以来，才子佳人式的爱情故事总是为人们所津津乐道，但陆游和唐婉的爱情除外。陆游 12 岁娶了自己的表妹唐婉为妻，两人相敬如宾，但这段爱情却以陆游的一纸休书宣告结束，此后二人又各自组建家庭。陆游为何要休唐婉呢？难道是陆游移情别恋了吗？

南宋时浙江的绍兴叫作山阴，那里有一座沈园。传说从前沈园的粉壁上曾题有两阕《钗头凤》，第一阕是南宋大诗人陆游所写，第二阕是陆游的前妻唐婉所和，这两阕词是这样的：

> 红酥手，黄縢酒，满城春色宫墙柳。
> 东风恶，欢情薄，一怀愁绪，几年离索。错，错，错！
> 春如旧，人空瘦，泪痕红浥鲛绡透。
> 桃花落，闲池阁，山盟虽在，锦书难托。莫，莫，莫！

> 世情薄，人情恶，雨送黄昏花易落。
> 晓风干，泪痕残，欲笺心事，独语斜阑。难，难，难！
> 人成各，今非昨，病魂常似秋千索。
> 角声寒，夜阑珊，怕人寻问，咽泪装欢。瞒，瞒，瞒！

这两阕词虽然出自不同人之手，却有着相同的无奈与哀怨，因为它们共同诉说着一个凄婉的爱情故事。

陆游约 12 岁时，与表妹唐婉结为夫妻。陆游天资聪颖，又在 18 岁时师从曾几，因此写得一手好诗。唐婉虽然身为女人，却也爱好诗文，两人志趣相投，琴瑟相和，可谓才子佳人，天作之合。然而，陆游的母亲却并不喜欢这儿媳，她更看重王家女儿端庄贤淑，于是一定要儿子休掉唐婉重新娶妻。陆游不愿休妻，但又不能违抗母命，只得不情愿地写下休书，骗过母亲。然后暗地里置了一所宅子让唐婉居住，暗中与其幽会。然而纸包不住火，不久这座宅子就被陆母查到，至此，陆游也只得与唐婉挥泪告别，之后与王氏成亲。而唐婉则与本地一个名叫赵士程的大户子弟成亲。

10年后，陆游被秦桧罢黜，因心情烦闷，暂时回到家乡闲居。在暮春的一天，陆游在故乡禹迹寺南的沈家花园，刚好碰到了唐婉与赵士程前来游玩。陆游看到唐婉，一时间所有的前尘往事涌上心头，百感交集，无限怅然，于是提笔写下了千古爱情名篇《钗头凤》。唐婉见了陆游的题诗，心中也是无限感慨，想当年若不是陆母的一再坚持，也许今日与自己同游沈园的是陆游也说不定，如今看看这变化无常的世事人情，心情久久不能平静，于是在陆游题诗处又和了一首《钗头凤》。

唐婉回去后就卧病不起，整日以泪洗面，没过几日，就撒手人寰了。这一幕婚姻悲剧，同样给陆游也带来了难以抚平的伤痛，虽然时过境迁，陆游依旧多次写诗

清　历代名人画像谱　陆游像

陆游是南宋文学家、史学家、爱国诗人。

来抒发自己心中的伤痛。后来，陆、唐二人的这段故事又被人写成《沈园遗恨》《题园壁》等古戏曲流传了下来。

看得出来，陆游和唐婉之间情深义重，若不是陆母强逼儿子休妻，后来的爱情悲剧就不会上演。作为一名母亲，陆母肯定是爱自己儿子的，那她为什么还要棒打鸳鸯呢？

宋代的一位文人陈鹄曾在他的著作《耆旧续闻》里提到过陆游与唐婉的事，但他仅仅说到唐婉不被陆母喜爱，至于为何不被喜爱就不得而知。不过，翻开宋朝的另外一位文人刘克庄的《后村诗话续集》，我们从中能找到一些答案。刘克庄认为，陆母主要是不满于儿子与儿媳儿女情长，荒废了学业，担心这样下去无法建功立业，于是逼儿子休掉了唐婉。这一说法得到了另外一位文人周密的认同。

除了上面的说法之外，还有一种流传较广的说法——有人说是陆母"弄孙"心切，而唐婉婚后一直不育，再加上有居心不良的人在陆母耳边吹风，于是最终就有了陆母逼子休妻的事情发生。这种说法并非没有依据，在陆游《剑南诗

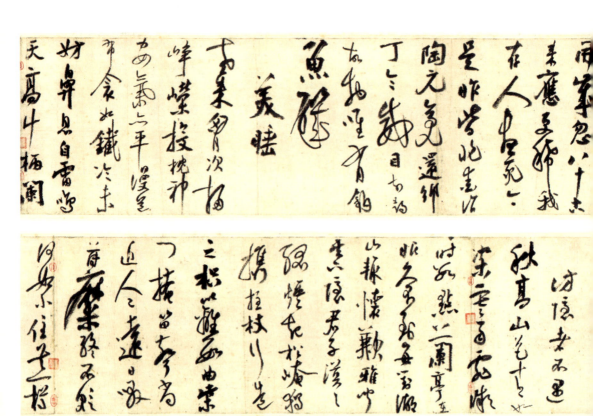

稿》里《夏夜舟中闻水鸟声甚哀若曰姑恶感而作诗》一诗中就有这样的诗句："所冀妾生男，庶几古弄孙，此志意蹉跎，薄命来谗言。"有人因此推测说这是陆游在说明，他与唐婉分手的原因，是由于母亲蛮不讲理，她想要抱孙子，而唐婉又没有生育，所以陆母才逼着陆游休掉她。这个理由似乎比较充分，古人有"不孝有三，无后为大"的说法，陆母以唐婉不能生育而干预陆、唐二人的婚姻似乎很正常。然而仔细推敲一下我们就能发现并非如此，因为此时陆游、的长兄陆淞的儿子陆绛早已出生，而且陆、唐二人结婚时间不长，陆母应不至于因为这个理由就让一对恩爱夫妻分开。

综合来看，似乎只有陆母怕儿子沉湎于儿女情长而荒废仕途的说法较为可信。因为陆游的父母对他的管教一直都非常严厉。唐婉在与陆游成婚后，每日只是与他吟诗作对，从不劝丈夫博取功名，如此一来，陆游的父母自然看不下去了，他们为了儿子的前程着想，只有令儿子休掉唐婉。

南宋　陆游　自书诗

诗为陆游回忆 50 岁左右在成都做参议官时的生活情景，是陆游诗书俱佳的代表作品。

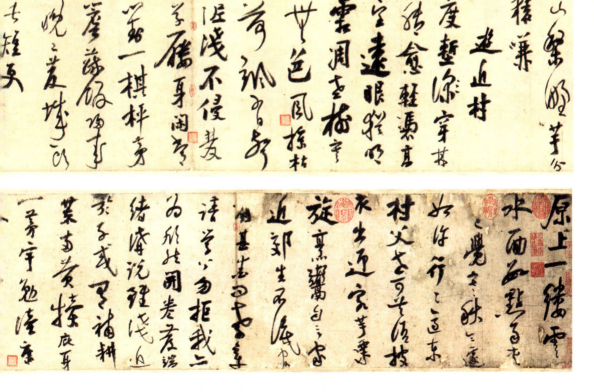

《清明上河图》描绘的季节

《清明上河图》是我国的十大传世名画之一，画中主要表现的是北宋时期的民俗风情，真实地记录了当时的城市生活面貌。关于这幅画，自古以来都有着很多的谜团，如画中所描绘的到底是哪个季节发生的事情？"清明"两字代表的是什么？"上河"又是什么意思呢？特别是第一个谜团，有人认为从画上的情景来看，当时的季节看起来既像春季，也像秋季，那么到底是哪个季节呢？

北宋著名的《清明上河图》是我国古代风俗画的杰出代表，也是我国古代艺术遗产中的伟大作品之一。自问世以来，它就受到了上至皇帝、下至文人学士的称赞。在几百年的时间里，《清明上河图》历经重重劫难，最终得以保存下来。然而，面对这样一幅名画，我们却始终无法知道上面的景色究竟是春天还是秋天的，这到底是怎么回事呢？

在《清明上河图》这幅5米长的大画卷上，栩栩如生地描绘了当时的都城汴京的热闹情景。当时汴京城的人口大约为100万，商业极为繁荣，街上商店林立，可以看到有许多买卖东西的人。在这幅画中描绘了各色人物共一千多个，全方位地表现了当时汴京城的繁华景象。

自此画问世以来，至20世纪80年代，人们都认为画中所描绘的季节为清明时节。元代杨准曾说明此画卷题签的是宋徽宗赵佶，并盖有小印。明朝李日华在其《味水轩日记》中记载，此画卷不但有宋徽宗的瘦金体题签、双龙小印，并且有他的题诗，其中有"如在上河春"之句。明人李东阳也在一首跋诗中写道："宋家汴都全盛时，四方玉帛梯航随。清明上河俗所尚，倾城士女揭童儿。"这些都说明，在很长一段时间里，人们都认为画中所描绘的是清明时节的景色。

在近代艺术史家中，郑振铎、徐邦达、张安治等学者也是这样认为的。郑振铎先生说："时节是清明，也就是阴历三月份，许多树木还是秃枝光杈，叶子还没长出来，天气还有点凉意，但是冬天已经过去了。"张安治先生在其《中国古代美术介绍丛书·清明上河图》一书中，也肯定此画是描绘"在清明节这一天城郊人民种种活动"，因为画面上描绘了"一些清明的风俗，如上坟、探亲、轿上插柳枝、大店铺装饰了'彩楼欢门'等"。

但是1981年，关于画中所绘的场景为清明节这一天的说法受到质疑，在《美术》第二期上刊载了孔易宪先生《〈清明上河图〉的"清明"质疑》，他第一个对画中描绘的是清明节提出异议。孔易宪特别就画面中所描绘的内容提出了八点质疑。

第一，在画卷的开始部分，画有一队小驴驮着木炭从小路走来。"这是画家首先告诉读者，这是秋天，冬日不久来临，这些木炭是东京准备过冬御寒用的。"只有在秋季营运冬季货物才比较合理，如果是春天，在时间上来说太早了，不符合规律。

第二，画面有一农家短篱内长满了像茄子一类的作物，赵太丞家门口的垂柳枝叶茂盛，有的画面上还出现了光着上身的儿童，这些都不可能在清明时节出现。

第三，画面中有乘轿、骑马者带着仆从的行列，看起来好像是上坟后回城。但孔文分析了拿着扇子、光着膀子等人物形象之后认为，"这群人虽然有上坟扫墓的可能，倒不如说他们是秋猎而归更恰当。因为，上坟四季都有可能，就插花而言，春、秋二季都能解释得通。从画面种种现象来看，说是秋季更符合实际些"。

第四，画上有好几个持扇子的人物形象，除个别上层人物有可能用扇子表示风雅外，一般群众持扇应该说是夏、秋季节用于驱暑、驱蚊。如果这幅画卷画的是清明时节，根本就没有必要拿扇子了。

第五，草帽、竹笠在画面上多处出现。孔易宪认为"草帽、竹笠是御暑、御雨的东西，图中既不下雨，这肯定是御阳用的，根据当时东京的气候，清明节似无此必要，这是值得我们怀疑的"。

第六，画面上有一处招牌上写着"口暑饮子"字样的小菜摊。孔先生认为，"如果'口暑饮子'中的'暑'字不错的话，这足以说明它的季节"。

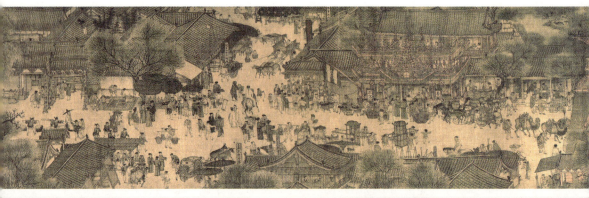

北宋　张择端　《清明上河图》全图全跋卷

《清明上河图》描绘的是清明时节北宋都城汴京（今河南开封）东角子门内外和汴河两岸的繁华
热闹景象。

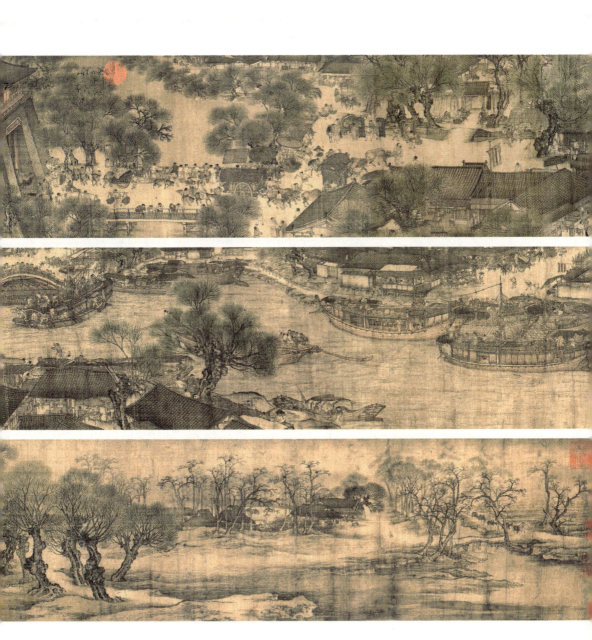

第七，在虹桥的南岸、北岸桥上有几处摊子上放着切好的瓜块，孔先生认为可能是西瓜。

第八，画面上临河的一家酒店，在条子旗上写着"新酒"二字，这是画家明确地告诉读者，画的是中秋节前后。孔宪易查证了资料，两宋间无清明卖"新酒"的记载，而《东京梦华录》却有"中秋节前，诸店皆卖新酒"的记载。至于"彩楼欢门"，根据宋代孟元老的《东京梦华录》记载，东京酒店的"彩楼欢门"是永久性的，并非清明特有的标志。另外，孔先生认为《清明上河图》中所说的"清明"二字是《东京梦华录》中所提到的汴京"清明坊"这个地名。

孔宪易的文章发表以后，邹身城又连续发表了《〈清明上河图〉为什么不绘春色绘秋景？》等一些文章，观点大致与孔宪易相似。如此看来，几百年来，人们都把"清明"二字误解了。我国的词语大多一词多义，"清明"一词并非限于"清明节"一种含义。"清明"还可以指"太平盛世"。如《后汉书》有"固幸得生于这清明之世"之语，"清明"即意味着治平。所以画家就用"清明"一词，画龙点睛，表达这幅画的主题。另外，邹身城认为，画家选取秋色而不绘春景的依据就是画中所绘的汴城八景。这八景向来以"汴水秋风"居于首位。《东京梦华录》写得很清楚：汴河是东京主要河道，东南货物均由此入城。张择端为了反映汴京的人物繁阜，秋色迷人，特选取汴河秋景入画，实在是别具匠心。正由于这样，所以画中店铺林立，酒店、茶馆……过客熙熙攘攘，充分反映了汴京工商经济的繁荣。与此对照，纸马店前门庭冷落，没有一个顾客光顾，丝毫看不出一点清明节上坟祭祖之类的迹象。这也透露出画家张择端立意是描绘汴河畔的升平景象，与清明无关。

不过，孔、邹两位先生举出的证据并不能完全证明《清明河上图》中所表现的是秋景而非春景，而且认为所画为春景和秋景的观点都有一定的道理，事实到底是怎样的，还需要进一步的研究和考证。相信在不久的将来，这个谜团一定会被解开。

《清明上河图》隐藏的军事秘密

一幅《清明上河图》，以写实的手法详细地刻画了宋朝人的市井生活，让几百年后的我们得以窥见其昔日的繁华。然而，这些都仅仅是表象而已，通过这样一幅写实的画卷，我们能了解到的不仅仅有市民的日常生活，甚至还包括当时的军事机密。

在皇帝这个行业干得并不出色的宋徽宗，无论是在书法还是绘画上，都有着颇高的造诣，他自己本身就是一个不折不扣的书画爱好者。在他的倡导下，翰林院专门设立了"图画院"，因此，山东诸城人张择端才有机会接近皇室，并最终创作出《清明上河图》。然而，张择端在作画时，也许根本就不会想到，自己的这幅画竟然在无意中泄露了宋朝的军事机密。

在"图画院"中作画的，原本都是些擅长描绘风花雪月、声色犬马的贵族和士大夫生活的画家。然而张择端选择了一条与他们完全不一样的道路，他独辟蹊径，呕心沥血地完成了一幅描绘世俗生活情景的《清明上河图》。这幅作品完成后，宋徽宗成了它的第一个收藏者，并用他特有的"瘦金体"题写了"清明上河图"几个字，还加盖了双龙小印章。

如今的我们通过《清明上河图》这幅画，还能再现宋朝时汴京城中人民的生活情景。从图画中可以看出，当时的汴京城已经具备了大都市的雏形，城中的户口已超过百万，商铺林立，娱乐场所随处可见，甚至还有繁华的夜市出现。在图画中，生动地再现了北宋都城的水陆交通及日常生活。

不过，在整幅画中，有两种市井常见动物——马和羊的数量却少之又少，开封的大车都用黄牛和水牛来拖拉，由此我们可以推知，北宋的马匹和羊的数量短缺。

马匹是古代必不可少的交通工具，羊皮也是制作营帐和军服的必要材料，但是为什么这两种重要的牲畜在当时的市井上会几乎看不到呢？黄仁宇在《中国大历史》中写道："《辽史》说得很清楚：与宋互市时，马与羊不许出境。"这限制马匹南下的禁令，很明显地体现在了张择端的《清明上河图》中。其实在当时，马匹已经可以在华中繁殖，但是由于受当地农业经济的限制，宋朝自己饲养的马始终不及从辽国"进口"的马匹强壮。

想不到，张择端的一幅现实主义的画作，竟然向几百年后的我们泄露了北宋王朝的军事机密。其实，《清明上河图》不仅泄露了当时的军事机密，还泄露了一些其他的秘密。

首先，从这幅画中，我们可以看出当时的社会贫富悬殊。在"赵太丞"家的医铺前，一官人模样的人骑在马上，还有两个随从拢着马头，前面又有几个随从开道，后面还有随从扛挑什物，看气势就是家境殷实的人家。而城楼门外的一处街道中心，有个乞讨者正坐在地上仰面向一位骑驴的人乞讨。其次，从图画上我们还可以看出当时汴京城的戒备非常松弛。在"课命"卦摊的后面靠左边，一个院落的大门前有一把合拢的大伞以及枪、旗之类的东西，似乎是官衙。看门的共有六七个人，左边两人坐在门前的台阶上，一人靠院墙席地而坐，看上去像是在打盹，另一人则躺在地上；右边的人有一个坐在台阶上，另一人则背靠大树坐在地上，显得十分懒散。在城楼的两侧，没有看到高大的城墙，仅有低矮的土墙，墙上长了许多树木，看不到其他防御设施。再次，我们从中还可以推测出当时存在腐败现象。在画的最末端有一处房舍，大门是一座门楼，屋檐使用的是斗拱，围墙上端用瓦砌成屋脊的形状，后边则是深宅大房，门前有上马台，应该是官舍或贵族宅第。这一处房舍大门敞开，门左侧有两人，一人坐在上马台的高处，一人坐在柱台上，侧身向外；门的右边有一人坐着，另一人站着，身背一个大包，右手拎一个方形盒，似乎是礼物，他正在向守门人询问什么。由此我们可以推测，这个人很有可能是来送礼的。

当然，以上的推测还仅仅只占一小部分而已，《清明上河图》中隐藏的更多关于宋朝的信息，还有待我们进一步去研究和发掘。

宋代"五大名窑"

中国是瓷器的故乡，瓷器制造史可以追溯到公元前16世纪的商代中期，发展到宋朝时，我国的瓷器工艺已经有了很大的进步。当时的国内，很多地方都会用到瓷器，因此瓷器的需求量非常大，举国上下有很多烧制瓷器的窑，而其中的代表就是"五大名窑"。那么，这五大名窑究竟是哪五个呢？

在宋代，闻名于世的五大名窑分别是：汝窑、钧窑、官窑、哥窑、定窑。

汝窑居五大名窑之首，历史上曾有"青瓷之首，汝窑为魁"的说法，足以看出汝窑在当时窑口中的地位。汝窑专门负责为宫廷烧制御用瓷器，其制瓷工艺已经达到了当时中国陶瓷史上的极致。汝窑的烧制时间只有20余年，传世的汝瓷仅60余件，因此在元、明、清各朝代，汝瓷都是深藏宫中的稀罕之物，如今更被认为是稀世珍宝。

透过现存的汝瓷，我们不难发现，当时汝窑烧制瓷器的技术确实高超。汝瓷胎质细腻，工艺考究，入釉采用的是名贵的玛瑙，色泽鲜艳独特，颜色能随光变幻，如雨后的晴空，温润古朴；抚摸釉面，平滑细腻，如同玉器。胎与釉的结合处，能看到微微的红晕，给人以赏心悦目的美感。

在五大名窑中，排名第二位的是钧窑。钧窑以烧制乳浊釉瓷为主，同时也烧制黑瓷和白地黑花瓷，以其"入窑一色，出窑万彩"的神奇变化而闻名。宋徽宗在位时，将钧瓷定为御用珍品，诰封为"神钧宝瓷"，只有皇家才能使用，民间不能收藏。钧窑所制作的器物多为鼎、洗、盆、盘、碗、瓶、尊、人物等。烧制钧瓷的工艺技术极高，用氧化铜、钴等作为着色剂，烧制出铜红、天蓝、月白等釉色的方式，就是钧窑首创。而在烧制的过程中，70%的产品都会被淘汰，只留下30%左右的上品，因此当时就有"黄金有价钧无价""纵有家产万贯，

北宋　汝窑青瓷无纹水仙盆

南宋　哥窑灰青釉胆式瓶

此瓶造型秀美，釉面润泽，纹片典型。此类器传世极少，弥足珍贵。

汝窑为北宋徽宗朝的官窑，以天青釉色著称于世。全器釉面纯洁无纹片，此种传世稀少，正是宋人所欲追求如雨过天晴的宁静开朗的美感，据考证，传世仅存的一件。

北宋　定窑黑釉瓷盏

定窑黑釉瓷色黑如漆，手感光滑润泽，其釉面光可鉴人，黑定被誉为"宋瓷中的黑天鹅"，价值十分昂贵。

不如钧瓷一片""雅堂无钧瓷，不可自夸富"等说法。

定窑原本是民窑，在北宋中后期才开始烧制宫廷用瓷。定窑是继唐代的邢窑白瓷之后兴起的一大瓷窑体系，以烧制的白瓷而著称，且烧制的碗、盘等产品多采用覆烧工艺，口沿上并不上釉，只是镶上金、银、铜的边圈，其他部分则上满釉，俗称"芒口"。芒口为定窑产品的一大特征。

北宋是定窑发展的鼎盛时期，在制瓷工艺上有许多创新和进步。到北宋中后期，由于定窑所产瓷器的瓷质精良，色泽淡雅，纹饰优美，因此被宋朝政府选为宫廷用瓷，顿时身价大增。北宋末年的"靖康之变"后，由于连年战乱，定窑逐渐衰落和废弃。金朝统治中国北方的地区后，定窑很快得到恢复，有些产品的制作水平甚至超过北宋时期，受到了金朝统治者的喜爱。但是到了元朝，定窑还是逐渐走向了没落。

哥窑的名称据说是源于一对兄弟，南宋时有章生一、章生二兄弟各主一窑，章生一的窑即名哥窑。哥窑瓷的造型多端庄古朴，器身釉色滋润腴厚。明代的《格古要论》中有这样的描述："哥窑纹取冰裂、鳝血为上，梅花片墨纹次之。细碎纹，纹之下也。" 所以哥窑瓷的特征可归纳为：黑胎厚釉，紫口铁足，釉面开大小纹片。由于哥釉瓷细致、精美，以后各代都曾对其进行仿造。特别是到了清代，还出现了一个仿哥釉瓷的高潮。但真正的哥窑瓷器传世者弥足珍贵，如今主要藏于北京、上海、台湾等地博物馆，其窑址到如今也没有被发现。

官窑发源于唐朝，宋朝官窑分为北宋官窑和南宋官窑。北宋官窑的传世瓷器很少，其形质与工艺和汝窑有着很多相似之处，生产的器物主要有碗、瓶、洗等。官窑的胎体略厚，胎骨为深灰色、紫色或黑色，釉色有淡青、粉青、月白等，釉质莹润，且釉面开大裂纹片。官窑有一些比较明显的特征，如官瓷都是"紫口铁足"，且瓷器的底部有文钉烧痕。

宋代纸币

纸币，说通俗一点就是钞票，是我们在日常生活中使用非常频繁的一种交易工具。我国是世界上第一个使用纸币的国家，其历史可以追溯到宋朝。那么，最初的纸币叫什么呢？又是由谁发明的呢？

我国最早的货币出现在原始社会末期，这种货币实际上是一种海贝。到秦朝以前，才出现金属货币和铸币。秦朝统一六国后，对币制进行了统一，从此黄金和方孔圆形的铜钱成了全国流通的货币，这时候，纸币还没有出现。直到北宋时期，我国才有了最早的纸币。

宋朝时铜钱和铁钱是并用的，而四川主要使用铁钱。当时，由于四川是盐、茶、丝绸的重要产地，货币的需求量很大，而铁钱又异常笨重，仅买一匹罗需铁钱2万枚，共重260斤。随着商品经济的发展，铁钱的弊病越来越突出，因而在宋真宗时期，成都的16家富商共同印制发行了替代铁钱的纸币——"交子"。"交子"是一种上面印有房屋、树木、人物等图案的纸，既可以兑换现钱，也可以在市场上流通。

纸币之所以会产生，是因为铁钱的流通性不好，这一点基本上可以确定。但是，我国最早的纸币是"交子"吗？关于这个问题，学术界也曾有过争论。

在最早的北宋纸币的印版发现以后，中外历史学家、钱币学家和货币史学家对这种北宋纸币印版的名称问题产生了不同的意见，先后存在官交子、钱引、盐引、小钞和私交子等五种不同意见，这些名称的不同，实际上归根结底的区别就在于纸币的制造场所是哪里？纸币究竟是官府所造，还是私商所造？

最早的北宋纸币的印版整体呈长方形，在纸币的上半部，顶端是10枚钱币图形，图形下面有"除四川外，许于诸路州县公私从便主管，并同见钱七百七十陌流转行使"的文字，下半部是一些古代人物的图案。这些纸币的印版上既没有说明纸币的名称是什么，也没有说明纸币的面值是多大。

20世纪初，针对北宋钞版究竟是何种纸币的印版的问题，中外学者进行了深入的研究和探讨。20世纪30年代，日本著名学者奥平昌洪就在他所写的《东亚钱志》中说，最早的那种北宋纸币的印版其实就是南宋时所流通的纸币"会子"。后来，我国钱币学家王荫嘉提出自己的观点，说最早的北宋纸币的印版不是南宋的纸币"会子"，而是北宋在四川地区流通的纸币"交子"。这种看法被人们普遍接受，从此最早的北宋纸币的印版是北宋纸币"交子"的印版的说法就确定了。可是这种"交子"究竟是北宋的哪种纸币呢？

中华人民共和国成立后，国内学术界又进行了多次讨论，有人称最早的北宋纸币的印版是北宋的"官交子"或者是"钱引"，也有人提出了"盐引"的说法。可是无论是北宋的"官交子"或者"钱引"，还是北宋的"盐引"，这一时期，人们关于最早的北宋纸币的印版的论述，都没有提出令人信服的证据，说得都很含糊。

到了20世纪80年代，我国的货币史研究者们对北宋的纸币问题加强了研究。货币史学者李埏于1983年在杂志上发表文章，提出自己的观点说，北宋的钞版是一种名为"小钞"的纸币的印版，所以最早的北宋纸币叫"小钞"；同年，另一位学者叶世昌在杂志《中国经济问题》上，也发表了这方面的文章，同意李埏的最早的北宋纸币是"小钞"说法。他还指出小钞是北宋末年的全国性纸币，最早的北宋纸币的印版就是崇宁五年（1106年）"小钞"的印版。另外他还举出几点原因：第一，四川以外地区流通的纸币不是交子，而是小钞，钞版上写了"除四川外"等字样，所以只可能是小钞；第二，在北宋的钞版上印有"同见钱七百七十陌流转行使"字样，正好符合宋代以七十七文为陌的省陌制度，说明北宋的钞版是一线一贯（也就是面值的意思）的小钞；第三，关于崇宁五年所发行小钞可能只是临时性的措施，所以没有正式的纸币名称，也就不用奇怪这种纸币上没有印上纸币名称了。两位学者关于北宋的钞版是一种名为"小钞"的纸币印版的说法，虽然证据还不是很充分，但是突破了对钞版讨论的原有范围，所以引起了学术界的注意。不过有学者指出，钞版是小钞的见解是不成立的，因为根据北宋谢采伯在《密斋笔记》里的记载，小钞的文字

北宋　交子

图案与钞版的文字图案完全不相同。可是小钞的发行应该也不是一成不变的，钞版的文字图案与在《密斋笔记》里记载的小钞的文字图案不一致，并不一定代表着和北宋发行的所有的小钞的文字图案不一致，所以这种反驳是不严谨的。

另外也有人认为钞版是"私交子"。在1984年，乔晓金和卫月望两位学者刊发了一篇文章《宋代钞币"官交子""会子"质疑》，其中他们提出了最早的北宋纸币的印版是"私交子"的说法。他们说："北宋钞版与私交子或私钱引接近，但绝不是官家发行的官交子或官钱引。因为它缺少封建官府典章文物的严肃性，丝毫没有官造文书的气息，更不是小钞。"两人在这篇文章中，还将记载有官交子格式的历史资料列举出来，和最早的北宋纸币的印版的格式做对比，来证明最早的北宋纸币的印版不是官交子，而是私交子。不过钞版上的文字用的是命令口吻，而在封建社会，命令语气只可能来自官府，不可能出自私商，这与钞版是私交子的结论是相互抵触的。另外北宋年间，私交子一般在四川发行，而钞版上却写着"除四川外"等文字，表明这种纸币在四川以外地区也流通，这两者也是有矛盾的。

从以上的这几种说法看来，每种说法都有一定道理，但是也都有不完善的地方。目前，学者们仍然在寻找证据，期待着解决中国货币文化史上这个货币之谜。

"断肠诗人"朱淑真

唐诗宋词，在我国文学史上向来并驾齐驱。相比风格更为豪放的唐诗，宋词还是多了几分婉约与细腻。在宋词领域中，女词人朱淑真是仅次于李清照的人物，人称她为"断肠诗人"，为什么这么称呼她呢？

朱淑真是南宋著名的女诗人和女词家，有时也写作朱淑贞，她自号"幽栖居士"，擅长诗词、绘画和音律。她有很多名作流传于世，如："去年元夜时，花市灯如昼。月上柳梢头，人约黄昏后。今年元夜时，月与灯依旧。不见去年人，泪湿春衫袖。"这首著名的《生查子·元夕》传说就是出自朱淑真之手。然而，由于世俗的偏见，一些人认为朱淑真的作品"非良家妇所宜"，就连她的父母都认为女儿沉溺于诗词是"不务正业"。朱淑真过世后，她的父母将其所有的作品付之一炬，有心人收集了其中的一部分流传于世，于是就有了我们今天看到的《断肠集》。之所以取名《断肠集》，从现存的诗词中可以看出，朱淑真主要描写的是自己的爱情生活，抒发自己愁怨伤感的内心世界，因此不仅她的作品被叫作《断肠集》，她也被称为"断肠诗人"。

辛弃疾说"少年不识愁滋味"，从朱淑真的作品可以看出，她出生在一个富庶的家庭，家中建有"东园""西园""水阁""桂堂""依绿亭"等多处游玩小憩的场所，她根本就不需要像穷人家的孩子那样早早地为生计发愁。那么，她诗中所表达的"断肠"情绪又从何而来呢？很多人认为，这和她的婚姻生活不如意有关。

在朱淑真早期的作品中，我们可以看到一个从小就聪颖明慧、喜好读书的少女，当时所作诗词的风格也是欢快的。如她在游东园时写下的诗："红叠苔痕绿满枝，举杯和泪送春归。仓庚有意留残景，杜宇无情恋晚辉。蝶趁落花盘地舞，燕随柳絮入帘飞。醉中曾记题诗处，临水人家半敞扉。"游西园时写下的诗："闲步西园里，春风明媚天。蝶疑庄叟梦，絮忆谢娘联。踏草青茵软，看花红锦鲜。徘徊月影下，欲去又依然。"以及《夏日游水阁》《夜留依绿亭》等作品，都反映出她家境的优裕和闲适的心情。

然而结婚后，朱淑真那种闲适的心情就没有了。有人说这与她丈夫应试屡试屡败有关。她曾作《送人赴礼部试》一诗送给她的丈夫，其中援引东汉马援62岁还率师出征，老当益壮，并取得成功的典故激励他上进，鼓励他发愤图强、力争再试成功。朱淑真对丈夫寄予厚望。然而，她的丈夫不仅再试又失败了，而且垮掉了，并另结新欢，从此连家都不回。女词人的心本就比一般人敏感，自然无法承受如此打击，在被丈夫遗弃后就一病不起，没过几日就死了，留下了一些孤寂悲愤的词作和催人泪下的幽怨。

关于她的婚姻，民间流传着另外一种说法。有人认为，朱淑真作为诗人，性格多愁善感，她的死是因为不遂心愿，嫁给了市侩小民为妻，抑郁而死的。在《西湖二集》这本小说中有关于朱淑真身世的记载，说她本来不是出自大户人家，她的家庭是小门小户，父母很本分，她因为生性聪明伶俐，对于诗词能够"无师自通"，所以才那么有才气，能写诗作词。书中还说朱淑真有个嗜赌如命的舅父吴少江，因为一次输钱借了金三老20两银子，却无力偿还。为了抵债，他偷偷摸摸把外甥女朱淑真许给了金三老的儿子，人称"金怪物"。此人长得三分像人，七分像鬼，是个只会糊伞的市井之民。可是朱淑真的舅父却跑到他本分的姐姐、姐夫那里说此人耿直忠厚，是个好女婿，又叫金老三请了能说会道的媒婆到朱家提亲。朱淑真的父母见此，也不管女儿的苦恼，就将她嫁了。朱淑真毫无办法，只有任由命运摆弄，整天忍气吞声，以泪洗面，唯一能抒发心情的，就只有诗词了，我们今天见到的《断肠集》中的很多伤感的诗词，就是在当时作的。小说经过虚构夸张，增强了艺术感染力，所以这种说法也流传很广，但可信度并不高。试想，如果朱淑真不是生长在大户人家，书香门第，她又怎么可能在作品中提到那些只有大户人家才有的建筑设施？且没有书香门第的濡染，朱淑真真的可以做到对诗词"无师自通"吗？

关于她的婚姻，还流传着一种说法。有人说她确实是大家闺秀，后来嫁给了一个长年累月在外做官的官员，这一点不仅有她婚前的作品可以为证，就是

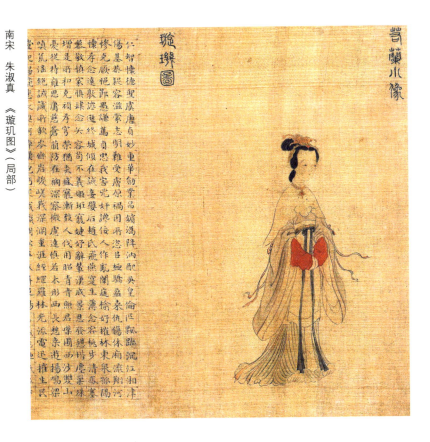

南宋　朱淑真　《璇玑图》（局部）

《璇玑图》相传为六朝前秦苏蕙所作的回文诗章，朱淑真十分推崇。

在她婚后所写的《璇玑图记》里也透露，她随丈夫宦游浙西时就一向好玩，只要是喜欢的东西，一定不惜重金买下。还有一些喜好文学的人考证说，朱淑真曾随父亲和丈夫从宦于吴、越、荆、楚之间，是见过世面的。她的诗词里也体现了这一点。但是后来由于她丈夫仕宦之后长年在外做官，朱淑真不在身边，因此薄情郎另有所爱，纳了小妾，使朱淑真独守空房。她从此写了一连串的这种愁断肝肠的哀怨诗作，"春光正好须风雨，因爱方深奈别离""荷叶与荷花，红绿两相配。鸳鸯自有群，鸥鹭莫入队""宁可抱枝香上老，不随黄叶舞秋风"。她还把一些规劝与思念的诗词寄给了她的丈夫，但杳无音信。像《菩萨蛮·山亭水榭秋方半》"山亭水榭秋方半，凤帏寂寞无人伴"中的相思之情；像《初夏》"待封一罨伤心泪，寄与南楼薄幸人"，以及《愁怀》"鸥鹭鸳鸯作一池，须知羽翼不相宜"中的规劝之意都表明了她的忠贞，可是她的丈夫就是不回心转意。这怎能不令朱淑真恨断肝肠呢？她终于一病不起，含恨而死。

苏小妹嫁给秦少游之谜

有人说宋代四川的灵秀之气尽集于苏氏一门，苏小妹的父亲苏洵，哥哥苏轼、苏辙个个才高八斗，所谓"一门父子三词客，千秋文章八大家"。 生在如此书香门第，苏小妹虽然没有父亲和兄长们那样的才华，但也算得上是一名才女。自古就有才子佳人为绝配的说法，那么才女要怎么配呢？据传苏小妹与当时的才子秦少游结为了夫妻，事实真的是这样吗？

苏轼的妹妹苏小妹的婚姻，一直以来都是很多人想知道的。如此才女，要什么样的郎君才能够配得上她呢？也许是为了迎合"才子配佳人"的世俗观念，于是就有了民间流传的苏小妹三难秦少游的说法。

宋朝词人秦观，字少游，才华过人。他听说苏小妹不但相貌端秀而且工诗善词，久有爱慕之心。一日闻小妹要到庙中进香，便扮作游方道人，亲自相看，以试其才。待小妹到来之时，少游双手合十道："小姐有福有寿，愿发慈悲。"

苏小妹见是化缘的道士，便应道："道人何德何能，敢求布施？"

少游再施一礼："愿小姐身如药树，百病不生。"

小妹随口就答："随道人口吐莲花，半文无舍。"

秦少游心下欢喜，又上前道："小娘子一天欢喜，如何撒手宝山？"

苏小妹见道人啰唆，已有些不耐烦，便含嗔应道："疯道人怎地贪痴，哪得随身金穴！"

秦少游见苏小妹果是名不虚传，便去苏家求亲。因求亲者众多，苏洵让每个求亲者写一篇文章，交女儿批阅。小妹在少游的文章上批道："不与三苏同时，当是横行一世。"苏洵于是便将苏小妹许给了秦少游。

苏小妹最终嫁给了"苏门四学士"之一的秦少游，新婚之夜，月明如昼。

秦少游在前厅宴席结束后，正要进入洞房，却发现房门紧闭，门无论如何都推不开。站在一旁的丫鬟走过来告诉他，说小姐出了三道题，若全部通过，方可入房。秦少游也是大才子，脍炙人口的"海上生明月，天涯共此时"就是出自他之手，所以，虽然还未见到题目，他已是一副胜券在握的架势。他伸手接过试卷，见第一题是四句诗："铜铁投洪冶，蝼蚁上粉墙。阴阳无二义，天地我中央。"秦少游为了一睹苏小妹芳容，曾假扮云游道人在岳庙化缘，借机接近苏小妹，所以猜中谜底是"化缘道人"四字。于是题诗一首："'化'工何意把春催？'缘'到名园花自开。'道'是东风原有主，'人'人不敢上花台。"过了第一关。第二题也是四句诗："强爷胜祖有施为，凿壁偷光夜读书。缝线路中常忆母，老翁终日依门闾。"秦少游又猜中了：孙权、孔明、子思、太公望。第三题比较难，苏小妹出上对："闭门推出窗前月"，秦少游左思右想对不出。此时苏东坡灵机一动，向水中投了一块石头，顿时水波荡漾，淆乱了天光月影。秦少游见后马上想出了下联："投石冲开水底天。"丫鬟将试卷交与苏小妹后，只听见"吱呀"一声响，洞房门大开，从中走出一个侍儿，手捧银壶，将美酒酌入玉盏之内，献给新郎，说："才子请满饮三杯，权当花红赏劳。"秦少游此时可谓志得意满，连饮三盏，

清　陈撰　苏小妹像

立轴画美人云鬟高髻低首读书，是传说中苏轼的妹妹，嫁给秦观为妻。

清 佚名 秦观像

秦观是北宋文学史上的一位重要作家，以婉约词著称，其词风含蓄清丽，朦胧凄清。

清 佚名 苏洵像

苏洵是北宋文学家，与其子苏轼、苏辙并以文学著称于世，世称"三苏"，均被列入"唐宋八大家"。

进入洞房。

上面的描述有声有色，看起来就像真的一样，其实，这不过是明朝冯梦龙杜撰的故事，苏小妹和秦少游根本就不是什么夫妻。据史料记载和历史学家的考证，苏小妹16岁那年嫁给了表兄程之才。

和苏家这样的书香门第不同的是，程家是当地的地主，程之才则是有名的纨绔子弟，寻花问柳，作恶多端。苏小妹嫁过去后，常常受到他冷言冷语的对待。两人结婚后的第二年，苏小妹怀孕生下一子，可是程之才对他们母子俩根本不闻不问，苏小妹被气出病来，只得跑回娘家。哪料到程之才竟跑到苏家抢走孩子，还要拉着生病的苏小妹一起回去。苏小妹病怒交加，没多久就去世了，死时年仅17岁。从此苏程两家结了怨，老死不相往来。

但是也有人考证说，真正的苏小妹是苏涣的女儿，不过她并没有嫁给秦观，而是嫁与宣德郎柳子文为妻，这夫妻俩算是才子佳人，生有二子，也都是书生。

从另外一个角度考证，也可以证明秦少游的妻子并不是苏小

宋　秦观　书摩诘辋川图跋

秦观善书法，小楷学钟、王，姿媚遒劲可爱，草书有东晋风味，真、行学颜真卿。

妹。在我国历史上确实有秦观这个人，但他的妻子叫徐文美，是潭州宁台主簿徐成甫之女。徐文美虽略通文墨，却还称不上才女，与苏轼一家也没有什么瓜葛。秦观与徐文美结婚时，苏小妹早已去世十余年；秦观扬名时，苏小妹已死去二十多年，因此两人根本不可能结成良缘。

至于苏轼家中的其他姐妹，虽都有文才，但是都与秦观没有任何关系，更不用说结为夫妻了。可是后人却对秦苏联姻深信不疑，或许是体现了人们对这种美好婚姻的期盼吧。

宋太祖说文人"依样画葫芦"

唐末五代是武将的天下，读书人的社会地位很低。宋太祖赵匡胤戎马一生，武功卓越，且他自小就认为"治世用文才，乱世用武略"。这些似乎都在说明赵匡胤重武略而轻文才，"依样画葫芦"这个俗语就是赵匡胤曾用来斥责一个文官的，这是不是意味着他讨厌文人呢？

在《东轩笔录》中记载了这样一个宋太祖与文人的故事：五代时有个人叫陶谷，自幼博览群书，学识渊博，"文翰为一时之冠"。宋太祖时，陶谷做了翰林院的学士。当时在任的宰相都不出自翰林院，而这些人在文采上都不及陶谷。陶谷感到委屈，就指使其党羽向太祖上书，说他在翰林院的时间较长，出力较多。陶谷自己也上书表示不满。赵匡胤笑着说："颇闻翰林草制，皆检前人旧本，改换词语，此乃俗所谓依样画葫芦耳，何宣力之有？"赵匡胤认为翰林学士并没有什么大的功劳，只不过善于玩弄文字而已，连创新都不会，因此并不承认他们的功劳。陶谷听了赵匡胤的评价后，感到很不服气，于是在玉堂之壁上题了首诗："官职须由生处有，文章不管用时无。堪笑翰林陶学士，年年依样画葫芦。"赵匡胤无意中看到这首诗，认为陶谷刻薄怨望，更决定不再用他了。

这个故事表面看来是宋太祖赵匡胤对文人的鄙薄，然而，事实真的是这样吗？其实，赵匡胤追求的是读对治理国家有用的书，而不仅仅是吟诗作对，更

▶ 明 唐寅 陶谷赠词图

该图描绘的正是陶谷赠词时的场面。该画行笔秀润、缜密而有韵致，布局得体，设色秀研，形神俱佳。

攓泥胸當時我作陶歌者
何必尊前面發紅　唐寅

不是不求创新，墨守成规。从客观上说，赵匡胤还是很尊重读书人的。

宋太祖对文人的作用有着很清醒的认识，他曾经说："五代方镇残虐，民受其祸，朕令选儒臣干事者百余，分治大藩，纵皆贪浊，亦未及武臣一人也。"在他统治期间，逐渐在中央和地方机构中确定了文官执政的原则。北宋人范祖禹也说："帝自开宝以后，好读书，尝叹曰：宰相须用读书人。"南宋陈亮则说："艺祖皇帝用天下之士人，以易武臣之任事者，故本朝以儒立国。"这里的"儒"就是指读书人。宋太祖在位后期，还不断从朝廷派出文臣到地方机构任职，陆续取代原来藩镇手下的将吏。除此之外，宋太祖还在宫廷之中立碑，告诫后世子孙不要杀文臣士大夫。

赵匡胤是将门之后，从年轻时就担当军官，在多次对外战争中，他因战功卓著，不断晋升军阶，一路升至禁军的高级将领，并得到了周世宗的重用。陈桥驿兵变后，他继续为统一天下而战。在历经了大约 12 年的战争后，赵匡胤先后灭掉荆南政权、湖南高氏政权、后蜀、南汉、南唐，然后建立了大宋。可以说，赵匡胤的江山是通过武力取得的，然而他所建立的却是文人政治，换句话说，宋太祖不仅不轻视文人，在大宋建立后，他还有点重文轻武。这又是为何呢？

首先，这与历史的大环境有关。唐朝末年军阀割据，处于乱世之中的人们总是更多地迷信武力，结果导致战乱不断，生灵涂炭。根据统计，唐天宝年间，全国人口总数为 5300 多万，到北宋元丰年间只剩下了 3300 百多万。长年的战争让百姓苦不堪言，人民厌恶战争，厌恶武人统治。宋朝想要稳定自己的统治，就必须改变政策。另外，宋太祖认为武将是导致唐末五代纷乱的根源，当时的统治者可以说都是通过战争来获取属于自己的一方地盘的，因此当时就有人说："天子，兵强马壮者为之。"赵匡胤通过武力夺取了天下，当然也懂得武将们对自己的威胁，所以就有了后来的"杯酒释兵权"。

另一方面，赵匡胤两次北伐都失败了，于是决定将主要注意力转向内部，准备好好推广"崇文抑武"的治国方略。明儒王夫之评价："宋所忌者，宣力之武臣耳，非偷生邀宠之文士也。"所以到了宋太祖后期，文臣在朝廷中已经形成了较大的势力，如时人王禹偁在上奏中指出："自陛下统御，力崇儒术，亲主文闱，志在得人，未尝求备。大则数年便居富贵，小则数月亟预常官。"

受到赵匡胤的影响，到宋真宗以后的各个皇帝都将"崇文抑武"方略继承了下来，于是士大夫群体成了宋朝政治的主体，所以文彦博曾评论宋神宗是在"与士大夫共天下"。

在选择高级人才方面，宋朝没有借鉴汉唐时期"出将入相"的规定，而是从进士出身者中选拔。北宋71位宰相中，有64人为进士出身。北宋中后期，政坛也几乎为文官士大夫控制，所以古人有云"今世用人，大率以文词进。大臣，文士也；近侍之臣，文士也；钱谷之司，文士也；边防大帅，文士也；天下转运使，文士也；知州，文士也。虽有武臣，盖仅有也。故于文士，观其所长，随其才而任之，使其所能，则不能者止其术""满朝朱紫贵，尽是读书人"。

赵匡胤不仅在行动上重文，他自己也很乐于读书，只要有空，常常都是手不释卷，宰相赵普就是受到他的影响才爱上读书的。

"重文轻武"政策对宋朝的国力产生了较为深刻的影响。由于重用文人，宋朝成为中国历史上自春秋战国以来第二个文人得到重用的时期，因此也创造了当时全世界最先进的文明。

范仲淹写《岳阳楼记》

　　范仲淹的名作《岳阳楼记》，以其立意高远、抒情真切、写景雄奇而传诵千古。"先天下之忧而忧，后天下之乐而乐"的名句，几乎读过这篇文章的人都能背诵，它激励着一代又一代的志士仁人，成为他们取之不竭的精神力量之源。然而，名为"岳阳楼记"，范仲淹真的是在岳阳楼写下这篇传世名作的吗？

　　千古名篇《岳阳楼记》，除了描写岳阳楼和洞庭湖优美的自然风光之外，更是借景抒情，抒发"先天下之忧而忧，后天下之乐而乐"的人生境界。因此，这不仅是一篇优美的写景文，更是激励无数仁人志士的励志散文。自从有了这篇文章，岳阳楼便名扬天下，很多人都想一睹其风采。

　　然而，根据现代学者们研究的结果发现，范仲淹写这篇文章的时候根本就不在岳阳楼，何以见得呢？

　　"庆历四年春，滕子京谪守巴陵郡"，这句话讲明了范仲淹写《岳阳楼记》的原因是为了滕子京。滕子京因误用公使钱被贬至岳阳，后来就重修了岳阳楼，希望借这样一个大手笔来挽回自己的形象。于是滕子京修《求记书》，拜托范仲淹写文为自己纪念。范仲淹见信之后，就写下了《岳阳楼记》。《求记书》的最后一句话是："谨以《洞庭晚秋图》一本，随书赞献，涉毫之际，或有所助。"因此可以断定，当时的范仲淹并不在岳阳楼，所以滕子京才在信中附带了一幅《洞庭晚秋图》供其参考，因此，范仲淹虽然不在岳阳楼，但是完全有可能写出《岳阳楼记》。

　　另外，从范仲淹在文章后面的自署中，我们可以看出《岳阳楼记》作于庆历六年（1046 年），当时范仲淹因"庆历新政"失败而被贬为知邓州。假设58 岁的范仲淹收到《求记书》后往岳阳楼赶的话，需要走上千余里的路程，

清　王时翼　岳阳大观轴

王时翼以岳阳楼为创作母题，波涛汹涌、气象万千。

当时的朝廷又不允许官员擅离职守，这显然不太可能。

再则，《岳阳楼记》中写景的部分，所写的并不是同一时间所看到的景物，如：

若夫淫雨霏霏，连月不开，阴风怒号，浊浪排空；日星隐曜，山岳潜形；商旅不行，樯倾楫摧；薄暮冥冥，虎啸猿啼。登斯楼也，则有去国怀乡，忧谗畏讥，满目萧然，感极而悲者矣。

至若春和景明，波澜不惊，上下天光，一碧万顷；沙鸥翔集，锦鳞游泳；岸芷汀兰，郁郁青青。而或长烟一空，皓月千里；浮光跃金，静影沉璧，渔歌互答，此乐何极！登斯楼也，则有心旷神怡，宠辱偕忘，把酒临风，其喜洋洋者矣。

很明显，前一段写的是淫雨阴风、云雾蔽空、暮色苍茫，乃是晚秋时节的景象，而后一段写的却是天色晴朗、山清水碧、鸥翔鱼跃，俨然一片生机勃勃的大好春光。这两种截然不同的情景，当然不会同时出现在岳阳楼前，然而在这两段的后面，都写了"登斯楼也"，可见这些应该是不同时节登临所引发的感想，有着很明显的区别。最关键的是，在两段的开头，分别有"若夫"和"至若"这样的假设连词，说明这两段所描写的内容都是出于作者的想象，并非写实之景。由此可以推断，写《岳阳楼记》时，范仲淹并不在岳阳楼。

所以，唯一能够解释通的就是，范仲淹收到滕子京的《求记书》后，在邓州写好了《岳阳楼记》，再派人送给滕子京。

岳阳楼重建后，范仲淹并没有见过，他又为何能如此形象地描绘洞庭山水，并将感受写得如此的出神入化呢？其实，在岳阳楼重建之前，范仲淹曾到过洞庭湖，对当地的湖光山色十分了解，这从他在景祐元年（1034 年）所写《新定感兴五首》中可以看出，其中有四句是这样的："去国三千里，风波岂不赊。回思洞庭险，无限胜长沙。"从"回思"二字我们可以看出，范仲淹必然是到过岳阳楼的，并且还曾有过登楼望远的经历，这在《送韩渎殿院出守岳阳》一诗中也有表现："岳阳楼上月，清赏浩无边。"已有先前的登临感受作铺垫，再加上有滕子京随信所附的《洞庭晚秋图》做参考，让文采斐然的范仲淹写下《岳阳楼记》，这并不是不可能的。

不过，近代又有人认为，范仲淹没有见过新修的岳阳楼，要写《岳阳楼记》

就如同闭门造车，根本不可能写出那种身临其境的感受，所以认为这篇文章的作者应该为滕子京，而非范仲淹。这种观点的持有者只是主观上认为范仲淹在"闭门造车"的情况下根本无法写出如此美文，却没有其他的历史依据，所以并不具备说服力。

《望海潮》引发战争

褒姒究竟貌美到什么程度，今天的我们无从得知，但是从周幽王为博褒姒一笑，不惜烽火戏诸侯，最终丢了江山这件事来看，褒姒的美丽必定是倾国倾城的。不过，有时候文字的魅力也不输给美女，例如宋代柳永的一句"三秋桂子，十里荷花"，竟然引发了金人侵犯宋朝的野心，并导致了北宋的一系列灾难。这又是怎么回事呢？

"红颜祸水"这个词造得绝妙，为何？你看历史上哪个美貌出众的女子不是倾国倾城，其祸害的级别已经达到了让一个国家毁灭的地步，足以见得"红颜"的祸害之大。借用一下这个方法，我们也可以称柳永的《望海潮》为"倾国倾城"之词，它的出现，导致了北宋的灭亡，何以见得呢？

柳永是北宋著名的词人，为婉约派词风的创始人。柳永运用民间口语写作了大量为人们所喜闻乐见的"俚词"，运用了很多不同的词调，不仅在语言上优美动人，而且富于强烈的节奏美。在当时，柳永的词常常被人们广为传播，宋朝一名官员从西夏归来后竟然说"凡有井水处，皆能歌柳词"，由此可见柳词在当时的影响之大。在柳永的诗词中，有很大一部分是描写都市生活的繁华景象和四时风光的，《望海潮》一词就是典型的写景之作，描写的是杭州和西湖的风光：

东南形胜，三吴都会，钱塘自古繁华。烟柳画桥，风帘翠幕，参差十万人家。云树绕堤沙。怒涛卷霜雪，天堑无涯。市列珠玑，户盈罗绮，竞豪奢。

重湖叠巘清嘉。有三秋桂子，十里荷花。羌管弄晴，菱歌泛夜，嬉嬉钓叟莲娃。千骑拥高牙。乘醉听箫鼓，吟赏烟霞。异日图将好景，归去凤池夸。

柳永在这首词里一反惯常的婉约风格，以大开大合、波澜起伏的手法，浓墨重彩地向读者展现了当时杭州的繁荣和美丽，因此陈振孙用"承平气象，形容曲尽"来形容其风采。在这首词的开头三句，便以博大的气势开篇。提笔便点出杭州地理位置上的重要以及历史的悠久，揭示了所要吟咏的主体。自"烟柳"以后，柳永就开始详细地从各个方面描写杭州的"形胜"与"繁华"。"烟柳画桥"，所写的是街巷河桥的美好景致；"风帘翠幕"则描写了居民住宅的雅致；"参差十万人家"又表现出整个都市人口的繁庶。到"云树"时，柳永又由市内说到郊外，只见在钱塘江堤上，树木成行，远望一片郁郁苍苍。写杭州，钱塘江当然不能不提，因此接下来"怒涛"二句，就写出了钱塘江水的澎湃与浩渺。写完自然景观后，从"市列"开始进入对当时都市繁华情景的描写，柳永虽然只写了"珠玑"和"罗绮"两个细节，但市场的繁荣、市民的殷富已经跃然纸上。而"竞豪奢"三个字又写明了肆间商品琳琅满目，其豪华之态可见一斑。

到下阕时，柳永开始重点描写西湖。对于湖山之美，他先用"清嘉"二字概括，接下去又写到山上的桂花、湖中的荷花。"三秋桂子，十里荷花"，短短八个字却高度概括了西湖以至整个杭州最美的景致，具有撼动人心的艺术力量。接着词人又说明不论白天或是夜晚，湖面上都有优美的笛曲和采菱的歌声传来，而"嬉嬉"二字则将湖面人物的形态做了栩栩如生的描绘。好一幅国泰民安的游乐图卷！怪不得当金主完颜亮看到这首词时，竟没有忍住诱惑，开始打起了宋朝的主意。

由于柳永的词作流传甚广，因此意外地传到了金主完颜亮的手中。据《鹤林玉露》记载，柳永的《望海潮》一词被人谱上曲后，流传到金国，金主完颜亮无意中听到这首歌词，对其中所描写的"三秋桂子，十里荷花"顿生羡慕之情，于是起了投鞭渡江的志向。正隆六年（1161 年）八月中秋节，完颜亮作赋《鹊桥仙·待月》："停杯不举，停歌不发，等候银蟾出海。不知何处片云来，做许大、通天障碍。髯虬捻断，星眸睁裂，唯恨剑锋不快。一挥截断紫云腰，仔细看、嫦娥体态。"从词中可以看出，完颜亮待月不至，竟然生出截云之心，字里行间隐隐透出杀气。之后不久，完颜亮即率兵 27 万，号称百万，分四路攻打北宋，拉开了宋金大战的帷幕。

金兵攻破燕京之后，渡过黄河，又一路南下，直逼北宋京都汴京。宋徽宗

清　王原祁　西湖十景图

此图描绘了杭州西湖美丽的景色。

见势不妙，于是听从大臣的建议，禅位于太子赵桓，即宋钦宗。靖康二年（1127年）一月，完颜亮率领的金兵攻破开封城，徽、钦二帝被俘，北宋王朝也宣告灭亡。从此，宋朝的半壁江山落到了金人的手中。此后若不是完颜亮后院失火，死于内乱，偏安一隅的南宋朝廷很可能提前遭受灭顶之灾。

所以，《望海潮》引发金朝侵宋战争的说法实际上不无道理，甚至说它间接导致了北宋的灭亡都不为过。不过，词中描写景物的诗词吸引完颜亮的可能性并不是很大，真正让他产生侵宋之心的，应该是经济上的。《望海潮》一词中的"市列珠玑"，意思是说市面上陈列着各种奇珍异宝；而"户盈罗绮"，又在说家家户户都有着异常多的绫罗绸缎。这些对于一个没有稳定经济来源的游牧民族来说，确实有着非常大的吸引力。后有宋人谢处厚作一首诗专门写这件事情："谁把杭州曲子讴，荷花十里桂三秋。那知卉木无情物，牵动长江万里愁！"

不过，除了柳词之外，还有人说完颜亮起兵攻打宋朝的另外一个重要原因是：完颜亮宠臣梁珫曾向他"极言宋刘贵妃绝色倾国"，而当时的宋朝又处于衰落时期，因此完颜亮不免起了从宋人手中夺取财物和美女的野心。不过，金人侵宋也许有着比杭州西湖景色和宋朝某个绝色妃子更重要、更复杂的原因也说不定。但是，民间广为流传的原因还是柳永的这首《望海潮》，这多少还是证明了柳永所作诗词的艺术魅力是非同寻常的。

再婚后的李清照又离婚

在这个离婚率高居不下的年代，离婚对于我们来说已经见惯不怪了。但是在尚处于封建社会的宋朝，离婚就显得有些另类了。然而，即使在这样的大环境下，女词人李清照还是选择了与自己的再婚丈夫张汝舟离婚，这到底是为什么呢？

在宋朝所有的离婚案例中，最著名的有两例，一例是李清照与其再婚丈夫张汝舟，另一例则是后来的陆游与唐婉。不过这两例离婚案件又有所不同，陆游与唐婉的分开纯属迫不得已，若不是陆母的强势干预，相信他们会白头到老，而李清照与张汝舟之间，是李清照提出要离婚的，这是为什么呢？

众所周知，李清照的前夫是赵明诚，两人自从结婚后就恩爱缠绵，琴瑟相和，一直被后世传为佳话。

李清照18岁时与太学生、丞相赵挺之子赵明诚结为连理。婚后，两人志趣相投，感情融洽，时常互相切磋诗词文章，共同研究和收集钟鼎碑石。在经济条件允许的情况下，夫妻两人经常为了搜集名人书画和古董漆器而"食去重肉，衣去重彩，首无明珠翠羽之饰，室无涂金刺绣之具"。每个月的初一和十五，夫妻两人还会相伴去都城开封的相国寺一带的集市上寻访金石书画，只要看中了，便倾囊购下。在两人的合力经营下，他们的书斋"归来堂"，单是钟鼎碑碣之文书就达到了两千多卷。

后来赵明诚编纂《金石录》的时候，李清照又给予他全力支持，凭借其广博的古董知识和出众的记忆力，每当丈夫遇到问题时，李清照总能帮其解决。夫妻俩如此夫唱妇随，相处和谐，彼此之间的感情也越来越深。

也许越是美好的开始，往往越会有着悲惨的结局，1129年，赵明诚死于湖州，一段将近 30 年的美满姻缘就此落幕。

丈夫赵明诚的死给李清照造成了毁灭性的打击，再加上当时的北宋刚刚灭亡，战乱不断，李清照居无定所，身心交瘁，不久又嫁给了一个叫张汝舟的人。

古代女子对贞洁看得极为重要，即使丈夫去世，也会为了守贞而不再改嫁，向来心性高洁的李清照怎么会选择改嫁呢？关于这一点，史说不一，不过最主要的原因可能是身处乱世，而李清照身边又带有之前收集的金石古董，因此愈觉得一个人生活的艰辛，再加上丈夫赵明诚的《金石录》尚未完成，李清照希望自己能代替他去完成，于是在权衡再三之后，她选择了对她仰慕已久的张汝舟。

李清照刚刚接触张汝舟的时候，觉得此人也是个彬彬有礼的君子。结婚后的一段时间里，张汝舟对她也是照顾周到。不过，张汝舟对李清照不同于赵明

清　佚名　李清照像

诚，他看中的实际上是李清照身边所携带的文物，在李清照并不愿意将这些东西与他共享时，张汝舟很快就露出原形。李清照在乱世之中始终携带这些沉重的文物，自然将其与自己的生命等同，断不肯轻易失去。但是张汝舟认为：你既嫁我，连你的人都是我的，你所拥有的东西当然也就是我的了。双方立场的不同导致了他们在文物支配权上闹矛盾，彼此间的裂缝也越来越大，最终同床异梦。

张汝舟发现自己并不能完全让李清照屈服后，开始恼羞成怒，最后完全顾不上文人所应该具备的风度，对李清照拳脚相加，大打出手。李清照是视人格比生命更珍贵的女子，自然无法忍受张汝舟如此这般的对待，便下定决心要与张汝舟分手。但是在封建社会，女人要离婚并不是一件容易的事。无奈之中，李清照走上了一条绝路：告发张汝舟的欺君之罪，而她自己也因此招致了牢狱

清　崔错　李清照像

画中描绘李清照淡妆素服，斜倚奇石而坐，右手托腮，左手抚膝，默默无声做沉思状。此图疑似李清照中年像。

之灾。

原来，张汝舟参加科举考试是通过作弊过关的，在娶了李清照后，张一时得意，就将这件事拿来夸耀。李清照在找不到其他更好办法的时候，只好选择走这条对自己也没有好处的路。依照当时的法律，女人告丈夫，无论是对是错，都要坐牢两年。李清照是一个对感情生活要求极高的人，绝不肯凑合，因此她宁愿与张汝舟闹得鱼死网破也不肯受精神的奴役。她在给友人的信中说："猥以桑榆之晚景，配兹驵侩之下材。"

官司结果出来后，张汝舟被发配到柳州，而李清照依照法律也要坐牢两年。不过值得庆幸的是，可能是李清照的名声太大，此事引起了许多人的关注，再加上自己家人和赵明诚家族的帮忙，李清照只坐了九天牢便被释放了，但这件事对她的打击也相当严重。

出狱后，李清照立即给营救她的亲戚写信，除了表达感激之情外，其中也不乏担心自己名誉的句子："清照敢不省过知惭，扪心识愧。责全责智，已难逃万世之讥；败德败名，何以见中朝之士。虽南山之竹，岂能穷多口之谈；惟智者之言，可以止无根之谤。"在如此沉重的名誉负荷下，女词人悄悄地进入了老年。由此我们可以更深入地懂得她写于晚年的代表作如《声声慢》了，也更理解发出"这次第，怎一个愁字了得？"的感慨时的李清照，在心理上背负着多么沉重的包袱。

宋朝士大夫多出自单亲家庭

由于受到赵匡胤重视文人的影响，宋朝是一个盛产士大夫的时代。在当时，关于士大夫有一个怪现象，那就是在这些士大夫中，有很大一部分是来自单亲家庭的。为什么会这样呢？是否是因为战争的缘故呢？还是有别的原因？

宋朝不仅仅有着不杀文人的传统，还有一个很大的特点，就是普通人可以通过科举"高考"，让自己"朝为牧田郎，暮登天子堂"，形成一种"皇帝与士大夫共治天下"的局面，因此在宋朝的发展历史中，士大夫始终起着非常重要的作用。宋朝有着许多著名的士大夫，关于这些士大夫，也有一个非常值得注意的现象就是，当时许多著名士大夫都是出自单亲家庭，为什么会这样呢？

宋朝的很多名人都是出自单亲家庭，如"唐宋八大家"之一的欧阳修，就是从小由母亲抚养成材的一个很好的例子。欧阳修是江西庐陵人，4岁时父亲就去世了，其母发誓守贞不再改嫁，并亲自抚养欧阳修成人。由于没有父亲，欧阳修的家庭非常贫困，为了学习，他不得已用荻秆在沙地上练习写字。欧阳修非常聪明好学，"读书辄成诵"，因此长大后成为宋朝著名的政治家，官至副宰相，没有辜负母亲对他的栽培。

《岳阳楼记》的作者、著名政治家范仲淹也出自单亲家庭。范仲淹出生于苏州吴县，两岁时父亲就去世了，随后范母谢氏带他改嫁到山东淄州长山县一户姓朱的人家，在这里范仲淹有了一个新的名字——朱说。等范仲淹长大一点后，得知了自己的身世，于是就辞别母亲，一个人到应天府的同文学馆刻苦读书，以日后考取功名。当时冬天异常寒冷，范仲淹生活贫困，为了度日，常常将冷却的粥划为几份，每顿吃一份。有人见他生活如此艰苦，主动提出给予他经济上的支援，但范仲淹担心安逸的生活会消磨了自己的意志，拒绝了。在这

北宋　欧阳修　《谱图序》稿并诗

欧阳修《谱图序稿》，实际上包括《欧阳氏谱图序》和《夜宿中书东阁》七律一首。

样艰苦的环境下，范仲淹学有所成，最终考中进士，把母亲从朱家接回奉养，恢复自家姓氏。最终范仲淹在功名上取得成就后，他读书时"划粥充饥"的典故成为许多穷苦子弟学习的榜样。

除了欧阳修和范仲淹，宋朝出自单亲家庭的士大夫还有北宋宰相曾布、刘絜、唐恪，副宰相李至，南宋宰相张浚、赵鼎、真德秀，中书舍人彭龟年等许多名人。

为何宋朝这么多著名士大夫都是出自单亲家庭呢？造成这种现象的原因有很多，第一，在古代中国，医疗水平比较落后，人的生存环境也较差，再加之连年战乱以及自然灾害等因素的影响，宋人的平均寿命仅有30余岁，远远不及我们现代人。如此一来，那些生活贫困的宋代家庭子女出现单亲的概率就会大大增加。第二，宋代提倡科举制度，使得很多社会下层人士能够通过这条途径提高身份、扬名立万，使他们的奋斗有了一个非常明确的目标。一般情况下，出生于贫穷而又是单亲家庭中的孩子，他们往往比普通家庭的孩子更加知道生

▶ 南宋　李唐　村医图

这是一幅风俗人物画，描绘走方郎中（即"村医"）为贫苦百姓医治疾病的情形。

活的艰辛，因而会更刻苦地读书，积极上进，以求能够通过读书这条路获取功名。第三，单亲家庭的孩子会更多地得到他人的同情和帮助，这也是使得他们容易成功的一个不可忽略的条件。最后，还有一个最为重要的原因，那就是那些著名士大夫家的单亲家教甚严。

宋朝与其他各个朝代相比，严父的故事并不突出，但严母教子的例子却很多。寇准自幼丧父，家境非常清贫，全靠母亲织布度日。寇母常常于深夜一边纺纱一边教寇准读书，督导寇准苦学。小时候的寇准不懂事，非常贪玩，喜欢飞鹰、走狗。他的母亲生性严厉，一次见寇准又没有好好学习，大怒之下用秤锤砸寇准，"中足流血"，这一秤砣把贪玩的寇准砸醒悟了，从此他开始发奋读书。由于家里的生活条件不好，寇准还未成名时母亲就劳累而死了，成了宰相后的他还经常抚摸脚上留下的伤疤，边思念母亲边哭泣。宋代陈尧佐、陈尧叟和陈尧咨三兄弟是名门之后，三人均为当年科举考试状元，陈尧叟的官职还曾做到开府仪同三司。他们的母亲冯氏对三兄弟的管教一直很严，即使他们都考取了功名，也不让他们奢侈。陈尧佐在当知府时，经常参与一些宴请，并被引导射箭取乐，冯氏知道后，生气地用手杖打他，无意中把放在一旁的鱼缸都打碎了。苏轼虽然父母都健在，但父亲苏洵长年在外游历，教导苏轼读书的也主要是母亲。

所以我们不难看出，宋朝的士大夫之所以多出于单亲家庭，最大的原因是他们有一位严母。在宋朝时，"母慈"的观念发生了转变，宋人开始逐渐认识到母亲溺爱子女的危害，司马光就曾经说过："作为人母，不患其不慈，而患其只知爱而不知教。古人说得好，'母慈败子'。"因而宋代有见识的母亲大多都严格教子，不娇惯孩子。其次，宋代文化教育的发展，使得很多母亲都能够读书识字，如此一来，她们也能更好地督促和引导孩子读书。比如欧阳修、苏轼、真德秀的母亲都是亲自教自己的孩子读书的。

宋朝的"小品"

　　小品是一种短小精悍、情节简单的艺术表现形式，具有幽默风趣、贴近生活、针砭时弊等特点。早在宋朝时期，小品就已经存在了，不过在当时被称为"滑稽戏"。那么，经过了几百年的发展，我们今天看到的小品与那时候的小品一样吗？

　　2009 年春节联欢晚会上的小品《不差钱》给许多人留下了深刻的印象，小沈阳也因此一炮而红。从这个让人捧腹过后又陷入沉思的小品中，我们不难总结出如今小品的特点，那就是要求同时具备短小精悍、情节简单、幽默风趣、贴近生活以及针砭时弊等几个因素。在今天，小品已经成为广受大众欢迎的一个娱乐项目，那么早在几百年前的宋朝有小品吗？如果有，那时候的小品又是怎样的呢？

　　"小品"一词早在晋代就已经出现了，本是佛教用语。《世说新语·文学》中的"殷中军读《小品》"一句下刘孝标注："释氏《辨空经》，有详者焉，有略者焉。详者为《大品》，略者为《小品》。"鸠摩罗什翻译《摩诃般若波罗蜜经》，将较详的二十七卷本称作《大品般若》，较略的十卷本称作《小品般若》。可见，在佛经中，"小品"与"大品"相对，指佛经中篇幅较为短小，语言简约的节本，因便于诵读和传播而备受人们的青睐。中国的喜剧小品，最早是演艺界考试学员练习的片段，当录取单位老师现场出题时，应试者当场表演的就被称为"小品"。1983 年，中央戏剧学院表演系 80 班的一个戏剧练习片段《卖花生仁的姑娘》，作为一个戏剧小品上了春节联欢晚会，这种短小诙谐的艺术风格赢得了观众、专家、学者的一致好评，从此中央电视台的春节联欢晚会又多了一种新的艺术形式——"小品"。我们今天所说的小品，是继

南宋　佚名　歌乐图

此图的主题标以「歌乐」，是从唐代优戏发展而来的宋代杂剧，兼有歌舞和表演并带有一定情节的戏曲形式。

南宋 佚名 卖眼药图

这幅人物造型夸张、具有广告意味的体现风俗的杂剧，蕴含着宋代独特的民俗和丰富的医史知识。

承和发展了话剧、相声、二人转、小戏等剧目优点的一种艺术形式，这和宋朝时期的滑稽戏颇有相似之处。

宋朝的杂剧是当时社会各阶层喜闻乐见的一种娱乐艺术形式，其中流传最广的，就是类似于今天小品的滑稽戏。滑稽戏的表演"全以故事，务在滑稽"，一般由民间艺人来表演。在当时，滑稽戏的影响力较大，一些著名的滑稽戏演员还被请去参加皇家重大宴会。宋朝的滑稽戏表演，每台出场一般需要四到五个演员，其中，"末泥"的职责是引入戏情，"副静"的职责是逗哏，"副末"的职责是捧哏，"装孤"者则负责扮演长官或者君王，"把色"者"吹曲破断送"，即我们今天所说的伴奏者。与今天的小品相似的是，宋朝的滑稽戏以反映社会现实为主，让人在笑声中也能感受到对时政的讽刺，所以广受欢迎。

宋太祖重视文臣，因此在北宋时期科举异常发达，当时一些学子为应付科考，竟然盲目模仿唐朝诗人李商隐，当时就有滑稽戏表现了这个问题。在一出滑稽戏中，一个演员上场，身上的衣服残破不堪，他的背后写着"李商隐"三个大字。然后另外一个演员也上场来，见此大惊失色地问道："大诗人为何如此模样？""李商隐"回答说："现在许多读书人都从我身上撕扯东西，然后拿去拼凑，结果我就这样了。"顿时看戏的人哄堂大笑。

宋朝的滑稽戏还敢对君主和权臣进行讽刺。在高宗专为秦桧举行的庆功宴会上，滑稽戏表演者就不畏强权，演出了一出讽刺二人屈辱求和的剧目。戏开场时，表演者先歌功颂德一番，让高宗和秦桧好不得意。此时，一个演员忽然在台上摔了一个跟头，帽子也被摔得老远，因此露出了头发上别着的一个大发环，有演员就问他："你头上戴的是什么？"摔倒的演员回答说："二胜环。"这在当时是非常流行的一种发环，而且名字与"二圣"同音，暗指被金人掳走的徽宗和钦宗。然后又有人打了摔倒者一个耳光，斥责道："你老老实实地在你的太师椅上坐着，高薪厚俸领着，至于二胜环，你管它干吗？"被如此羞辱了一番，本来很高兴的高宗和秦桧顿时羞惭不已。

除了以上所表现出来特点外，宋代的滑稽戏还反映了许许多多的社会问题，与我们今天看到的小品相似。

宋代不同职业的人衣着特点

在这个穿衣打扮比较随性的时代，我们走在大街上，别人根本无法通过服饰来判断我们的职业。但是在宋朝，人们很容易就能从服饰上面判断出对方的职业，如果对方是官员，也能一眼看出他的官职是几品，为什么会这样呢？

为什么宋朝的人在穿衣打扮上会有如此分明的标准呢？这得从封建社会森严的等级制度说起。

到宋朝时，封建社会已经逐渐趋向衰落，维护封建统治的程朱理学成为两宋时期的统治思想。理学家认为封建社会的伦理道德是天理，父子君臣尊卑贵贱的等级制度是永恒不变的，为了便于统治人民，统治阶级按照封建的伦理道德去规范自己统治下的民众。统治阶级把理学思想、封建社会的等级观念，渗透到社会生活的方方面面。特别是在车、轿、马匹的使用，房屋的规格和装饰，以及服饰等方面，都制定了严格的制度，以此来区分每个人的等级。

宋朝的官服基本上都是承袭唐朝。皇帝服黄袍"宋因之，有赭黄、淡黄袍衫，玉装红束带，皂文鞾，大宴则服之"。皇太后、皇后戴龙凤花冠，命妇戴花钗冠。大臣也各有服制。"宋因唐制，三品以上服紫，五品以上服朱，七品以上服绿，九品以上服青"。熙宁元年（1068 年）"去青不用，阶官至四品服紫，至六品服绯，皆象笏、佩鱼，九品以上则服绿"。

用来区别官职级别，除服饰的颜色以外，还有帽子、腰带、靴、装饰物等。"幞头"是宋人普遍使用的帽子。据《宋史·舆服志》记载："其初以藤织草巾子为里，纱为表，而涂以漆。后惟以漆为坚，去其藤里，前为一折，平施两脚，以铁为之。"从这幞头，我们就能看出不同人的不同身份。

"鱼袋"是官员服装上的佩戴之物。宋代用金银做成鱼形，系在官服的带子上，然后垂挂在身后，从"鱼袋"也可以区分贵贱等级。据《宋史·舆服志》载，凡穿紫色官服的官就用金制的鱼袋，穿红袍的则用银鱼袋；朝廷"赐紫"的，给金涂银的鱼袋；"赐绯"的也有特别的鱼袋。京官、州县官、皇上特赐紫衣红衣的都会佩上鱼袋，而亲王和武官及在内廷供职的将校则不需要佩戴鱼袋。宋朝本来是"不许伎术人辄佩鱼"的，可见比较轻视科技。但仁宗时，尚药徐安仁被特许佩鱼，这对他来说是一种极大的恩典。

笏是大臣上朝时手中所持的手板，宋文散五品以上用的手板是象牙的，九品以上则是木的。不同的官员之间其朝靴也有分别，靴子统一使用黑革做成，另外还会配以绚、纯、綦四种装饰物，绚为鞋头装饰物，上有圆孔，为系鞋的丝带，纯为丝边，綦为鞋上的花纹。大夫以上的朝靴四种装饰都具备，武功郎以下则没有丝带，宣教郎以下至将校、伎术人都没有丝边。

宋朝不仅官员在服饰上的等级制度森严，即使是庶民百姓，朝廷对他们的服装也有严格限制。端拱二年（989年）明令规定，"县镇场务诸色公人并庶人、商贾、伎术、不系官伶人，只许服皂、白衣，铁、角带，不得服紫"。即当时的普通百姓只能穿黑、白两种颜色的衣服，后来规定有所放宽，但仍不能穿紫色和金色的服饰，诸如此类的服饰规定还有许多。宋朝这样做的目的，是让老百姓不能和官员处在同等地位，即"娼妓之贱，不能同贵者并丽"。

当时，即便是各行各业的商贩，在服饰上也有各自的特征，因此人们很容易就能对各个行业的人进行分辨和寻找，同时这种方式还能表明他们在"士、农、工、商"中的等级地位。另外，如果同一行业中有商贩被他人欺凌，他的同行就可以从服饰上来判定，从而前来救护，这也有利于维护行业利益。据《东京梦华录》记载：宋朝东京的士、农、工、商诸行各有"本色服饰，不敢越外"。例如商贩中在香铺卖香的人，就只能"顶帽披背"，而典当行的商贩穿的则是"皂衫角带"，不顶帽，彼此之间一定不能有所混淆。另外，卖药和算卦的人"皆具冠带"，卖菜的商贩穿白虔布衫，戴青花手巾。宋朝这种体现在服饰上的森严的等级制度，甚至连街边行乞的乞丐都无法避开，他们也有不同等级的服饰，如果没有按照规定穿衣服，必将为众所不容。到南宋时，临安诸行商贩也是如此。在吴自牧的《梦粱录》中记载，与北宋汴京人相同，临安"街市买卖人各有服色头巾，各可辨认是何名目人"。如果是卖饮食的人，连自己的推

宋　张择端（传）　清明易简图（局部）

此图可让观者对宋朝都城的繁华胜景一目了然。

车都要装饰得华丽一新，器皿都要擦得干干净净。从这种种表现中我们可以看出，宋朝人之所以能从衣着分辨商贩们的行业，正是由于当时政府对各种等级、各行各业的人员的服装进行严格分类，才导致每种人群的衣着都各有特点，这样使得人们从服饰分辨他们的身份和职业就很容易了。

宋朝海关查"护照"和"签证"

现在我们去别的国家，都需要先办一个签证，然后才能自由通行。两宋时期，由于国际贸易的发展，在我国与其他国家之间形成了一条条海上通道。那么，当时其他国家的人来我国时，也像现在一样需要办理"护照"和"签证"吗？

在航海技术方面，宋朝时的我国人民已经积累了丰富的经验。据《萍洲可谈》和《宣和奉使高丽图经》记载，"舟师"在海上航行时，"识地理，夜则观星，昼则观日""惟视星斗前迈"，说明此时的人们已经开始利用天文知识来辨别方向。而且北宋时期就已经将指南针应用到航海上了，科技的发展为两宋时期进行海外贸易提供了有利的条件。

另一方面，当时中国的造船技术处于世界先进地位。在东南沿海地区，有许多制造"船舶""海舶"的作坊。官营作坊以造纲船、战船、座船为主；民营作坊则以造商船和游船为主。这个时期所造的船只，其体积和载重量都较前代有明显的增加。在今天泉州的海外交通史博物馆大厅内，陈列着一艘出土的宋代大船，整艘船残长 24.2 米，残宽 9.15 米，所以我们能想象在宋朝时这艘船的巨大。经过初步估计，这艘船的载重量约为 200 吨。宋徽宗时造了两艘出使高丽的大海船，称为"神舟"，据估计，这艘"神舟"的载重量大约为 1100 吨，其结构非常复杂，吃水深，抗风浪的能力强，还具备了隔舱防水这一技术，处于当时世界造船业的尖端。

航海技术和造船技术都已经具备了，再加上由于西夏阻隔了西北的丝绸之路，而且北宋的都城为汴京，经济中心向南移了。因此，从宋朝开始，东南沿海的港口成为新的贸易中心。

宋朝时期国际贸易异常繁荣，与中国通商的国家有：占城、真腊、三佛齐、

南宋　李嵩　天中水戏图

此图所绘为宋代大船，可见宋代造船业已十分成熟发达。

吉兰丹、淳泥、巴林冯、底切、三屿、兰无里、大食、大秦、麻嘉、白达、波斯、
伊禄、中里、故临、细兰、登流眉、斯伽里野、木兰皮等欧亚地区 58 个国家。
宋朝出口的货物包括丝绸、瓷器、纺织品、糖、茶叶和五金。进口货物有象牙、
珊瑚、珍珠、玛瑙、琉璃、玳瑁、乳香、没药、安息香、胡椒等几百种商品。
当时宋朝政府从大量进口货物获得的税收，从北宋皇佑时的 53 万贯，治平时

的 63 万贯，到南宋绍兴时已达 200 万贯，占到了全国财政收入的 60% 左右，对宋朝的经济繁荣起着很重要的作用，宋高宗曾说过："市舶之利最厚，若措置得宜，所得动以百万计。"因此朝廷先后在广州、临安府（今杭州）、明州（今宁波）、泉州、密州板桥镇、嘉兴府（今秀洲）华亭县（今松江）、镇江府、平江府（今苏州）、温州、江阴军（今江阴）、嘉兴府澉浦镇（今海盐）和嘉兴府上海镇（今上海市区）等地设立市舶司专门负责管理国际贸易。既然有了专门的机构进行管理，那出入这些港口的船员肯定需要一个证明自己身份的文件——"护照"和一个通行证——"签证"。

在宋代，如果没有经过市舶司的港口特许，任何人都没有权利发放和接待外贸商船。一般当外国商船进入中国国境时，边防军首先会确认他们的身份，确认之后还会承担起接待和护航任务，一直到他们停泊在目的港口。朝贡贸易是宋朝海外贸易的重要组成部分。即使是外国朝贡船舶，宋朝也要求其持有本国政府颁发的"护照"，即一种证明他们身份的正式表章。天圣四年（1026 年），明州的市舶司接待了日本国太宰府遣来进贡方物的人，但因为这些人没持本国表章，宋朝朝廷明确表示不欢迎，"诏却之"。因地理条件的缘故，宋朝杭州、明州港发放和接待的多为往来日本、高丽的船只，广州港发放和接待的则多为往来东南亚及其以西国家的船只。

其次，外国商船到达后，要向边防军和地方政府申报自己带来商品的种类和数量，并接受一系列的检查，出示该国颁发的"签证"，即出海许可证，称为"公据"。如无"公据"而擅自出海，船上的人就要受到轻重不等的惩罚。另外，宋朝海关还要检查船上是否有违禁物品和不该出现在船上的人等。

最后，宋朝官府要对船上进口商品征收进口税，这在当时被称为"抽解"。在宋代，这种税多以现钱的方式征收，一般税率是 10% ~ 20%。除了抽税外，宋朝政府还规定了一部分进口商品为禁榷品，这些物品只能通过宋朝政府进行收购和统一销售，一般为比较热销的商品。不过，在后来的贸易发展中，宋朝官府禁榷商品的种类和数量逐渐下降。

在各项例行程序完成后，外商还要在宋朝海港当地找保人给自己担保，从宋朝市舶司取得凭证后就可以到各地通行贸易了。可见，当时的外商要从宋朝出入国境，就已经需要接受类似于"护照"和"签证"的检查了。

藏在古画里的大宋史

光怪陆离的尘世间，往往无奇不有。市井百态，姿态万千，无论是俗是雅，是真实是虚构，都能让我们从中嗅出属于那个朝代的独特气息。那些无须雕饰便妙趣天成、让人拍案称奇的奇闻异事，今天的我们读来依旧为之感叹：风华绝代的青楼名妓最终却嫁给了一个小小的卖油郎；一点小小的守宫砂竟然会牵动着古代无数女子的喜怒哀乐，甚至会让她们丢掉性命；一个疯疯癫癫的寺院扫地僧竟然敢戏弄与嘲笑当朝权臣秦桧……

第七章

市井轶事：酒垆博塞杂歌呼

　　白话和文言是两种不同的语言风格，而且也是古而有之的，它们既是相互依存又是相互对立的。文言解释为只是见于文而不口说的语言。白话中的白指的是通俗易懂，话是所说，意思就是日常口说的语言。但随着人类社会文明发展的程度越来越复杂，语言也就不得不变得越来越复杂了。据史书记载，宋朝的口语和书面语的差别是非常大的。那么，在日常生活中，宋朝人是说白话，还是文言呢？

　　经学者研究表明，在唐宋以前，人们的日常说话与文言文是没有太大差别的。隋朝时，北方人日常说话都多运用古语，而且上层的士大夫和普通民众的口语基本上都是一致的，甚至民间中一些口语也和古语一样典雅优美。

　　但是到了唐宋时期，日常的口语和书面语的差别就开始体现出来了。宋朝人的日常说话基本上都是以口语为主，即白话文，说话都比较通俗易懂。如在

北宋时期有这样一个故事，可以充分体现北宋日常白话的通俗易懂。登州妇人阿云用刀砍伤了丈夫韦阿大，官府在审问她时问道："是你砍伤本夫？实道来，不打你。"可见语言易懂之程度。宋金使者往来，宋人记录金人的语言，也会适当用上一些白话文。如金国大将军完颜粘罕对马扩说道："见皇帝说，射得煞好，南使射中，我心上快活。"这都体现出大宋朝当时的语言风格与语言习惯。著名的理学家朱熹当时尽管善于用文言文写文章，但是在日常生活中同样也是使用通俗易懂的白话，而非文言。

众所周知，宋代的文豪不胜枚举，在文学上取得了很高的造诣，但是这并不代表宋代口语也同样具有文雅的气质。反之，宋代口语还会略微带些不雅的意味，不过也不失语言的生动形象。如在文言中的"足"和"目"白话译为"脚"和"眼"，文言中的"母、子"译为"娘、儿子"……同时也创造出许多新的"复音"词，比如"焦虑""惊动""追赶""抱怨"之类。并且还出现了一些新造的词语，如秦桧杀害岳飞时硬加在其身上的"莫须有"等词语。宋朝人在口语语法的变化上也很明显，比如第一人称代词说成"咱""俺"，表示人称代词复数则会加上"们"字，等等。而且还创造许多新的谚语，被广泛应用在日常生活中。

北宋　张先　十咏图

此图是一幅山水人物画，小亭内，二老手扶栏杆，一面赏景一面闲话，是宋朝人日常的生活情景、风物人情的体现。

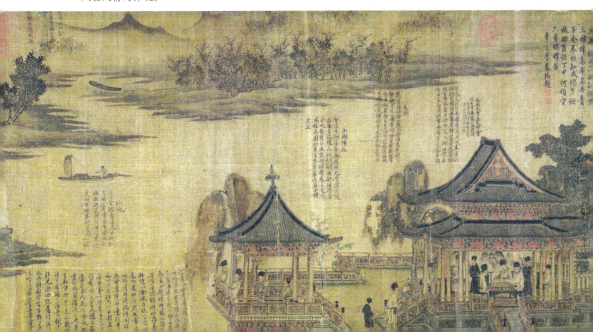

一些研究宋代文学的学者曾这样认为，宋代语言发生的变化并不只是上面所交代的一种，还有一个重要的变化就是口语开始与书面语相互渗透，一些口语开始被广泛应用到书面语当中。如宋代的话本、小说、笔记甚至是诗歌、辞赋中都开始越来越多地使用口语，这样便拉近了普通百姓与文学的距离，让百姓对"之乎者也"等古语更加明白易懂。南宋著名女词人李清照的《声声慢》一词："乍暖还寒时候，最难将息……守着窗儿，独自怎生得黑……这次第，怎一个愁字了得。"这样的文字读起来朗朗上口，寓意清楚明白。《夷坚志》原本是一部文言小说，而作者洪迈却在其中夹杂了许多口语，如《建康头陀》这个故事中说道，有一个叫范同的学生讽刺绰号为"秦长脚"的秦桧，说："这长脚汉也会做两府？"文义概括得简洁明了。宋朝人在日常生活中说话讲白话，也是语音演变由繁到简的一个必然发展趋势，对宋以后的各个朝代人们日常说话讲白话具有非常重要的影响和意义。

再者，宋朝虽然没有像现在一样一直在推广说普通话，但是人们为了交流方便，也会以一些地方的方言作为标准话，而且这种标准话流行于官员们中间，被称为"官话"。宋朝的官语则是洛阳话。在宋真宗时期，宰相寇准和丁谓曾就"天下语音何处为正"这个话题展开过讨论。寇准认为"唯西洛人得天下之中"，他认为当地人说的话是最标准的。陆游也曾说："中原唯洛阳得天地之中，语音最正。"陈杰在《登钟山憩定林》一诗中写道，金陵"语音京洛近，王气海潮东"。因为开封与洛阳所处的地理位置靠近，所以两地方言差别很小，开封话可以说是那时候的普通话，但是论及语音，还是洛阳的"语音最为纯正"。吴自牧编纂的《梦粱录》中写道，现在临安街市和宅院，"往往效京师叫声"。时至今日，杭州官话在某种程度上仍保留着北方的语音。唐宋诗词的平仄韵律也完全是以洛阳口音为标准音的。

宋朝的"剩男剩女"

在我国古代有句话备受推崇，叫作"不孝有三，无后为大"，把传宗接代看成是头等大事，故而中国人向来早婚，有的在二八之龄，即成为人父或人母。然而，在宋朝时期，却一反这"常理人伦"，社会上到处都是"剩男剩女"，最"剩"者可剩到"五十年前二十三（岁）"，何也？究其原因，可用八个字来总结：哥为书狂，女为哥狂！

"父母之命，媒妁之言"是中国古代婚嫁的准则，所以中国人向来早婚，有的在二八之龄，即成为人父或人母了。然而，在我国宋朝时期，却一反这种现象，社会上到处都是"剩男剩女"。

"剩男剩女"是时下一种流行的说法，说得直接一点，就是大龄的"男光棍"和"女光棍"。我国向来有种说法叫"不孝有三，无后为大"，把传宗接代看成是头等大事，为何宋朝时期，人们敢于违背常理人伦？

其实，宋朝人不是不想，而是"不能"。从我国传统文化上来看，人们总是把家看得很重。有家就要有房。要结婚就要先买房，可买房子不是买蔬菜，很多人忙一辈子也不见得就能买得起一套房。所以，没房自然就不结婚了。这是时下很多人最真实的苦恼，也是造就"剩男剩女"的主要原因。宋朝人之所以"不能"，也是因为这个原因。

宋朝的男人为了追求"一套房"，不惜一切代价在奋斗。怎么奋斗呢？读书！如果说唐朝是婚外恋者的天堂，明朝是文痞的天堂，那么宋朝就是读书人的天堂。宋真宗的一首诗将读书的价值说得清清楚楚、明明白白："富家不用买良田，书中自有千钟粟。安房不用架高粱，书中自有黄金屋。"所以宋朝的男人们一看就明白了：最有前途的职业不是练武功的，也不做生意的，而是读书做官！

宋朝的统治者为何如此重视读书？说起来，也是有历史原因的。在宋朝建国之前，是换皇帝比女人换发型还频繁的五代十国，许多皇帝在龙椅上屁股还没坐热就被武人们拧下了脑袋，杀皇帝就像屠牛宰鸡一样。宋朝的开国皇帝赵匡胤便是拧下了众多皇帝的脑袋才荣登大宝的。所以，宋朝的皇帝从心眼里深深地感到了习武之人的威胁。而读书之人手无缚鸡之力，整天讲理论，与文字打交道，浑身上下只有一根舌头最有杀伤力，再怎么折腾大不了也就谩骂几句，却是万万没有能力撼动他赵家江山的。所以，宋朝的皇帝重用文人，提倡读书。

为了鼓励读书，有关部门还颁布了以下政策：第一，当然是福利待遇。宋朝士大夫的工资是最高的，以往任何一个朝代都无法企及，而且每逢过年过节的时候，还有额外的福利补贴。第二，是刑法上的宽松，执行所谓"刑不上大夫"的政策。意思就是说，当读书的士大夫犯法了，也不会受到过重的处罚和刑罚。

中国有句老话叫"酒香不怕巷子深"，何况宋朝的皇帝们还这样大肆鼓吹。所以，耕田的放下了锄头，做生意的放下了买卖，做什么去？读书考功名！全天下的男人好像都在高呼：我为书狂！

为了读书、"买房"，宋朝的男人无法顾及女人。因为他们知道，只有自己有了房，才会有最好的女人。而书中虽有颜如玉、黄金屋，但书中更有坎坷路。很多人一读书就是好多年，转眼间就都变成了"剩男"。如宋人陈修70多岁才中科举，可谓"剩男"中的极品了。当他73岁结婚时，一"剩女"问起年龄，他则巧妙回答：五十年前二十三！

男人剩下了，女人自然也就剩下了。而且宋朝女人的择偶方式，准确地说是女方父母的择偶方式也是很奇特的，他们不要求男方的家世、背景，甚至结婚与否都不在乎，他们在乎的只有一点：你是不是个进士！所以每逢发榜的时候，女人们便开始抢老公，这叫作"榜下捉婿"。在宋朝有句话得到了真正的体现：十年寒窗无人问，一举成名天下知。天下知，倒不如说是天下女子父母知。

宋真宗时期，一个叫范玲孙的中了榜首，宰相便立马将女儿嫁给了他；宋神宗时期，一个叫蔡卞的中了进士，王安石让其火速娶了自己的女儿。为了等一个中榜的男人，实在不是一件容易的事情。发展到后来，人们便开始"预定"了，只要看好了某个人有可能中榜，便先定下来，只要一中便立马结婚，宋朝的大文豪欧阳修就是这样被人家定下来的。而抢不到、订不到的女人，就只有等了。这一等，少女便成了"剩女"。

当然，宋朝的男人们这么辛苦才跳进龙门，身价高了，选老婆的眼光也就高了。在宋朝时期，因为商品经济发达，社会上弥漫着一派奢华的风气，进士选老婆是要看女人家底的。说白了，你有钱我就娶你，你没钱一边待着去！所以家底不厚的女子也是痛苦的，无疑成了"剩女"的主要来源，而就算是家底厚的，找个好老公也是"价格不菲"。很多女人为了嫁个好老公都掏空了家底。据史料记载，宋神宗的弟弟为了嫁女儿，因为高额的嫁妆而不得不向皇帝哥哥预支工资。

宋朝的皇帝可能做梦也没想到，为了巩固自己的统治，竟然因小失大，犯了"无后为大"的错误。

南宋　刘松年　山馆读书图（局部）

图上两棵参天高松顶天立地，上部的松枝如盘龙相互缠绕，曲折多变，一书生坐于厅内，手按诗书正聚精会神地读书。此处景色优美，环境清静，正是读书胜地。

宋代男子头戴一枝花

　　校花、班花、办公室一枝花，向来都是对女子的美誉，而戴花也一直是女子的专利。然而，宋朝的男人也要戴花，是何用意？有人可能回答：江湖中又多了一个东方不败，但我要告诉你，这些戴花的大多不会武功。戴花是宋朝男子中的普遍现象，犹如女人裹小脚一样。那么真相到底是什么？我们一起来探究一下宋朝男人的心理。

　　《水浒传》中有个人物叫"一枝花"蔡庆。没读过《水浒传》的人可能会联想到蔡庆是个像东方不败一样的人物，但小说中，他却是一位专管行刑的"职业杀手"，是个生得"眉浓眼大性刚强"的大汉。读过《水浒传》的人都知道，其实喜欢戴花的男人不止蔡庆一个，还有很多。比如浪子燕青，他一出场便是"腰间斜插名人扇，鬓畔常簪四季花"；阮小五是"斜戴着一顶破头巾，鬓边插朵石榴花"；杨雄也"鬓边爱插翠芙蓉"……这说明什么问题呢？是作者刻意丑化这些人物，还是别有用心？其实这些猜测都不对。事实上，小说所反映的是一种社会现象：宋朝的男子喜欢戴花。

　　据史料记载，宋徽宗每次出行归来的时候都是戴着花的，随他一同出行的臣子和侍卫们也都赐花簪戴。

　　宋朝诗人杨万里有这么一首诗："春色何须羯鼓催，君王元日领春回。牡丹芍药蔷薇朵，都向千官帽上开。"这里说的就是皇宫里面的景象。因为人人头上有花，远远看去就像一片红云浮动。同样，诗人姜夔也有描写男子戴花的诗句："万数簪花满御街，圣人先自灵景回。不知后面花多少，但见红云冉冉来。"总而言之，在宋朝时期，男子戴花成了一种普遍现象，犹如人们穿衣戴帽、女人裹小脚一样。

如今，在我们普遍的审美观看来，戴花一向是女子的专利，男子戴花的实在是少之又少。除了在幼儿时期会表现出性别不分的情况，如穿裙子、扎辫子，或者就是女儿装扮，基本上成年男子是不会做出这种男女不分的行为来的。就算有极个别的，也被看成了异类。那么，宋代男子戴花是否与性格不够阳刚有关？花儿这样红，往往是为了"招蜂引蝶"，一个男人戴花是否显示其风流、放荡呢？

　　其实，宋代男人戴花的习惯与性格、风流等都无关，只不过是当时社会的一种普遍风气而已。当然，男人戴花在宋朝之前也有，只是不像宋朝那样普及。宋朝男子之所以戴花，主要还是与朝廷礼仪和士大夫们的生活习性有关。

　　在宋朝建国之初，有这么一个惯例：凡是朝廷举行隆重的集会，参加集会的人无论是皇帝、大臣，还是太监都要戴花，而且戴花的礼仪也很有讲究。如果是皇帝生辰的宴会，一般采用绢帛做的花。因为像这样盛大的日子，往往会有邻国使臣到场祝贺，而使用绢帛制成的花，则是为了表现节俭的高尚品质。如果是春秋时节所举行的国宴，一般则采用罗帛所制作的花。美丽的罗帛花大方、素雅，适合这样一些庄重的场合。但如果是在一些游乐场合的话，人们一般则都用极为珍贵的镂金花。当然，在这些场合花都不是随便戴的，一般都要戴皇帝御赐的花，称为御花。御花可以是人工制作的，如绢帛、镂金制作的这些，被称为簪花；除此之外，也可以是鲜花，当时称为生花。如果是簪花的话，依照官品从高到低的等级，御花的材质也各有不同。如果是鲜花的话，一般没有太多的等级讲究。有一次宋真宗设宴，赐给百官的就是牡丹花。

　　原出于礼仪、爱好而戴花的宋朝人，因为朝廷"簪戴"之风流传出来，士大夫阶层便纷纷效仿，认为戴花是一种上层社会身份的标识、等级的象征。所以，就算是士大夫之间的聚会，他们也往往会戴鲜花助兴。

　　宋朝一个士大夫叫韩琦，当他在扬州担任知州的时候，府衙花园中的芍药正值盛开，而百花之中，有四朵金黄色的最为艳丽。韩琦视此四朵花为奇葩，并在府中设宴，邀请名人雅士共同欣赏、佩戴。

　　这四朵花"天姿国色"，绝非凡品，请哪些人来才合适呢？当然，韩琦自己是要佩戴一朵的，另外三人，他便想到了当时州签判官王安石，通判王硅。他们二人都是天下名士，也可以分得一朵。如此一来，便还剩一朵，给谁合适呢？恰巧在这个时候，名士陈升之赴任途经此地，正是"天作之合"。于是，韩琦将第四朵给了陈升。

四朵名花有主之后，韩琦便摆宴赏花。众人吟诗唱词，兴致非常高。说来也巧，佩戴了这四朵花的人日后都做了宋朝的宰相，所以人们又说这是上天降下的"花瑞"，戴花便成了士大夫们口中的吉祥之兆，得到了极力推行。

帝王戴花、名流雅士亦戴花，在文人翻身做主的宋朝，人人读书，争做文人，当然也将戴花之举推到了极致。所以，就是宋朝的一名普通的男子，出于对美好的追求，也会为自己戴上一枝花。

宋朝男子戴花，虽为现代人所不解，但人人崇尚戴花，自然也就促进了各种花的"繁衍"。除了鲜花的种植得到了发展之外，人工制作的簪花工艺也得到了开发和推广。大文学家欧阳修就曾讲道："洛阳之俗，大抵好花。春时城中无贵贱皆插花，虽负担者亦然。"由此看来，宋人戴花是一种独有的社会文化风气。

▶北宋　苏汉臣　货郎图

该图画技上采取了写实的手法，货郎头上插着一朵小花。

宋朝官帽的形状

宋朝的官帽看上去非常滑稽，在纱帽后面加上了两根长长的翅膀，远远看去好像人头上长了两根牛角一样。大臣们每天上朝都要戴着这样的帽子，尽管难看又难受，却也没有办法，所谓"君要臣死，臣不得不死"，何况是戴一顶可笑的帽子呢？但我们不禁发出疑问：这是什么人的设计，其中包含了何种文化底蕴，抑或是有多少不可告人的秘密？真相大白之后，原来又是某人的一次处心积虑。

宋朝的官帽非常奇特，在帽子的基础上，又加上了两个翅膀。远远看去，就好像人头上长了两根牛角一样。看过《包青天》之类电视剧的人应该对此有深刻的印象。所以，宋代的官员很好辨认。相传在北宋时期，就曾发生过一个因官帽而识人的故事。

一次，大宋的宰相寇准，为了视察民情，微服私访，游历于河南开封一带。所谓微服，即穿着民装，避免引起别人的注意。然而，当寇准向一位老汉问话的时候，尽管"洗尽铅华"，不摆官威，不打官腔，但老汉依然吓得两腿发软，几乎说不出话来。

寇准不明所以，就对老汉说："我不过是个平凡的书生，老人家何必如此惧怕，不妨随便一些。"老汉回答道："相公是位官爷，草民怎敢无礼呢？"

听到此言，寇准一惊，连忙审视自己，但看了半天也不觉得自己何曾露出"马脚"，心想这位貌似普通的老汉可能是位高人，于是便对他行礼，说道："老丈眼力过人，你我素不相识，便能识破我的身份，真乃世外高人也！"

老汉低头颔首道："官爷别折杀草民了，老汉我不过一介平民，怎敢称为世外高人！之所以能看出相公您是位官爷，是因为刚才您走过窄巷的时候，

北宋 佚名 宋徽宗像
此为宋徽宗所佩戴展角幞头像。

总是侧着身子左顾右盼，生怕有东西碰着帽子。如果相公您不是当官的常戴长翅的官帽，又怎会不自觉地有这种反应呢？"

寇准闻言，低头不语，又好像一切尽在不言中。

在今天看来，宋朝的官帽看上去非常滑稽。宋朝之前，这种官帽既不是文化特征，又没有特殊的含义，为什么宋朝当官的要戴这种官帽呢？

所谓空穴来风，任何事情的由来肯定是有原因的，但这个原因和宋朝的帽子一样，听起来也是有些滑稽。因为发明这种帽子的人就是宋朝的开国皇帝赵匡胤，而之所以将官帽设计成如此造型，只是为了避免大臣们窃窃私语。

我们看电视都知道，在朝上，太监总是一句：有本上奏，无本退朝。要谈论，当然是对着皇帝说了，在朝下窃窃私语确实很容易招来皇帝的反感。所谓事无不可对人言，又何必有此"小人行为"呢？看上去，赵匡胤是有理的，其实这也不过是为了维护其统治的一种手段而已。

回首封建社会历史，想雄霸天下的人都是阴谋家，而每朝每代的开国皇帝更是阴谋家中的佼佼者。秦始皇为了嬴氏天下得以传至万世，便焚书坑儒；汉朝的刘邦稳坐龙椅之后，便实行了"兔死狗烹"的残酷杀戮；三国时期的曹操更被冠以枭雄中的翘楚……宋朝的开国皇帝赵匡胤自然也不例外，他当上皇帝的手段便是"陈桥兵变"，而在夺得天下之后，又玩了一把"杯酒释兵权"的游戏。为什么要杯酒释兵权呢？所谓打江山难，守江山更难；水能载舟，亦能覆舟，这些道理早在他黄袍加身之前就很明白。为了守住自己的大好江山，自然是要耍些手段来巩固自己的统治的，杯酒释兵权便是断了其后顾之忧。将大臣们的官帽设计成长翅造型也是为了了断后顾之忧。

从杯酒释兵权这件事情上，就可以很容易看出赵匡胤是很不放心当年一起闯天下的同僚的，所以荣登大宝早期，他还担心文武大臣交头接耳，评论朝政，说出什么对他不利的事情来。

有一次，在听取某个大臣奏章时，赵匡胤发现两侧有不少官员窃窃私语，心里非常不痛快。退朝之后，他想出个办法，传旨官帽后面两侧分别加上长翅。长翅用铁片、竹篾做骨架。一顶帽子两边铁翅各穿出一尺多，后来，这个长度又加长了。这样一来，官员只能面对面交谈，要并排坐着谈就困难了。从此大臣上朝，也就很难排列在一起交头接耳了。

封住了在一起的大臣们的言论，夺了一起征战沙场的兄弟的兵权，这样赵匡胤才能安心地睡好觉，做他的皇帝了。寇准听到老汉识破他身份的解释，可能也是在想赵匡胤为什么要把官帽设计成长翅造型的原因吧。

南宋　佚名　迎銮图（局部）

图中表现的是韦后和徽宗、郑后棺椁回归时的盛况，其中部分官员展角幞头十分明显。

宋朝人偏爱驴

白马王子向来是男人的偶像，女人的最爱。王子身份尊贵，而白马更突出了王子的高大雄峻。就连骑着白马的唐僧也受到各国各地女人的偏爱，如女儿国国王、蜘蛛精、玉兔精等。但在我国宋朝时期，人们却舍弃了对白马王子的追求，将视线集中到驴身上。尽管国人一直将驴视为蠢物，但宋人却站在相对客观的角度，为驴正名。

中国人对驴好像没有太好的印象，总是说"笨驴""蠢驴""拉磨的瞎驴"，但是在宋朝时期，人们对驴却特别偏好，如同名士爱名马、壮士爱名剑一样。电影《大内密探零零狗》里有句台词很经典：用动物的名字也得雄峻一点嘛！这一说雄峻，便说到马身上了。万马奔腾的气象的确雄峻，人们爱马也理所当然。牛也是不错的选择，相传老子远走高飞的时候骑的就是一头青牛，而老子便是日后道家的神仙——太上老君。但宋人为何不爱牛、马，唯独偏爱驴呢？

在历史上，也曾有个爱驴的名士，就是相传的八仙之一张果老。虽然八仙是传说，但张果老确有其人，他是八仙中唯一"名留青史"的人物，可以说是一个真实的神话人物。张果老的日常坐骑便是一头驴，而且他还喜欢倒骑毛驴。

宋人喜欢驴是因为说不出口的无奈——没有马。

古代没有小轿车，没有公交车，连自行车也没有，直到清朝时期，国人才第一次见到了自行车这样一种"铁马"。所以，交通工具只有选择善于奔跑的马。然而在宋朝时期，由于国土内缺少北方草原，没有养马的资源，马匹数量供不应求，有限的马匹都用在武装部队中。无奈之下，宋人只能退而求其次，选择驴来代替马。

据记载，宋朝缺马非常严重，不但普通人没有马匹，就连很多名人也只能骑驴。如宋朝著名的隐士陈抟，"游华阴"也只能"乘驴"；宰相章惇在做官前，初入四川，他的妻子乘驴，他掌控方向，儿女还小，"共以一驴驮之"；王安石的名气够大，银子也够多，但在罢相后，退居金陵，也只能"居钟山，惟乘驴"。

在运输行业中，驴也起着非常重要的作用，如宋仁宗朝，为讨伐西夏曾诏令征调五万头驴来运粮食。

当然，没有马也可以选择牛。牛比驴壮，为何宋人不爱牛呢？这还有另外两点原因，其一是娱乐，其二是食用。

据《东京梦华录》记载，宋朝时期，人们十分喜好一种乘驴击球的游戏。这个游戏与马球相似，有百余人参赛，分别化装成青衣、红衣两队，参赛者各骑一驴，手拿木杖，以杖击球。一般实行单球门制度，哪一方要是能先进三球，将球击入球门就算赢。比赛时球场上群驴争先，球杆挥舞，场面非常热闹、精彩。还有一种叫"驴舞柘枝"的舞蹈表演也颇受欢迎，表演者骑在驴上，使驴踏着节奏，伴着音乐，跳跃摇摆。这种表演的技巧要求很高，当时只有在开封、临安等大城市比较常见。

有一说法叫"天上龙肉，地上驴肉"。驴肉味道鲜美，这也是宋人喜欢驴的一个重要原因，而且驴肉还具有药用功效。据记载，历史上陈后主就嗜好吃驴肉。尽管马匹缺少，驴必当先，官方禁止吃驴肉，但实际上这一禁令是难以落实的。如宋真宗东封泰山时，路上吃住不易，就有宰相等"私食驴肉"的情况；而宋仁宗朝，钱若水在洛阳做留守时，有人送驴肉，因而戏诗两句道："厅前捉到须依法，合内盛来定付厨。"由此可见驴肉之美以及人们对驴肉的喜爱。关于药用功能，唐朝药王孙思邈的《千金方》中记载十分详细：驴肉有治疗中风、抑郁、安心的作用，驴皮制胶，

▶ 南宋　佚名　雪山行骑图

图为宋人冬季行旅图，因天寒风疾驴子不愿再前行，将人与驴之间的"拉锯战"生动地表现出来。

更是功用非凡。

　　驴有这么多的优点，宋人当然选驴而不选牛了。人们常说"有鱼不吃虾"，有更好的选择，谁愿意选择后者呢？

　　所以，综合地理原因以及驴在娱乐和饮食中的巨大作用，宋人爱驴，也便是人之常情了。

南宋　马公显　骑驴郊游图　此图画的是一行五人骑驴出村口的情景。

宋朝为何多黑店

所谓黑店，就是专门图财害命的客店，这一词最早出现在各小说之中。历史上最为著名的黑店应该就是《水浒传》中孟州道母夜叉孙二娘经营的十字坡酒店了。在许多宋代史籍中都有关于各种黑店的记载，为什么历史上最多和最为有名的黑店都出现在宋朝呢？

宋代文学中有很多关于黑店的记载，其中最为著名的黑店要数孟州道母夜叉孙二娘经营的十字坡酒店。在《水浒传》第二十七回《母夜叉孟州道卖人肉，武都头十字坡遇张青》中讲到，孟州道十字坡酒店白天看上去是经营酒食和供食客休息的客栈，实则却是专门在夜间劫掠客商，杀人并卖人肉包子的一家黑店。当时在江湖上盛传："走到十字坡，客人谁敢那里过？肥的切做包子馅，瘦的却把去填河。"说的就是孙二娘和张青经营的十字坡客栈是一家远近闻名的黑店。书中还写道，当张青引领武松来到人肉作坊里时，只见"壁上挂着几张人皮，梁上吊着五六条人腿；见那两个公人，一立一倒挺着在剥人凳上"。我想，读者看到这样绘声绘色的描述，一定会觉得人肉作坊是个恐怖至极的地方。

不过宋代史籍中确实记有各式各样的黑店。北宋彭乘所写的《续墨客挥犀》中记载了一个关于黑店的故事，说到当时有一些旅店确实是由有罪犯前科的人经营的（这里并不是说所有有前科的人开的都是黑店）。在荆南一带有一个受人敬仰的僧人，他走路非常慢，而且还要由两名侍者搀扶着；不但迈着很小的步子，而且还要喘息几次才可以走一步。大家都尊称他为"慢行和尚"。在一年的元宵灯节晚上，官府捉到一个越墙入室强奸妇女的窃贼，摘去面罩发现此人竟然是受人敬仰的慢行和尚，此事令众人皆叹。后来慢行和尚被责罚后蓄发

明 金圣叹 第五才子书水浒传 孙二娘像

孙二娘是小说《水浒传》中的人物，绰号母夜叉，她与丈夫张青在孟州大树十字坡下开黑店。

还俗，不久他便在市井中开店做起了生意，而且与以前大不一样的是，他竟然行步如风。南宋洪迈所撰的《夷坚志》中也有这方面的记载，有些旅店的老板其实就是打家劫舍的强盗。在青州（今山东青州）离城三十里处，设有一家旅店，那些携带行李并且独自一人留宿的客人多数都会被店主杀害，收取钱财之后被投尸于白沙河内，在此地不知有多少人都惨遭杀害。鉴于这一点，越来越多的人利用开店作为掩护而胡作非为。

也正是因为如此，在宋代旅店中，图财害命的刑事案件屡屡发生。《夷坚志》中记载了在江南西路建昌军（今江西南城）境内有一户人家，男主人是一个屠夫，经常杀害行旅之人："伺客熟睡，则从高以矛搰其腹，死则推陷穴中，吞略衣装，续刳肉为脯，售于墟落。"这个故事中讲到的屠户也是打着旅店的幌子图财害命，并将人肉晒成干再出售出去。该书还记载了江南东路饶州乐平（今江西乐平）永丰乡民胡廿四，在大梅岭开有一家旅店。旅店后面的花圃中有一个洞穴，旅店主人在树根处挖了一条隧道直接通向客房，每日待客人熟睡之后，便"以巾缚客口，倒曳至窖中，生埋之"。史料记载，宋代民间的旅店设立较为广泛，而且无论是在城市还是乡镇，都有很多旅店。据南宋周必大《文忠集》记载，他在回故乡吉州庐陵（今江西吉安）的路上，在衢州江山县（今浙江江山）礼贤镇见"途中邸店颇多"。宋代人口流动很大，再加上官员、商贩等各个阶层的人都在路途奔波，所以他们对自己的人身安全十分担忧，而这类有关黑店的故事也是越传越广，在文学作品中自然也就少不了关于黑店这一片段的描述。但这些黑店是借助于《水浒传》的广泛流传而成为家喻户晓的行侠仗义之所的。

南宋　佚名　山店风帘图

此图绘一旅店位于一条曲折的山道上。

323

梁山好汉喜欢吃牛肉

众所周知，《水浒传》中梁山好汉"大碗喝酒，大块吃牛肉"的场面比比皆是，似乎这样才能体现出好汉的英雄气概。但是熟悉历史的人应该知道，中国自西周到清朝，一直对牛都存有很高的敬意，而且法律强行规定牛在禁杀之列。对私自宰牛者，历朝历代也都有着严厉的惩罚措施。那么，为什么绿林好汉们却偏偏喜欢大吃特吃牛肉呢？其中又藏有怎样的玄机呢？

北宋政治家王安石在《字说》中是这样解释"美"字的：从羊从大，大羊为美。而且在宋代，上到达官贵人，下至平民百姓，大家都以羊肉作为美食。就连宫廷中有关肉类的御膳，也几乎全部是用羊肉做的。不过，在日常生活中，对猪肉的需求量还是很大的。宋代吴自牧的《梦粱录》中记载：杭州城内外，肉铺不知其几，"每日各铺悬挂成边猪，不下十余边。如冬年两节，各铺日卖数十边。至饭前，所挂之肉骨已尽矣""坝北修义坊，名曰肉市，巷内两街，皆是屠宰之家，每日不下宰数百口"。从中可知，在市井街巷中处处可见猪肉的踪影。但在《水浒传》中写到猪肉的场景只有几次，众位梁山好汉唯独喜欢吃牛肉。虽然历朝历代都有禁止宰杀牛的法令，但好汉们却总是背道而驰。

《水浒传》中涉及屠宰、吃肉的场景多达134处，其中指明是牛肉的就有48处。例如林冲雪夜上梁山前，"把花枪挑着酒葫芦，怀内揣了牛肉"；吴用去找阮氏兄弟入伙，阮小七在村旁小店，切了十斤"花糕也似肥牛肉"，直吃到天色渐晚，等到吴用回请时，又买了二十斤生熟牛肉。第三十八回《及时雨会神行太保，黑旋风斗浪里白跳》中，宋江见李逵把三碗鱼汤和骨头都嚼吃了，便把酒保叫过来说道："我这大哥想是肚饥，你可去大块肉切二斤来与他吃，少刻一发算钱还你。"酒保道："小人这里只卖羊肉，却没牛肉，要肥羊尽有。"宋江其实并没有点名要牛肉，可是有些不言自明。而李逵听说没有牛肉，便十分恼怒，把鱼汁劈脸泼将去，淋那酒保一身……众梁山好汉相聚时，牛肉更是不可缺少的食品之一。为什么梁山好汉执意要跟牛过不去呢？思忖之后，只能有一种解释，那就是表现对法律、对朝廷的藐视和强烈不满。

一些学者研究后提出这样的结论，施耐庵在《水浒传》中强调梁山众好汉喜欢吃牛肉，是因为牛肉是具有"造反"意义的象征性食物，这比较符合当时的社会背景。其实中国人早先也是吃牛肉的，但是到春秋战国时期，为了提高农业的产量，牛耕成为重要的农业耕种措施，因而牛成了国家重要战略物资，受到国家的保护，不允许有私自宰杀牛的行为。秦朝时牛老了必须交给官府，官府许可才可宰杀。宋代家庭个体经济显著发展，耕牛对农户更为重要，苏轼有"农民丧牛甚于丧子"之语。宋代立法明确严禁杀牛，杀牛罪可处死刑。《宋刑统》规定，"今后应有盗官私马牛杂畜而杀之，或因仇嫌憎嫉而潜行屠杀者，请并为盗杀。如盗杀马牛，头首处死，从者减一等""如有盗割牛鼻，盗斫牛脚者，首处死，从减一等，创合可用者，并减一等""故杀官私马牛者，请决脊杖二十，随处配役一年放。杀自己马牛及故杀官私驼骡驴者，并决脊杖十七"。宋真宗时下诏规定，"自今屠耕牛及盗杀牛，罪不至死者，并系狱以闻，当从重断"。

正因为牛肉是违禁食品，因而吃牛肉恰恰代表了造反精神。作为歌颂造反的文学作品，《水浒传》中众好汉喜吃牛肉就是很自然的了。

苏东坡与佛印交往轶事

　　苏东坡是宋朝的大文学家，而佛印则是一个既吃肉又喝酒的和尚，他们在一起经常制造出一些有趣的事情。几百年过去了，这些趣闻轶事还在民间广泛流传，我们今天读来依然会为两位古人的智慧所折服。

　　苏东坡和佛印是非常要好的朋友，两个人都聪明机智，在一起总会制造出许多乐事来，让我们今天读来依旧忍俊不禁。

　　佛印虽然是个和尚，但不受佛门清规戒律的束缚，照常吃肉喝酒，特别是和苏东坡在一起时。不过，常人喝酒吃肉时，面对一大桌的酒菜，无非就是吃吃喝喝，没有什么意思。而苏东坡和佛印在一起就不是这样，即使是一盘菜一壶酒，他们也能制造出不少趣事来，不信？那就看看下面几个事例吧。

　　一次，佛印和尚听说苏东坡要到寺里来，就叫人做了一盘他爱吃的红烧酥骨鱼。鱼刚端来，苏东坡也刚好走到了门口。佛印一听是苏东坡的脚步声，突然间童心大发，想跟他开个玩笑。于是顺手就把装鱼的盘子藏进了旁边的铜磬中。

　　苏东坡早就闻到了鱼的香味，满以为进门就可以吃到鱼了，乐滋滋地进门一看，发现饭桌上竟然没有鱼，而香案上的铜磬却反常地倒扣着，顿时就明白是怎么回事了。可是他也不揭穿佛印，而是佯作不知，坐在那里就开始唉声叹气，一副闷闷不乐的样子。佛印见此觉得很奇怪，要知道苏东坡一向是个笑口常开的乐天派，就是被贬官都没有像今天这样过，今天这是怎么了？于是就对苏东坡道："大诗人，今天为何愁眉不展啊？""唉，佛印禅师，你有所不知，早上有人出了一个上联，让我对下联。我想了整整一天却只想出了四个字，所以才烦啊！"佛印半信半疑地问："不知上联是什么，竟然能难倒我们的大诗

326

人，不妨说出来看看。"苏东坡强忍住心中的得意，苦着脸说："向阳门第春常在。""还以为是什么呢，这个老掉牙的对联还能难倒你？一定又在卖什么关子吧？"佛印知道苏东坡肯定在卖关子，但并不知道他的目的是什么，于是若无其事地往下问："那你对出哪四个字呀？"苏东坡故意一字一顿地念了出来"积—善—人—家……"佛印不假思索就大声接了下去："庆—有—余。"苏东坡这才收起了刚才的苦瓜脸，哈哈大笑起来说："既然磬（谐音庆）里有鱼（谐音余），那还不赶快拿出来招待客人啊？"佛印这才知道中了苏东坡的圈套。两人拊掌大笑，并开怀畅饮了一番。

又有一回，苏东坡命下人做了一盘清蒸鲈鱼，刚要举筷开始吃，却突然看见窗外有个人影一闪而过，苏东坡猜是佛印来了。心想：这个和尚倒是有口福，待我今天来要他一要。于是赶紧将鱼放在了碗柜上。

佛印在窗外早已将这一切都看在了眼里，但他却依旧装作什么都不知道。见佛印进门，苏东坡不露声色地以笑脸相迎，招呼佛印上座，问道："大师不在禅堂念经，今天为何到我这里来了？"佛印一本正经地答道："贫僧有一个字不会写，今天特来请教。"苏东坡没想到其中有诈，只当佛印确实虚心请教，连忙说："不知和尚所说的是哪个字呢？""就是你姓的那个苏字呀。"苏东坡眉头一皱，心想，佛印学识渊博，怎么会连"苏"都不会写呢，这里面肯定有问题，于是也装作认真地回答："啊，这苏字嘛，是上面一个草头，下面左边一角鱼，右边一束禾（苏字的繁体写法）。"佛印听了继续假装不熟悉地问道："可是我记得不是要把那条鱼放在上头吗？"苏东坡忙说："那可不行。"佛印哈哈大笑，指着碗柜上面说："既然鱼不能放在上头，那你还不赶快拿下来。"苏东坡这才恍然大悟，原来自己被佛印捉弄了，也跟着哈哈大笑起来。

佛印不仅是苏东坡的知己好友，更是他精神上的良师。

苏东坡在瓜州时，经常与佛印一起谈禅论道。一日，他自觉修持又上了一个境界，就撰诗一首，遣书童送给佛印，诗是这样写的：

稽首天中天，毫光照大千。

八风吹不动，端坐紫金莲。

禅师见了也不作任何评价，只是拿笔批了两个字，就又让书童带了回去。苏东坡打开一看，看见上面竟然写着"放屁"两个字，先是愤怒，之后便觉得纳闷，于是决定乘船过江找佛印理论。

苏东坡一见佛印就气呼呼地说："禅师！我们是至交道友，我的诗与修行，你不赞赏也就罢了，怎么还骂人呢？"

佛印若无其事地说："骂你什么呀？"

苏东坡将诗文打开，把"放屁"二字拿给佛印看。

佛印顿时哈哈大笑，说："哦！你不是说'八风吹不动'吗？怎么'一屁就打过江'了呢？"苏东坡这才恍然大悟。

◀ 明 崔子忠 苏轼留带图

这幅图画的正是苏轼与僧人佛印的故事。说的是佛印出题将苏轼难住了，只得解下玉带相赠。佛印也当即取出自己的衲裙回赠。

"小御街" 金钱巷

宋朝时，汴京有三盛：红楼、茶楼、戏楼，而金钱巷就因满街都是醉红楼而闻名于当时。御街，顾名思义就是皇城里专供皇帝出巡用的主干道。一个是花街柳巷之地，一个是皇帝专用的道路，这两者之间怎么会产生联系呢？

宋徽宗时，汴京城内的金钱巷本是妓院聚集之地，它怎么会和皇家有瓜葛呢？说起来，这还和宋徽宗的一段风流往事有关。

北宋末年色艺双绝的名妓李师师，不仅美貌超人、艺压群芳，而且侠骨柔情，结交了很多风流才子，当时的著名词人周邦彦、晁冲之等都拜倒在她的石榴裙之下。著名词人晏几道还著有赠汴城李师师的诗作《生查子·远山眉黛长》：

远山眉黛长，细柳腰肢袅。妆罢立春风，一笑千金少。

归去凤城时，说与青楼道。遍看颍川花，不似师师好。

李师师的名气如此之大，就连身居宫中的宋徽宗对她都有所耳闻，很想去会一会这个名冠京师的李师师。

不过，李师师再有名，也只是一名妓女。在当时，皇帝嫖妓是不被祖宗家法允许的，一旦走漏了风声，必定遭到全天下人的耻笑。宋徽宗虽然在治理国家方面没有什么才干，要占有一个名冠京城的妓女，他还是有办法的，何况当时的他早已厌倦宫中那些妃子。在美色的诱惑下，他颜面也不顾了，家法也抛诸脑后，对手下的童贯说："听说李师师是京城名妓，生得国色天香，而且还弹得一手好曲子，如此可人，我不能一睹其芳容，真是可惜啊！"童贯服侍徽宗已久，当然对他的心思了如指掌，于是对徽宗皇帝说："陛下您可以稍稍化装一下，遮掩了行人耳目就可以了。我们再设法让李师师不接待外人，这样不就没人知道了吗？"徽宗一听正中下怀，连夸童贯聪明。

在一个黄昏的傍晚，徽宗打扮成一个生意人的模样，乘着一顶轻便的小轿子，童贯等人装作随从，一行人神不知鬼不觉地进了金钱巷，到了李师师所在的红楼前面。这里往日车马云集，而今天显得格外清静。原来宰相王黼等一伙人早就把一切打点好了，他还特意关照李师师不要接待其他人，因为他的一位朋友要来见她。宰相的话当然得听，于是李师师只能静静地恭候宰相的那位"朋友"。一会儿，徽宗就来到了李师师房内，与李师师客套了一番，自称是姓赵的生意人，李师师也向徽宗道了万福。入座后，徽宗和李师师各自打量着对方，初见李师师时，徽宗眼前就一亮，再细细端详，更觉得她不一般。眼前的李师师袅娜多姿，又丝毫不矫揉造作，言语不俗，自有一种"出淤泥而不染"的气质。而在李师师看来，眼前的人也有别于一般嫖客，有一种她从未见过的气度。双方又寒暄了几句，李师师就照例开宴席款待客人，酒过数巡后，李师师拨弄丝弦，亲自唱了几支小曲，声音柔美之中带着哀婉，更让徽宗生出无限爱怜，连饮数杯后，徽宗已是飘飘欲仙。

到夜阑人静，徽宗丝毫没有要离开的意思，宰相王黼放心了，就再次关照李师师说："我这位朋友可是位稀客，你招待好了，日后会有你的好处。"然后留下诡异的一笑，就带领其他人离开了，顺便又在楼外的院子里布置了一些便衣的禁卫人员。李师师也是见过世面的人，从宰相的口气与神情中，她已经大概猜到了来人的身份，只是不敢肯定。

这一晚徽宗当然是住下了。只可惜春宵苦短，不知不觉天色已亮，徽宗这才想起要赶回去早朝，于是连忙起床穿衣，临走时才发现身无分文，而此时童贯他们早已先行离开，于是解下随身用的丝帕给李师师："你拿丝帕到童贯那里领取赏钱。"李师师本来就怀疑他是当朝皇帝，这句话验证了她的猜测，当即就跪下说："臣妾谢主隆恩。"徽宗这才发现自己说漏了嘴，也笑了起来："你不必多礼，我过两天还会来看你的。"这才动身回宫。

两天后的黄昏，徽宗果然再次来到金钱巷的李师师处，这次与他们同在的还有大诗人周邦彦。李师师与周邦彦十分投缘，每隔一两天，周邦彦就会来见李师师。这天，周邦彦刚刚在李师师的屋里坐定，就听说徽宗来了，在这种场

宋　赵佶　瑞鹤图

此图描绘了鹤群盘旋于宫殿之上的壮观景象，上面的城门为汴京的宣德门。

合下看到皇上，他当然不可能继续活命了，但是要离开又来不及，于是只得趴在床底下。

徽宗从外面进来，根本不知道房中还有他人。李师师见到徽宗，当即要行跪拜之礼，徽宗一把拉住她说："你我二人之间，不要有这么多礼数。"说罢，还拿出一颗鲜美的橙子给李师师吃，说是来自江南的贡品。

两人在床上一番缠绵温存，周邦彦在床下又想笑又有些吃醋。天未亮，徽宗又准备起床离开，李师师劝道："不如晚点再走吧，刚刚才到三更，马滑露浓。"徽宗担心晚走会被人发现，坚持要回宫。皇帝走后，周邦彦才从床下钻出来，当即写了一首《少年游·并刀如水》来讽刺皇上：

> 并刀如水，吴盐胜雪，纤指破新橙。
> 锦幄初温，兽烟不断，相对坐调笙。

低声问向谁行宿？城上已三更。

马滑露浓，不如休去，直是少人行。

　　周邦彦是当时有名的文人，他填的新词歌伎们往往争相演唱，所以周邦彦的这首《少年游》很快就唱开了。不久这首歌传到了皇帝的耳朵里，他越听越觉得是在说自己，不禁龙颜大怒，后来打听到是周邦彦写的，于是就对蔡京说："快把周邦彦给我拿来办案！"蔡京接到这么一道莫名其妙的命令，也弄不清楚出了什么事，就派人查了吏部的档案，才知道周邦彦在开封府下面的一个县当酒税官，于是马上找来开封知府，要他调查一下周邦彦的政绩。结果开封知府的报告显示，周邦彦勤于职守、政绩显著。这下蔡京也没办法了，就让开封知府想点办法治周邦彦的罪。开封府实在为难，就问蔡京到底怎么回事，蔡京也说不出个所以然，只好说："你别再问了，我也不明白为什么，是皇帝一定要治他的罪。"于是开封府只好找了个罪名，将周邦彦发配边疆，把他赶出了开封城。周邦彦知道一定是那首《少年游》惹下的大祸，于是前去向李师师道别。当天，徽宗再次临幸李师师，李师师乘机向其求情并劝说他饶恕周邦彦，徽宗为了讨好李师师，又让周邦彦官复原职。

　　徽宗三天两头往李师师处跑，没过多长时间，皇帝嫖妓这件事人尽皆知，于是金钱巷也被人戏称为"小御街"。

宋　佚名　赵佶半身像轴

《白蛇传》的爱情故事

　　《白蛇传》以其曲折、缠绵的爱情故事，深深地打动了不同时代的人，而其中的过端午、盗仙草、断桥等情节更是为人们津津乐道。但是，最初的白蛇传故事并不是我们今天所看到的这样，它经过了历史漫长的流传与演变，不断地被丰富和加工，最终才有了我们今天看到的《白蛇传》。

　　《白蛇传》是我国民间四大传说之一，故事情节是药店学徒许仙与感恩图报的蛇仙白素贞之间的一段感人至深的爱情悲剧。不过，这段流传了上千年的故事，在历史上并没有原型可依，而是通过一步步演变而来的。

　　白蛇的故事最初起源于民间发现巨蟒的传说。早在唐朝，就有传奇故事中描写有关白蛇的故事，后来被收入明朝陆楫编纂的《古今说海》中，题为《白蛇记》。这个故事讲的是唐宪宗元和二年（807年），陇西盐铁使李逊的侄子李黄，在长安市东遇到一位身穿素服的少妇，并深深被她的美貌吸引。为了得

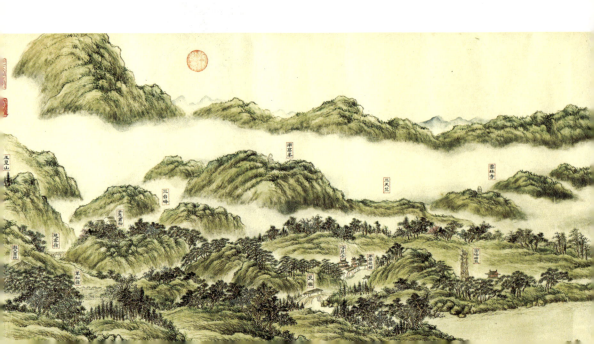

到少妇，他频繁对其献殷勤，甚至借钱给她购买新衣。后来李黄又跟随少妇到她的住宅中，"一住三日，饮乐无所不至"。到第四日李黄回家时，便觉身重头旋，病倒在床上，最后只剩一摊血水和一颗头颅。后来，他的家人去寻找那白衣少妇，却只在一个荒芜的院子里看到一棵孤零零的皂荚树。住宅附近的人说，常常看到一条巨大的白蛇盘在树上，他们这才知道美少妇原来是蛇妖所变。

不过，最早的关于白蛇的话本，应该是宋人的《西湖三塔记》。在故事中，有三个女妖：白蛇、乌鸦和水獭，她们都能幻化成人形。宋孝宗淳熙年间的清明时节，临安府官宦子弟奚宣赞到西湖游玩，在途中遇到一个迷路的女孩叫卯奴，于是领回家中。不久，有一个婆婆到奚家寻找卯奴，为了感谢奚宣赞，又邀请他到自己家中做客。奚宣赞应约到她家，婆婆领来一白衣女子与奚宣赞共枕。半个月后，白衣女子开始厌烦奚宣赞，准备杀了他取心肝。但卯奴念在他对自己有救命之恩，于是帮助他逃走了。奚宣赞到家后，将这件事告诉了自己的叔叔奚真人，于是真人做法使三人现出了原型：婆婆为水獭、卯奴为乌鸦、白衣女子为白蛇。接着，奚真人又用化缘所得购买物资在西湖造了三石塔，将三个妖怪镇压在下面。这个故事中的情节与前代流传的已有所不同，不仅多了一个知恩图报的卯奴，而且同白蛇共枕的奚宣赞也并没有被蛇妖所害。

到南宋后期，洪迈的《夷坚志》中也写了一个类似的故事，说丹阳孙姓男

清　董邦达　西湖十景卷

此图为西湖的导游图，标明了西湖的重要观看景点。

子娶了一个美貌的妻子，喜欢穿素色衣服。她每次洗澡都要用重帷遮蔽，也不让婢女伺候。有一次孙某喝醉了，无意中从帷隙中窥视，却发现有一条巨蛇在帷幕内，当即吓得浑身颤抖，不久就"快快成疾，未逾岁而亡"。

可以说，《白蛇记》《西湖三塔记》都是《白蛇传》的雏形，后来，在这些传说的基础上，明代才子冯梦龙又进一步加工成为话本《白娘子永镇雷峰塔》，收录在他的《警世通言》中。《白娘子永镇雷峰塔》使《白蛇传》的传说基本成型了，它基本摆脱了此前白蛇故事"蛇妖化作美女害人"的套路，原来可怖的蛇妖变成了美丽而又富有人情味的女子。情节也大大丰富了，游湖、借伞、成亲、赠银，以及因为银子而导致许宣吃官司等情节都有了，使其成为一个比较完整的爱情故事。在这篇传说中，男主人公第一次用了许宣的名字，职业是药铺的一个伙计。

故事发展到这里，已经相对完善了，不过，关于将故事的主人公最后定为白娘子和许仙，有人认为，这也并非空穴来风。据《青庵秘谈》中记载："明代隆庆、万历年间，有青城道士许道生，常往嘉湖之间，善医小儿夜啼，屡有奇效，人皆以'许仙'呼之。其眷白氏，好素衣，人呼为'白娘子'，风韵殊绝，善纸扎五彩葫芦，端午馈赠所知，悬之门壁，以被不祥。后为仇家诬彼以工魔魇，为官收之，毙于狱，人争惜之。其徒收其尸，埋于西湖雷峰塔下，（许）道生则不知所终。"说的就是现实中的白娘子和许仙的故事，后来又有人将现实与传说结合，就有了如今的《白蛇传》。

不过，这些可能都仅是现代学者们的猜测而已，《白蛇传》到底如何演变而来，还有待进一步考证。

济公和尚的原型

　　济公和尚的故事流传甚广，可谓妇孺皆知。他虽是僧人，却饮酒吃肉，不守清规戒条。他虽深藏绝技，却穿戴破烂，蓬头垢面，被人称为"颠僧""疯和尚"。然而，就是这样一位看上去疯疯癫癫的和尚，却有着超人的本领，能将狗腿接在人身上。他善恶分明，专管人间不平事，救人于危难之中。这样一位神奇的人物，在我国历史上真的存在过吗？

　　济公和尚是一个家喻户晓的传奇人物，民间曾流传这样一段关于他的歌谣："非俗非僧，非凡非仙，打开荆棘林，透过金刚圈。眉毛厮结，鼻孔撩天，烧了护身符，落纸如云烟，有时结茅宴坐荒上颠，有时长安市上酒家眠。气吞九州，囊无一钱，时节到来，奄如脱蝉，涌出利市，八万四千。称叹不尽，而说偈言。呜呼，此所以为济颠！"宋朝时，许多寺庙中都供奉济公的塑像。这些塑像的面部表情十分有意思，从左侧面看过去，愁眉苦脸的，好像正在为什么事情烦恼；可是从右侧面看，却又笑容可掬。在现在的杭州虎跑风景区，还保留着济公殿、济祖塔等遗迹。在《辞源》上也有关于他的介绍："济公，是宋代著名的僧人，1129 年出生于天台县（今属浙江省），出身不详，俗姓李，名道济，整日假装发狂，不修边幅，不饰细行，饮酒食肉，游戏人间，四海为家，人们都认为他疯疯癫癫，所以人送称呼'济颠'。开始时，他在灵隐寺出家，后来因为济公实在行为怪异，又多次违背佛戒，所以灵隐寺的和尚都十分厌恶他，将他赶了出去，济公于是移到净慈寺。到 1202 年，济公和尚无病圆寂，活了 73 岁。"这些似乎都在证明，历史上一定有济公这个人。但是，由于正史没有相关记载，也有人认为，《辞源》上关于济公的资料是来源于明代人所写的《西湖游览志馀》，而这本书属于野史一类，可信度比较低。

在另外一些提及济公的资料上，都无一例外地将其描述成一个法力非凡的传奇人物，可信度也不高。而且最为重要的一点是，虽然是和尚，但是从南宋以来，各种各样的僧门著作中都没有关于济公的记载。如此看来，济公这一人物是被杜撰出来的可能性比较大，那么，所依照的原型又是谁呢？

人们经过考证后发现，济公的原型并不是宋朝的和尚，而是出生在南北朝时期的一位高僧宝真和尚，曾历经宋、齐、梁三朝。

宝真和尚本姓朱，因年少时家境贫寒，所以不满 10 岁就被送到建康道林寺出家为僧。在出家后的一段时间里，他并没有什么特别之处。后来，在偶然的情况下，宝真和尚得到了西域名僧罝良耶舍的指点，于是法力增加，从此在建康城小有名气。

到了宋明帝泰始初年，宝真和尚突然莫名地就疯癫起来，每天光着脚丫子，穿着破烂的僧衣，蓬头垢面，到处乱跑，像个乞丐一样，有时还会自言自语地说一些别人听不懂的话，因此常常被他人笑话。随着时间的推移，宝真和尚的举动变得越来越不可思议，有时候一整天不吃不喝，但他的神色依旧如常。于是有人将宝真和尚的怪异举动报告给了齐武帝，连齐武帝都觉得十分神奇，就派人把宝真和尚请进宫里。在进宫时，宝真和尚突然一变分为三人，齐武帝和满朝文武都认为他是仙人下凡。后来，宝真和尚运用法术现出地狱里的情况，让齐武帝看见自己的父亲正在地狱受刑，于是齐武帝下令减轻百姓赋税，并取消了锥刺、刀割等酷刑。

梁朝时，精通佛学的梁武帝早就听说有宝真和尚这么个人，即位后立刻将他请进宫里，立宝真和尚为梁朝"国师"，并拜他为师。为了给宝真和尚绝对的自由，梁武帝还特地下诏并传谕宫人，宝真和尚可以自由地出入宫廷，谁都不许干涉宝真和尚的活动，不准对他有丝毫的怠慢，如此一来，宝真和尚与梁武帝几乎享有同等的待遇，不过他对这些并不在意。后在 97 岁高龄时，宝真和尚在宫中无病圆寂。

宝真和尚死后，人们为了纪念他修建了有东南巨刹之称的南京灵谷寺，其中他的墓场宝公骨塔上刻有《宝公菩萨十一时歌》，是书法家赵孟頫的手笔。人们猜测由于宝真和尚用吴侬软语喊出来后就像济颠，于是经过千百年的流传和演变后，就发展成了现在的济颠和尚，不过这也仅仅是一种猜测而已。

舍身佛寺

选自《帝鉴图说》，南北朝时梁武帝想舍身出家当个真正的和尚，但是朝中的大臣们不同意，之后全体跪求皇上三思，梁武帝迫不得已回去继续当皇帝。

张三丰创造内家拳

　　金庸的一部武侠小说《倚天屠龙记》使得张三丰这个名字家喻户晓，更让我们有机会全面地认识这位侠肝义胆的大英雄。他不仅是武当派的创始人，也是武当内家拳的创造者。不过，在我国历史上，有记载的张三丰就有三位，且个个武功超群，这内家拳到底是哪个张三丰创造的呢？

　　内家拳是相对于外家拳来讲的。一般情况下，人们习惯把那种主动攻击、先发制人的拳种称为外家拳；而把侧重防守、后发制人的拳种称为内家拳。在《王征南墓志铭》上有这样的关于内家拳的记载："凡搏人皆以其穴，死穴、晕穴、哑穴，一切如铜人图法。"关于内家拳的创始者，相关文献指出是张三丰。黄宗羲之子黄百家所著《内家拳法》一书中这样写道："盖自外家至少林，其术精矣，张三丰既精于少林，复从而翻之，是名内家。"不过，在我国历史上，有记载且武功超群的张三丰就有三位，究竟哪一位才是内家拳的创始人呢？

　　有人说是宋代的张三丰。生活在明末的军官王征南生前是一位内家拳高手，深得内家拳的真传，在他的墓志铭上，就曾提到过宋朝的张三丰。墓志铭中有一段文字大意是这样的：少林的拳法以其勇猛名扬于天下，其特点是先发制人。而张三丰的拳法重在防守，并同时寻找可以反攻的机会。张三丰是武当的一名丹士，曾经受到过宋徽宗的召见。有一天夜里，张三丰突然梦到玄帝教授他拳法，天亮后，他就单枪匹马杀贼百余人。从此以后，张三丰就名声大振。从这里我们可以看出，内家拳的创始人应该是宋代武当丹士张三丰，且墓志铭的撰写人黄宗羲与王征南是好友，黄宗羲的儿子黄百家就是王征南的掌门弟子，王征南死后，黄百家还写下了《内家拳法》一书。所以，认为内家拳是宋朝张三丰所创这一说法，还是有着一定的可信度的。

那么，宋代的张三丰是如何创造出内家拳的呢？关于这个，历史上也有相关的记载来佐证。

有人考证出，宋代的张三丰创造内家拳的过程和五代宋初的著名道士陈抟有关。陈抟一直在华山隐居修道，精通养生和炼丹之术，著有《无极图》《指玄篇》等秘籍，所以有些学者认为他才是内家拳的创始人。后来陈抟把内家拳传给了弟子，虽然也自成一派，但在当时的影响并不大。到了宋代，张三丰才将内家拳普及开来，所以后来的人们认为张三丰才是内家拳的创始人。

不过，这只是众多说法中的一种。还有一种说法说得有鼻子有眼，让人不相信都不行。在武当山上，至今还流传着张三丰观看"鸟蛇斗"的故事。故事的内容是这样的：有一天，张三丰在"邋遢崖"偶遇一只鸟与一条蛇打架，每当鸟上下疾飞击打长蛇时，蛇就轻摇着闪避，躲过鸟的击打。过了没多久，总是主动攻击的鸟已精疲力竭，无心恋战，只好飞走了，而蛇也钻进了草丛。由此，张三丰得到启发：以柔可以克刚，以静可以制动，后来就创造了以静制动的内家拳。

从以上说法看来，内家拳似乎确实是出自宋代张三丰。然而，有人在考察《神仙鉴》的记载时，发现黄宗羲犯了个错误，将南朝刘宋时期的道士张三峰当成了北宋

清　叶衍兰　黄宗羲像

黄宗羲学问极博，思想深邃，著作宏富，一生著述多至 50 余种，300 多卷。

末年的张三丰。如果张三丰真的生活在宋代，他亲自将武功传给了明代淮安的王宗道，其中相隔了 300 多年，张三丰真的能活那么久吗？所以有学者指出，可能是黄宗羲听信了某种传闻，误认为张三丰是宋代人，而他的《王征南墓志铭》中关于张三丰的记载也是不确切的。

除了宋朝的张三丰外，明初时期也出现了一位张三丰。据正史记载，元末明初的张三丰是辽东懿州人，名全一，道号玄玄子，号三丰。因不修边幅，人送绰号"张邋遢"。当年因拜终南山火龙真人为师，练成了一身绝技。不论冬夏，只穿着一衲一蓑。后人为纪念他，著下《张三丰全集》，里面说明代的张三丰确实是个能文能武的道士，不过张三丰并不是他的本名，只是附会宋代游方道士张三丰的名字而已。他精研拳术，进一步发展了武当功夫，才使武当成为著名门派。

洪武年间，明太祖朱元璋曾经派遣使臣到处寻访张三丰，却始终不得见。到了永乐年间，明成祖朱棣也惦记着这位世外高人，就派贴身内侍带着玺印书信和银钱再次出访，最终也无功而返。后来，朱棣为了显示自己的诚心，下令重建武当宫殿庙宇，建庙工程浩大，完成后赐额"遇真宫"，里面塑了张三丰像。武当山因此声名大振，香客云集，张三丰被供奉为神仙，名闻遐迩。这些在当时的皇家文献中也有记载。

在一些民间的著述里，也记载了明代张三丰是武当内家拳的创始人。《武当山志》中说："明代张三丰隐居在武当山，是内家拳之祖。"在《道统源流志》中也说张三丰"好道善剑"，门徒很多，统称之为"三丰派"。《淮安府志》说："永乐改元……越三年，太宗文皇帝思见张三丰其人，以'景云'言对，即日遣使乘传召见……足迹遍天下，年七十卒。"在《太岳太和山志》中说："明洪武年间，张三丰在此（即武当山遇真宫）结庵修炼……"

除了以上的两个张三丰外，在金代还有一位张三丰，正史上也说内家拳是他创造的。不过根据《明史·张三丰传》的记载：元初，张三丰与刘秉忠是同一个老师，后来在鹿邑的太清宫学道，其间没有相关记载，无法考证。到天顺三年（1459 年），明英宗赐"通微显化真人"号给张三丰，期间历经了 150 多年，张三丰真的能活这么大岁数吗？我们也无从考证，所以关于张三丰是金人这种说法，也并不可靠。

明　谢时臣　武当霁雪图　此图描绘武当山紫霄官的雪景，构图繁复，层次井然，气势宏大。

宋人被称"宋鼻涕"

在《红楼梦》中，曹雪芹借贾蓉的口说汉是"臭汉"，唐是"脏唐"，以形容汉唐两朝宫廷关系的混乱，这些都很好理解。不过后来又有人称宋朝为"鼻涕宋"，这个称呼就比较莫名其妙，然而，看了北宋末年两位皇帝的表现，你一定会豁然开朗的。

民间谑称宋人为"宋鼻涕"，以形容宋室因积贫积弱，在对付辽、夏、金及后来的蒙古等外患中懦弱无能，受尽欺负，最终导致一幕幕痛哭流涕的丧权辱国的悲剧。而对此，他们也只能整日哭哭啼啼，除了将大好河山拱手让人，别无他法。

宣和七年（1125年），金兵大举南下，在大宋土地上为所欲为，来势凶猛。懦弱的宋徽宗面对如此侮辱，只会整日哭哭啼啼地下罪己诏，调兵前去抵抗金兵。然而，国难当头之时，士兵们的表现却让人失望。由于很久都没有训练，骑兵竟然连马都骑不上去。守卫黄河天险的军队还没看到金兵的影子，就提前放火烧了桥，然后如潮水般向南逃去。没有了防御军队，金兵仅花了几天工夫，用小木船就渡过了黄河，直扑汴京城。

朝中的一些大臣早就对宋徽宗不满，于是以李纲为领袖，纷纷要求处罚祸国殃民的"六贼"，并强迫徽宗下台，禅位给太子赵桓。徽宗无奈，只得下诏逊位，将帝位让给了太子，即后来的钦宗。

被赶下皇位后，徽宗自称太上皇，带上童贯等一帮亲信，乘船南行，准备去镇江。徽宗如此痛快地让位，当然不是因为他早已厌倦了做皇上的生活，而是自有他的盘算。一是他已失去了臣民的拥护，无人肯听令于自己，他自觉没什么意思；二是他断定金兵的入侵是无法抵抗的，而一旦汴京失守，最终还是要往南方逃，他不做皇上了，刚好可以早点离开汴京。至于将钦宗留在汴京会怎样，他是不会考虑的。

徽宗的船到镇江后，地方官接驾，将其迎入早已准备好的太上皇行宫。徽宗在位时昏庸无能，贪玩好色，退位后更是变本加厉。由于走时仓促，身边只带了童贯这些宦官和一些贴身卫队，连嫔妃都没有一个。在镇江的每日，他就与宦官们玩玩斗鸡、骨牌，以打发时日。然而，这样的日子没过几天，他就耐不住寂寞，派童贯和其手下人到处查访镇江的官、私妓院，找了一位叫彩屏的姑娘。这是一位在当地非常有名的美人，能够得到太上皇的眷顾，她自然是求之不得。徽宗在镇江没过几天快活日子，汴京传来了消息，说金人包围了汴京，朝廷上下一片混乱，主战的李纲已经被贬，眼看北边的江山就要落入金人的手中了。听到这个消息，徽宗身边的人非但没有为国家陷入危难而悲痛，反而一下子精神振奋起来，劝徽宗赶紧控制江南，重新登上皇位。这个建议正中徽宗下怀，于是他以太上皇的身份下诏江南州县，说汴京与金人正在议和，各地勤王的军队原地待命，本来应该运往开封的衣粮武器也被就地封存起来。此时，被包围在汴京中的钦宗正心急如焚地等待着南方的救兵，不料徽宗竟对他来这一手，最终只能急急忙忙地与金兵订立城下之盟，答应割地赔款，金兵这才退去。钦宗又马上下诏重新起用李纲，让他到镇江迎回于危急时刻在自己背上插了一刀的徽宗。

李纲到了镇江，向徽宗报告了金兵退兵的消息，并告诉他，钦宗希望他回去共享天伦之乐。徽宗虽然不愿意，却不得不从，只好从镇江回到了开封。

徽宗回去之后，钦宗并不来见他，只是把守宫门的侍卫都换了，又先后下诏将童贯、蔡京等人处死，徽宗这才明白自己被软禁了。后来还是在李纲等人的劝说下，钦宗才勉强到徽宗的宫里去看望他。徽宗自然很高兴，忙叫人设宴款待，可是当酒斟满杯时，钦宗忽然脸色大变，起身便走。徽宗马上明白了：这是怕我用酒毒死他啊！一下子失声痛哭，从此便不再出宫门。

1127 年，金兵再次包围了汴京城，并且攻破城池，废掉二帝，另立汉奸张邦昌为伪楚政权的皇帝。四月初，金人把二帝和宗室、亲王、后妃共三千余人俘虏北退，这就是历史上著名的靖康之耻，意味着北宋彻底灭亡。启程那天，宋朝文武百官在南薰门向两位皇帝遥拜告辞，开封市民站在道路两旁送别，哭声震天动地。昔日高高在上的两位皇帝，如今已换下了黄龙袍，一身灰蓝布装束。钦宗面对人群泪流满面地狂喊："救救我吧，救救我吧！"而徽宗的表情则很木然，他不好意思哭，因为这一切都是他造成的，他甚至不敢直视任何一个前来给他送行的人。

队伍终于要启程了，徽宗和钦宗各乘一辆牛车，妃嫔、亲王们则是几个人挤在一辆车上，向北方行进。钦宗几乎一路都是哭过来的，他到一个城市都要大哭一场，而徽宗始终是木然的表情。不过，他内心里是极不平静的。到了燕京附近，他看到了园中闹春的红杏时，不禁悲从中来，写下了《燕山亭·北行见杏花》一词，在描写了杏花的香艳之后，他这样写道：

> 易得凋零，更多少、无情风雨。愁苦。
> 闲院落凄凉，几番春暮。凭寄离恨重重，这双燕，何曾会人言语。
> 天遥地远，万水千山，知他故宫何处？
> 怎不思量，除梦里、有时曾去。无据。和梦也、有时不做。

将时间往回倒退至100多年前，回到五代十国的末期，赵匡胤灭了南唐后，南唐后主李煜也曾写下了一首流传千古的《虞美人》。当初刚刚称霸天下的赵匡胤正志得意满，他也许根本不曾想过，有一天自己的后人也会落得和李煜一样的下场，甚至还要更惨一点。除了心理上饱受折磨，这对亡国之君一路上受尽了金兵的凌辱。押运的士兵动不动就拿鞭子抽打他们，有时候甚至连水都喝不上，渴得急了，只得喝路边泥沟中的污水，就更别谈吃饱饭了。晚上投宿时，

为了防止他们逃走，两位皇帝和后妃们的手都是被捆着的。有一次，金兵还向两个皇帝身上撒尿。没等到燕京，这些昔日里享尽荣华富贵的贵族们都已经被折磨得没了人形。

两位皇帝到燕京后，金朝的皇帝举行了受俘仪式，接着便又将他们押送到了五国城，也就是今天的黑龙江省依兰，在当时是极北边的所谓"沙漠之地"，原来辽国的皇帝曾在这里囚禁过几个少数民族的酋长。为了度过极端寒冷的冬天，两位皇帝也和当地人一样，住进了几尺深的地窖里，睡在金人发明的火炕上。这对亡国父子终于体会到了什么叫欲哭无泪，恶劣的气候、凄惨的遭遇，使得徽宗不久后便头发脱落，耳聋眼花。绍兴五年（1135年），宋徽宗死在五国城，享年54岁。当时出使金国的南宋使臣朱弁，闻讯后失声痛哭，并作哀辞一首，其中有"叹马角之未生，魂消雪窖；攀龙髯而莫逮，泪洒冰天"的名句。从此，宋朝人便被金人讥为"宋鼻涕"，并流传了下来。

北宋　赵佶　行书《蔡行敕卷》全图

此卷是宋徽宗不准蔡行辞去领殿中省之职所颁的敕书。全文行间布白疏朗得体，笔画纤细，墨韵流畅，潇洒清劲。

疯癫扫地僧戏弄秦桧

　　如果要细数历史上有名的罪人，秦桧肯定是其中之一，他用"莫须有"的罪名陷害岳飞，他的求和主张，使得后人将他永远地钉在了历史的耻辱柱上，人们甚至制作了许多秦桧和他妻子王氏的跪像，以表达心中的愤恨。传说，秦桧的恶行还曾激怒了一名疯僧，于是，在秦桧和妻子去庙里上香时，便上演了一场疯僧戏秦桧的故事。

　　在苏州西园戒幢寺的五百罗汉塑像中，有一个疯僧的立像。他看上去癫痫头、斗鸡眼、招风耳、歪鼻头、歪嘴、斜肩胛、驼背、鸡胸、抓手、跷脚，由于这些特点，有人给他取了个"十不全和尚"的名字。这座泥塑虽然外形奇特，但残而不丑，看上去十分生动有趣。

　　传说这个疯僧本是一个穷学生，生在北宋末年，从小就目睹北宋朝廷的昏庸，因此喜欢议论朝廷弊政，抨击天下大事。几次科考，文章里总不免大发牢骚，有时候干脆是一番冷嘲热讽。所以，尽管他有胆有识，也能写得一手好文章，可是到了而立之年，他依旧连秀才都不是。后来他也看开了，从此放弃功名，遁入空门，在庙里当了一名烧饭和尚。因一天到晚疯疯癫癫，胡言乱语，大家都不叫他的法名，反而称之为疯和尚。

　　1141年，秦桧接连用十二道金牌将岳飞逼回，不久又设计将其害死在狱中。不仅如此，秦桧手握重权，又主张议和，所以凡是主张抗金的文臣武将都被他用不同手段陷害。秦桧的这种卖国求荣、陷害忠良的行为激起了人们的愤慨，于是民间创作了许许多多的批判秦桧的戏剧，其中包括元代著名剧作家孔文卿所创作的《地藏王证东窗事犯》，明代戏曲家李梅实创作的《精忠旗》，以及晚清的《精忠记》和《岳母刺字》等。在元代的《地藏王证东窗事犯》里，就讲了疯和尚戏秦桧的一幕。

秦桧在诬杀岳飞之前，曾事先在东窗下与其夫人王氏密谋过，在《地藏王证东窗事犯》中，地藏王证实了秦桧的恶行，所以人们把这次谋杀案称为"地藏王证东窗事犯"。戏里有一折叫《疯僧扫秦》，是这部戏曲中十分重要的一节。传说秦桧杀死岳飞、岳云和岳飞的部将张宪以后，人们对他恨之入骨，都想得而诛之，义士施全就曾刺杀过秦桧，但没有成功，结果被秦桧手下人抓住，并对其处以死刑。临刑前，施全大骂秦桧："我虽然没能一刀宰了你，死后也要变成厉鬼捉拿你，为冤死的忠魂报仇雪恨。"经过这次的被谋杀事件后，做了无数亏心事的秦桧异常恐惧，整日忐忑不安，就到灵隐寺去烧香拜佛，祈求老天保佑。

秦桧在灵隐寺中，还没开始拜佛，就看到墙上有一首写自己的诗："伏虎容易纵虎难，东窗密计胜连环。可恨彼妇施长舌，痛煞老僧心胆寒。"暗指他和妻子王氏曾密谋害岳飞的事情。秦桧看了十分吃惊，急忙问道："什么人写了此诗？快给我把人找来。"庙里的老和尚就把写诗的和尚找了过来，竟是一个专管烧饭的疯疯癫癫的和尚。老和尚向秦桧介绍说："这个烧火和尚早些时候就疯疯癫癫，还望大人见谅。"秦桧并不理会老和尚，兀自看着疯和尚说道："我只道怎样一位疯僧呢，原来是这样一位疯僧。"疯和尚也看着秦桧说："我只道怎样一个秦桧，原来是这样一个秦桧。"秦桧顿时大怒："什么规矩？你竟敢直呼我的名字？你知道我是谁吗？"疯和尚哈哈大笑："我当然知道你是谁，你就是那个上瞒天子、下欺群臣的大奸臣嘛……"秦桧忍住脾气问道："墙上的诗可是你写的？"疯和尚说："是你做的，是我写的。"见疯僧对自己做过的事情如此清楚，秦桧便认为他有些来历，于是问他："你知道我此行的目的吗？"疯和尚就说："你的目的很简单，因为近日受了惊恐，所以来求菩萨保佑你。"秦桧又见他手里拿着一根长长的棍棒，就问道："你手里拿的什么？"疯和尚说："是里通外国的吹火筒。"疯和尚的每句话看似莫名其妙，秦桧却都能听懂。他继续问疯僧道："你平时都做什么功课？"疯僧回答说："没什么功课，有功的都杀了。"秦桧又叫他把功课拿出来，疯和尚就从口袋里掏出一张纸递给他，上面写着："久闻丞相理乾坤，占断朝纲第一人。都为群臣朝北阙，堂中埋没老元勋。闭门杀死忠良将，塞上欺君虐万民……"秦桧无话可

南宋 刘松年 罗汉图之四

南宋时，禅宗发展日趋昌盛，甚至进入宫廷，对御说法，因此，作为宫廷画师的刘松年创作此图。

说了，最后，疯和尚又气愤地补了一句："你在路上遇到施全时就该死了。"这句话让秦桧心惊胆战，只好说："快拿份斋饭给这个和尚，他有点累了。"斋饭端出来，疯和尚就把它倒了，接连两次都是这样。这次秦桧终于生气了："你不吃就算了，为什么还要坏了我两份斋饭？"疯和尚却更加气愤地说："我只坏了你两份，你就发这么大脾气，可你怎么不想想你坏了他们三个（指秦桧杀了岳飞父子及其部将张宪）呢？"后来又表演呼风唤雨的法术给秦桧看。秦桧去寺庙本是为了寻求心理上的安慰，结果被这个疯僧一搅，反而更加恐惧。

这个故事传开后，人们都很佩服疯僧的智慧和勇气，于是就有人将其列入罗汉的队伍，供养在戒幢寺的五百罗汉堂中。

宋朝专业消防队

当今社会是少不了消防队的，他们不但提醒人们防火，为人们救火，更救人们性命。这样一支奇特的队伍最早是怎么建立起来的呢？很多人提出了各自的观点，有人从文化的角度考虑，认为"消防"一词来自日本，所以消防队是日本人最先建立的。有人用史料说话，认为1666年英国建立的消防队是历史上最早、最专业的一支。其实，最早、最专业的消防队与中国有着莫大的关联。究竟孰是孰非，我们一起来探讨一下。

"天干物燥，小心火烛。"在电视上，我们就经常看到打更的人这么说。他们除了打更之外，还兼着一份"提醒防火"的工作，这可以算是比较传统的消防人员了。

然而，"消防"一词，在我国直到清朝光绪年间才出现，看上去好像"历史短暂"。据记载，清光绪二十八年（1902年）五月，直隶总督袁世凯在保定创设了警务学堂，警务学堂中有这样的规定："救火灾法别有专门操作，各国名为消防队。"由此可见，"消防"一词由外国引进。

事实上，"消防"一词最早出现在日本。1724年，武州新仓郡的《王人帐前书》中记载："发生火灾时，村中的'消防'就赶到。"到1873年时，"消防"一词开始普及。

然而，"消防"的根源却是在中国，而不是日本。我们知道，日本文字是由汉字演变而来的，日本的"消防"不仅在字形上和中国的"消防"完全相同，意思也是一模一样的。只不过，在我国古代，实施"消防"者并不称为"消防"，当然也不称"打更"，一般都称作"火师"。在不同的朝代，对于"火师"的称谓也是不同的。据记载，周朝称为司煊、司耀；宋代称为防隅、潜火军；元代、明代称救火兵丁；而清代初年称防范火班。

1666年，英国伦敦大火之后，成立了一支专业的消防队，很多人认为这是世界上最早的专业消防队。其实，与中国的"火师"相较，还是晚了一些。最早、最专业的一支，便是北宋的军巡铺。

960年，北宋王朝建立之后，久乱得治，社会上出现一片繁华的景象，都城东京成为人口密集的重点地区，人口最多时已超过150万，是当时世界第一大城。由于人口密集，房屋相连，一旦发生火灾便"一损俱损"。所以在我国宋朝时期，火患相当严重，尤其是在京都东京。据记载，京城的相国寺、建隆观、月华门等地都发生过火灾；而在北宋的100多年里，东京开封仅重大火灾就发生过44起。1023年，宋仁宗为了防治火患，建立起一支专业的消防队伍——军巡铺。

据《东京梦华录》记载：汴京城中，"每坊巷三百步许，有军巡铺房一所，铺兵五人"。这些铺兵便是最早、最专业的消防员，他们都经过严格训练，技术精良、责任心强。他们的主要责任就是两项，其一便是督促民众按时熄灭火烛，消除火患；其二就是第一时间赶到火灾现场，实施救火行动。

为了及时发现火灾，军巡铺还建立了一处名为"望火楼"的专业场所。《东京梦华录》中记载："高处砖砌望火楼，楼上有人卓望。"在望火楼中，有铺兵轮流更替，昼夜值班，风雨寒暑不避。一旦发现火警，铺兵们便及时抢救。

军巡铺各个部门分工明确。如果发现火灾的话，有人会及时携带消防器材去救火，另一部分人会飞马报告失火地段的长官，各司其职，让救火工作进行得有条不紊、忙而不乱。

就当时的救火器材来说，也是比较完备的。根据学者的研究，宋朝时期的灭火器材有水囊、水桶、水袋、洒子、麻搭、斧、锯、梯子、火杈、大索、铁锚儿、唧筒等多种工具。水囊、水桶、油囊和麻搭是用来装水灭火的。水囊是用猪、牛膀胱制成的袋子，哪里发生了火灾，救火的铺兵便把水囊扔向起火点。水囊被烧破，或是被尖锐的东西刺穿，水便流了出来，达到灭火的目的。油囊的救火原理和水囊是一样的，只不过是由油布支撑的而已。而麻搭是在长的杆上束住重约二斤的散麻，上面蘸着稀泥、浆水，去扑打或湿润烧着的物品，以防火势扩大蔓延。火钩、火卫、利斧、快锯，以及大索和带有长链的铁锚等器具，则是用来拆除障碍物和切断火源的，如果是房屋着火了，铺兵们便用这些器具拆除房梁，阻止火势蔓延。在众多灭火器具当中，唧筒的发明和使用具有划时代的意义。

唧筒是由竹子和水桶两部分组成的，其"造型"和使用原理像现在的注射器一样，使用的时候，将一端伸入水中用力拉中间用棉絮裹成的水干，水桶便如注射器一样吸进了水。然后再将端口对着起火点，用力推水干，水桶中的水便由水桶通过竹子射向起火点。唧筒在一定程度上，可算得上是现在用的灭火车的雏形了。

所以，就专业而言，宋朝的消防队是"政府建立的"；就消防水平来看，宋朝的军巡铺是体系完善、消防器具最先进的。英国的消防队相较宋朝的军巡铺晚了600多年。这样看来，世界上最早的专业消防队不是出现在英国，也不是出现在日本，而是出现在中国。

▶ 元　佚名　仿李嵩西湖清趣图（局部）

此图当中高筑的楼就是望火楼。

藏在古画里的大宋史

在历朝历代的皇陵中，宋朝的皇陵算是相对简陋的。北宋时赵匡胤提倡节俭，所以并没有在陵墓的修建上花费太多的资金，而南宋的各位帝王始终梦想着有一天能够回到北方，其皇陵的修建比北宋还要简陋。也许正是因为如此，再加上北宋、南宋末年的战乱连连，使得宋朝的皇陵劫难重重，南宋六陵内皇帝们的尸骨甚至还受尽了番僧杨琏真加的侮辱。可惜了这些皇帝们，生前荣华富贵、应有尽有，死后却连"入土为安"的梦想都难以实现。

第八章

迷踪帝陵：风雨飘零宋帝陵

一支响箭决定宋代皇陵

古代皇帝相信自己一旦占据"龙脉"，子孙后代就能稳坐天下，因此他们在为自己选择陵墓地址时，往往都要请风水先生帮忙。不过，赵匡胤没有这么做，他用一支响箭就决定了自己陵墓的位置，这又是怎么回事呢？

976年，宋太祖赵匡胤到洛阳视察，在返回开封的时候，途经巩县父母陵墓永安陵的所在地，于是亲自拜祭了一番。宋太祖登上陵园的西南角楼遥望远方，远处青山苍翠，近处绿水悠悠，心中感慨良多，于是命手下人拿来弓箭，朝西北方向射去。箭飞出去400米远才落下。赵匡胤感叹地说："人生如白驹过隙，忽然而已，最终都要归于黄土，响箭落地之处，就作为我的万年之地吧！"同年十月二十日，宋太祖突然驾崩，不久葬于此地，名为永昌陵。

用一支响箭就决定了自己陵墓的位置，这与其他皇帝反反复复、慎之又慎的态度相比，赵匡胤的方式确实有些另类，他怎么不请风水先生看一下就自己决定了呢？而且历代皇帝都习惯将自己的皇陵地址选在都城，为的是便于就近洒扫，唐、元、明、清等都是如此。北宋的京都为洛阳，皇陵却在巩县（今河南巩义），这又是为什么呢？

其实，赵匡胤父母的永安陵所在地，本来就是一块风水宝地。

赵匡胤即位后，追封自己的父亲赵弘殷为宋宣祖，并将父母的遗骨迁到河南巩县西南，为他们修建陵墓，取名永安陵。

赵匡胤为父母选择的陵墓地址是一块风水宝地，在皇陵的邻近，是中岳嵩山；嵩山主峰连天峰下就是千古名寺少林寺，峻极峰下是著名的嵩阳书院；东侧是万岁峰，西侧是卧龙峰，这两峰就像两扇高耸入云的大门。这里山水秀丽，土质优良，水位低下，适合深挖墓穴和丰敛厚葬，自古被风水家视为"山高水

清　王翚　嵩山草堂图

此图描绘嵩山景物，草堂清幽，绿树环绕，翠竹相拥，非常优美。

来"的吉祥之地。

也有人说，赵匡胤之所以用箭来选择自己的墓址，是因为对父母的眷恋，毕竟，一箭的射程能有多远呢？赵匡胤的目的还是希望自己死后能够落叶归根，与自己的父母埋在一起。这种说法也不无道理。不过，作为宋代开国皇帝的赵匡胤，他所要考虑的不仅仅是对亲情的眷恋，还有更深远的政治目的，那就是为迁都洛阳做准备。

赵匡胤生于洛阳长于洛阳，深知作为都城，洛阳比开封更具有优势。北宋都城开封四周都是平地，在防守上不具备优势，且城中所需物资全部是从外地经由水路运送过来，如果开封被围，后果将不堪设想，因此朝廷必须派出大量的军队来守卫国都，这必然会给国家机构带来较大负担；而洛阳固若金汤，易守难攻，在隋朝末期的混战中，王世充占据洛阳，李密等多次攻打都没有成功，因此更适合用来做国都。

不过，迁都洛阳只是赵匡胤个人的想法，当他与大臣们商议时，很多人都提出反对意见。是时，社会的主要生产区域已经转移到了长江以南，大量的粮食都是通过汴河从南方运过来，是当时的经济命脉，而汴河到开封以后再向北就不够通畅了，大臣们考虑到这个问题，大多不愿意迁都到洛阳。

面对群臣的谏阻，赵匡胤并没有动摇，下定决心要迁都。这时，他的弟弟赵光义说了一句起关键作用的话，他说："为政在德不在险，何必一定要耗费民力迁都呢？"一句"在德不在险"，让赵匡胤无法反驳，只好长叹一声："不出百年，中原人民叹也。"为了保证国家的安全，赵匡胤只好用一支庞大的禁卫军保卫开封，并把洛阳作为陪都，他希望，总有一天能将都城迁至洛阳，也基于这个目的，他将皇陵建在靠近洛阳的巩义。

然而，直到临终之时，赵匡胤想要迁都洛阳的梦想都没有实现，成为现实的是当年他那一声"不出百年，中原人民叹也"的叹息。1127年，也就是在北宋建国167年后，金兵长驱直入，攻破开封，掳走了宋徽宗和宋钦宗，这一年，北宋灭亡。

若是当年赵匡胤再坚持一下，说不定宋朝的历史将会改写，可惜永昌陵的好风水，也只能庇佑有限的几代人而已。

宋太祖遗体嘴喷黏液

盗墓者在盗墓的过程中常常会有一些恐怖的怪事发生，如打开古墓后发现死了几百年的人，身体不仅没有腐烂，脸色还鲜活如生；或者他们正在投入地收集墓中的珍宝时，尸首突然坐了起来；再或者在挪动尸体的时候，尸体的口中突然喷出黏液。宋末元初时，有个盗墓贼在挪动赵匡胤尸首时，就被喷了一脸的黏液，这是怎么回事呢？

在宋朝的盗墓贼中，有一个叫"朱漆脸"的人，脸上覆盖着一层黑漆。说到这层黑漆的来历，还与死去的赵匡胤有关。

北宋被灭后，北宋皇陵从此无专人看管，在金国扶植下成立的"大齐"伪皇帝刘豫寡廉鲜耻，竟然成立"淘沙官"，大肆毁坏北宋皇陵，盗取财物。上行下效，连皇帝都盗墓，民间的盗墓者也跟着趁火打劫，朱老大就是这些盗墓贼中的一个。

朱老大与永昌陵陵使的后人是邻居，无意中听到这人说起随赵匡胤下葬的有一条非常贵重的玉带。这条玉带是赵匡胤从后周皇帝那里得来的，上面镶有七七四十九颗夜明珠、七七四十九粒大钻石、七七四十九片翡翠，堪称稀世国宝。金兵盗陵时，因不知其珍贵，并没有将这条玉带盗走，依旧留在陵中赵匡胤的腰上。

朱老大出自盗墓世家，自己本身也以盗墓为生，听了墓使后人的话，立马就打起了玉带的主意。

一天晚上，朱老大瞒着他人，一个人偷偷来到了永昌陵。当时的永昌陵，早就被金人损坏得不像样了，朱老大很容易就找到了赵匡胤的棺木，一看，赵匡胤的腰上果然有一条玉带，朱老大就伸手去拉玉带。那时赵匡胤虽然死了

南宋 玉带勾

玉带勾是贵族男人的专属，宋代玉带钩多见传世器，出土品不多，其风格特征带有汉代玉带钩遗风。

100多年，但由于尸首曾做过防腐处理，还如刚死不久一样，将玉带牢牢压在身下。这次朱老大是一个人来的，没有带帮手，只好找来一根绳子，一头套在赵匡胤的脖子上，另一头套在自己身上，试图将赵匡胤拉起来。这是盗墓贼惯用的一种"贴面盗"的方法，主要用来取尸身上的宝物。这方法果然奏效，朱老大稍一用劲，赵匡胤的尸身就起来了。然而，意想不到的事情就在这时候发生了，赵匡胤的嘴里突然哗地喷出一股黑色黏液，正好喷到朱老大的脸上，吓了他一大跳。镇定下来后，朱老大随手在脸上抹了一把，取下玉带，解开自己身上的绳子就溜出了地宫。

朱老大回到家中后，把家人吓了一跳，他走到镜子前一看，才发现自己脸上都是一块块的黑斑。于是赶紧端来清水洗，但是怎么也洗不掉，脸上就像抹了一层黑漆一样。不久这件事就在当地传开了，朱老大也有了一个新的名字——"朱漆脸"。

赵匡胤已经死去了100多年，怎么嘴巴里还会喷出黑漆呢？流传较广的一种说法是，这是因赵匡胤服用了一种防腐药导致的。据传，赵匡胤驾崩后，如何保护"龙体"不腐成了一个大难题。赵光义找来一位江湖郎中，由郎中秘制出一种防腐汤药，将赵匡胤遗体的嘴撬开灌了进去。这种药物在人体内会腐蚀掉整个内脏，将其化成液状存留在体内。当有盗墓者搬动尸体时，尸身受到挤压，液体就会从嘴里喷射而出。所以，这种汤药除了防腐之外，还可以起到防盗的作用，一旦沾到人的皮肤上，根本就无法洗去，朱漆脸很不幸地成为这种药物的第一个实验者。

　　没多久，朱漆脸的事传到了洛阳官府。官府派人将朱漆脸抓去，一通审问后，他将自己盗玉带的事情供了出来，官府依照法律处死了朱漆脸，没收了他盗出的玉带。据传，洛阳知府为讨好蒙古人，又将玉带献给了当时的元世祖忽必烈。

　　朱漆脸不仅白盗了一回墓，最后连自己的性命也弄丢了，用古人的话说，这也算是恶有恶报了，给他带来厄运的，正是赵匡胤的尸首吐出的黏液。在今天，也有人认为这些黏液属于尸毒。不过，"尸毒"一向是小说中的词语，在医学上还不存在这个定义，所以这一说法并不成立。

劫难重重的永昌陵

宋太祖当年用一支箭定下了自己和宋朝皇室的陵地位置。在当时，他认为开封是个多事之地，不适合用来做都城，所以将陵墓位置定在巩义，为将来迁都洛阳做准备。但他忘了，地处中原的巩县同样是个是非之地。直到北宋灭亡的那一天，赵匡胤迁都的梦想都没有实现，而他的皇陵却屡屡被盗墓者光顾。

在宋元时期，盗墓最有名的就是朱漆脸，他就曾在永昌陵盗了赵匡胤的一条腰带，但他并不是盗宋陵的始作俑者。最早对宋陵下手的，是陵墓的管理人员。

据说早在宋真宗时期，护卫宋陵的军队就曾监守自盗。按说近水楼台先得月，但是这些人盗墓困难重重，再加上当时还是宋朝的江山，护卫们盗皇陵，心里多少还是会有些顾忌。所以，最终他们也只能抱着一肚子遗憾放弃了永昌陵。自古以来，由于皇陵内藏宝甚多，总是难逃被盗的命运，赵匡胤躲过了自己的守陵护卫，却没能躲过金人的铁蹄。

靖康元年（1126年）十一月十五日，金帅粘罕率军从孟津渡过黄河。两天后，这支军队抢掠、焚烧了会圣宫，永安、巩县守军不战而降。二十七日，金人把驻地搬到了巩县，并在周围遍种松柏花卉。远远望去一片苍翠，所以又名"柏城"。

粘罕到永安县城后，做的第一件事就是找来风水先生察看永安诸陵。当他看到金碧辉煌的上下宫时，就猜测地宫里肯定有很多的宝藏。风水先生为了讨好粘罕，就建议说，不如挖一下看看。粘罕当然也想挖，但这毕竟是北宋的皇陵，而此时的北宋虽已衰落，却并未完全灭亡，如果此时挖他们的祖坟，只会激发北宋将士们更大的勇气来抵抗自己的军队。所以粘罕强忍住对宝藏的垂涎，假惺惺地下令，禁止诸军抢夺陵区物品，甚至还派人祭吊永定陵和永昭陵。粘罕的这个举动给很多宋人造成了错觉，他们见粘罕守着宋陵这么个大宝库却丝毫没有表现出贪婪之心，便以为他是一个视钱财如粪土的君子。不过君子与小人往往只有一步之差，到北宋彻底灭亡的那一天，赵匡胤和他的宋陵也开始跟着遭殃了。

靖康二年（1127年）三月，金兵攻下北宋都城开封，掳走宋徽宗和宋钦宗，这就是历史上著名的"靖康之耻"，它意味着北宋的终结。把别人的国家都灭了，抢东西就再也没有什么顾虑，金兵在对京城开封大肆劫掠的同时，也开始对北宋皇陵进行疯狂的抢劫。下宫大殿及禅院里有许多金银玉器、古玩字画等都先后落入了金人的手中。

由于宋陵建于较为平整的黄土地上，盗挖起来比较容易。对于规模较小的墓室，金兵采用揭顶的方法，而对于大墓，他们则从陵台侧坡挖洞，撬开墓顶后，借助绳子下到墓室。由于金兵的到来，原本安静肃穆的陵区一片狼藉。据史料记载，北宋的帝陵和皇后陵都遭到了很严重的破坏，金兵甚至完全不理会死者应该入土为安，竟然将哲宗的尸骨抛到了陵外。

远在江南的宋高宗赵构听到祖坟被挖，不禁勃然大怒，命令河南镇抚使翟兴和抗金英雄岳飞北上，赶走金兵，并重修皇陵。然而，宋兵刚撤退，金兵便立马施行疯狂的报复，不仅更加疯狂地挖墓盗墓，而且还烧房扒屋，砍伐树木，在他们的摧残下，刚刚修复好的陵区很快变得千疮百孔了。

宋　永昌陵石雕

永昌陵陵园规模宏大，由上官、官城、地宫（墓穴）、下宫四部分组成。位于上官的石雕群由南向北，东西对称排列，有望柱、象、羊、武士、官人、内侍等，总计石刻58件。

宋高宗无奈，只得又派兵前来驱赶，于是在当时的巩县，不断地上演宋兵来金兵走，宋兵走金兵来的宋金拉锯战。

拉锯战进行了没多久，1130年，金人封宋朝的投降官员刘豫为大齐皇帝。有一天，刘豫无意中看到一个士兵拿了个非常精美的水晶碗，一番询问后，得知是从永裕陵盗来的。于是这位伪皇帝顾不上尊严和体面，让他儿子组织了一个专门的盗墓机构，史书上称之为"淘沙队"，这是历史上的第二个有记载的官盗机构。他们将宋陵又挖了一遍，甚至还顺带挖了一部分老百姓的墓。

"淘沙队"组织的挖掘，使那些生活在陵区的僧尼、柏子户等无存身之处，只好纷纷流落他乡。从此，北宋皇陵再无专人管理，民盗相继兴起，于是就有了后来的朱漆脸盗赵匡胤腰带的故事。

冒"宝气"的宋理宗陵墓

关于盗墓，我们经常会听到各种各样的怪事，但是陵墓内冒出"宝气"这种奇怪的现象，却还是第一次听到。当杨琏真加和他的随从们打开理宗的陵墓时，墓内竟然冒出一股白色的"宝气"，有人说这是祥云的一种，真的是这样的吗？

宋理宗本不是皇子，只是宋朝皇室的一个本家亲戚，即赵匡胤之子赵德昭的九世孙。他的前任宋宁宗死后，权相史弥远窜改遗诏，废太子赵竑，立贵诚，即宋理宗。理宗继位的前十年，一直都是权相史弥远的傀儡，自己不问政事。直到 1233 年史弥远死后，宋理宗才开始亲政。亲政之初，宋理宗也曾立志中兴，采取了罢黜史党、亲擢台谏、澄清吏治、整顿财政等一系列改革措施，史称"端平更化"。这次变革使理学成为官方哲学，同时还革除了史弥远时期的很多弊病，但其他的一些改革措施，不是失败就是流于表面。理宗执政后期，朝廷大权又相继落入丁大全、贾似道等奸相之手，国势急速衰败。1234 年，南宋联合蒙古灭金。1259 年，蒙古攻鄂州，宰相贾似道以宋理宗名义向蒙古俯首称臣，并将长江以北的土地完全割让给了蒙古人。1264 年，理宗病逝，死后葬于会稽附近的永穆陵。

南宋的皇帝在建国之初，就梦想着有朝一日能够打回北方，因此相比于北宋皇陵，南宋帝王陵更为简单。杨琏真加在盗挖南宋皇陵时，一座帝王陵都没有放过，连后妃、大臣墓也未能幸免，都被一一掘开，盗掠去了无数财宝。史书上记载被杨琏真加盗走的宝物有：徽宗陵的"马乌玉笔箱""铜凉拨锈管"，高宗陵的"真珠戏马鞍"，光宗陵的"交加白齿梳""香骨案"，理宗陵的"伏虎枕""穿云琴""金猎晴"，度宗陵的"玉色藤丝盘""鱼景琼扇柄"，还

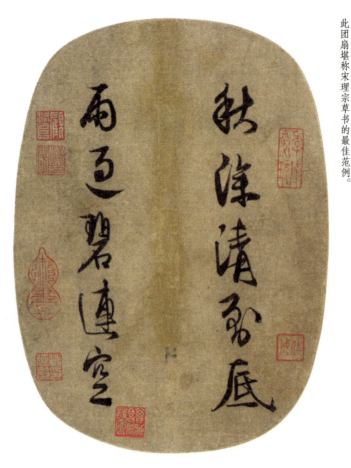

有大量的黄金白银、珠宝首饰等。

据传，在理宗的棺椁被撬开时，里面射出一道强烈的白光，直冲云天，有人称之为"宝气"。原来，在理宗的棺内堆满了金银珠宝，而且理宗尸首的嘴巴里还含着一颗夜明珠。不过，也有一种迷信的说法，称陵墓上出现的这种"宝气"，是祥云的一种；懂风水的人认为，理宗是真正葬到了风水宝地上，是真龙穴。

由于尸首经过防腐处理，已经死去四年的理宗遗体依旧完好，面目还栩栩如生。只见他头枕七宝伏虎枕，脚抵一柄杨贵妃用过的穿云琴，身下还垫着锦绣软缎，软缎下面再加上一层凉席。当时一个盗墓人拉出来后往地下一摔，竟然听到金属落地的声音，待他拿起来仔细一看，才发现凉席竟然是纯金丝编的。

史书上也有关于这段历史的记载："理宗之陵所藏尤厚，启棺之初，有白气竟天，盖宝气也。理宗之尸如生，其下皆藉以锦，锦之下则承以竹丝细簟，一小厮攫取，掷地有声，视之乃金丝所成也。"所以，虽然说宋六陵建造得很简陋，但陪葬物却丝毫不差。

　　杨琏真加在偷走了陵墓内大多数的财宝，带走了理宗的尸首后，又将其他帝王和后妃、大臣们的尸首随处乱扔。当时有个绍兴人唐珏，听说了之后悲痛不已，于是典当了所有家产，私下备酒宴，邀请乡里的壮年前来赴宴。酒至半酣，唐珏才向他们说出了自己的目的："今天我请各位乡亲们前来，有点小事相求，希望大家能和我一起前往先皇的帝陵收埋先帝尸骨，如何？"有一人问道："山上有众多将官把守，处境极其危险，事情一旦暴露，如何是好？"唐珏说："这件事情我早已想过了，如今荒郊野外有很多兽骨，我们何不以假乱真，拿这些兽骨取而代之呢？"于是众人纷纷响应唐珏的建议。唐珏拿出早已准备好的木匣若干个，上面覆盖着黄色丝绢，分别署上帝名、陵名，然后让众人分头趁月色潜入陵山，自永思陵以下，将诸帝遗骸分别收藏起来，埋在宝山之阴天章寺前，又在上面种上冬青树作为标志。如此一来，南宋的各个皇帝的尸骨才再一次入土为安。

宋理宗头颅被做成酒具

北宋皇陵被掘，南宋皇陵同样不能幸免。南宋皇陵是在元初遭到盗窃的，这是中国历史上最悲惨的一次皇陵被盗事件，宋理宗的头颅竟被割下制成了酒具。而做如此丧尽天良之事的人，竟是一名西域和尚。

有人说杨琏真加是和尚和盗墓贼中的双重败类，这话一点都不假。

由于宋理宗的尸体在入殓时被水银浸泡过，所以杨琏真加盗墓时，他的尸首还未腐烂，丧心病狂的杨琏真加竟将其尸体从陵墓中拖出，倒悬于陵前树上沥出尸首中的水银。又见他的头比较大，于是将其割下，送给了元大都的朝廷。

中国人向来重祖宗，对任何人来说，祖坟被挖就是对自己最大的侮辱。杨琏真加挖一个国家的皇陵，这无疑就是对这个国家所有民众的侮辱，杨琏真加难道就不怕犯众怒，从而遭到报复吗？而他身后的那个强大的蒙元集团，为什么又会如此放任他为所欲为呢？

这个臭名昭著的番僧，正是元世祖忽必烈的宠臣，因此派他出任"江南释教都总统"。虽然身为江南佛教总管，但是他在江南盗墓毁殿无恶不作。据《元史》记载："有杨琏真加者，世祖用为江南释教总统，发掘故宋赵氏诸陵之在钱塘、绍兴者及其大臣冢墓凡一百一所。"这位江南佛教总管，不仅没有慈悲的胸怀，还将理宗尸首的头颅割下做成了酒具。

据史料记载，杨琏真加进入北宋的皇陵后，先是进行大肆盗窃和破坏，后将理宗的头颅砍下带走。明末清初的著名文人顾炎武在《日知录》中说，元世祖纵容杨琏真加发掘南宋帝陵，并说这件事是"自古所无之大变"。这个说法并非没有根据。杨琏真加是忽必烈非常信任的人之一，如果不是因为和忽必烈的这层关系，他作为一个番僧，即使再飞扬跋扈，也不见得敢做发掘帝陵这样

宋 佚名 宋理宗半身像

「端平入洛」失败，面对朝野纷沓而来的指责，宋理宗不得已下罪己诏，承认自己决策失误，以此安定风雨飘摇的南宋朝局及人心，景定五年十月二十六日，宋理宗病逝，享年60岁。

的大恶之事来。所以清代著名文人毕沅在《续资治通鉴》中说他是"怙恩横肆，穷骄极淫"。

在他们刚开始发掘宋陵时，有个守陵的太监叫罗铣，坚持不让他们下手，与之力争，结果被凶徒刀棍相加，罗铣不得已，只好哭泣着离去。后来，有御史检举杨琏真加盗墓的恶行，到至元二十二年（1285年）五月，忽必烈下旨董士选秘密逮捕杨琏真加，史载"械之于市，士民称快"。但是，忽必烈还是非常袒护这个作恶多端的恶僧，仅仅将他投入监狱关起来，并没有处死，还任命他的儿子做浙江的地方官。

据史书记载，"西番僧回回，其俗以得帝王骷髅，可以厌胜，致巨富，故盗去耳"。杨琏真加将理宗的头颅带走后，制成了饮器，虽然以前在西藏等地，以死人头骨做饮器是非常常见的事情，但这对大宋的子民来说，始终还是难以接受。

还有记载说，杨琏真加将头骨当作一种施咒控制、毒害他人或攫取钱财的厌胜之物，也就是所谓的法器。因为他相信，帝王的头骨，使用起来会十分灵验。这也许正是忽必烈之所以纵容杨琏真加做此恶行的真正原因。当时元朝的江山初定，如能用大宋皇帝的头骨"镇"住江山，岂不是一个旷世绝招吗？这

一做法历史上也早有先例。当初西域有大月氏，其国王被人杀害后，头颅就被做成饮器。因此，清代文人贝琼的《穆陵行》中才有"可怜持比月氏王，宁饲鸟鸢及狐兔"的诗句。

杨琏真加不仅将理宗的头颅做成了饮器，还将布散于坟地的理宗的骨殖收集于临安故宫中，在上面压上高13丈的白塔，名曰"镇本"，取压制大宋人民之意。《南宋杂事诗》有云："故宫忽见旧冬青，一塔如山塞涕零。领访鱼影香骨案，更从何处哭帝陵。"后来，这座塔在元朝时毁于雷火，"火燃三日而止"。

这段历史在《明史》中有详细记载，"至元间，西僧嗣古妙高欲毁宋会稽诸陵。夏人杨琏真珈（也作"加"）为江南总摄，悉掘徽宗以下诸陵，攫取金宝，哀帝后遗骨，瘗于杭之故宫，筑浮屠其上，名曰镇南，以示厌胜，又截理宗颅骨为饮器。真珈败，其资皆籍于官，颅骨亦入宣政院，以赐所谓帝师者……"

朱元璋灭元朝建立明朝后，南宋各代皇帝的尸骨才得以入土为安。洪武二年（1369年），朱元璋下诏将元宫遗留下的宋理宗颅骨（酒器）归葬原来的陵墓，并从元章寺将其他五陵遗骸全部迁回攒宫，重建陵园，但是现在我们可以看到的也只有孝宗永阜陵、理宗永穆陵的享殿。理宗享殿额题为"过去佛"，两旁有"五季风颃昌正学，卅年泽厚育真儒"的对联，乃后人推崇理宗生前倡导理学之作，并建造碑座，刻石记事。同时在附近建立"义士祠"，以表彰唐珏等人的功绩。洪武九年（1376年），朱元璋又下令保护陵区，五百步内禁止山民采樵砍伐，并设陵户二人，每三年香帛祭祀。

◀ 元　刘贯道　元世祖驭马图

此图绘元世祖出猎时的情景，元史中唯一记载画家为皇太子写真得到元帝赏识的信息。

多灾多难的南宋六陵

　　南宋六陵现是浙江省重点文物保护单位，它位于绍兴市皋埠镇攒宫山，距绍兴市区 18 千米，有宋高宗永思陵、宋孝宗永阜陵、宋光宗永崇陵、宋宁宗永茂陵、宋理宗永穆陵、宋度宗永绍陵等南宋六帝陵寝，俗称"宋六陵"，是江南最大的皇陵区。让人们感到奇怪的是，北宋的皇陵都是在河南巩县，为什么南宋的皇陵建在绍兴呢？

　　靖康二年（1127 年），金军攻占了北宋都城开封，宋徽宗、宋钦宗被金人掳到了北方。赵构仓皇出逃，在临安建都称帝，建立了南宋王朝，即宋高宗。1129 年，金兵再次侵犯南宋，高宗又出逃至东海一带，于第二年才回到绍兴，并在这里做了 20 个月的皇帝。同年，北宋哲宗的孟皇后病逝，由于北方陵寝所在地已经沦陷，所以只能在绍兴一带选地浅埋，待日后收复失地后再迁回祖陵。后宋高宗又将金归还的宋徽宗和郑皇后、邢皇后都葬在此地，并称徽宗的攒宫为永祐陵。绍兴二十九年（1159 年），韦太后去世，宋人于永祐陵之西建立攒宫葬韦太后。此后，南宋的皇帝和皇后死后都葬在了绍兴一带。

　　元朝至元二十二年（1285 年），杨琏真加率众公然挖盗南宋皇陵。他们迫使守陵人离开，之后撬开墓室，将皇帝的遗骸抛之于外，盗走墓中大量珠宝。其中宋理宗的永穆陵藏宝甚多，所以也是损坏最为严重的一个陵墓。相传，当时宋理宗的尸体保存得非常完好，棺中尽是宝物，杨琏真加以为理宗身上的宝物也一定有很多，于是将理宗的尸体倒挂在树上，宝物没有掉出来，反倒沥出来很多水银。据《宋史》记载，杨琏真加共挖盗墓冢 100 多个，变卖之后得到了巨额财产。

　　朱元璋于洪武二年（1369 年）下诏将南宋六陵皇帝的遗骨迁回攒宫，并

宋六陵出土滴水

宋六陵出土吉州窑褐彩白花梅瓶残件

宋六陵出土龙泉窑青瓷鬲式炉残件

宋六陵迦陵频伽

宋六陵出土础基

重新立碑栽树。此时，已经荒废了近半个多世纪的南宋六陵终于结束了它风雨飘摇的日子，恢复了往日的气象。但是由于当时还是战乱不断，明朝没有能力恢复南宋六陵原有的建筑风貌。再经过后期的多次被盗，南宋六陵已经不复存在了。

南宋六陵的建筑风格与北宋相近，但是规模远远不如北宋的皇陵。陵园之内既没有高耸的陵台，也没有精美的石雕。之所以称为攒宫是因此地只是暂时性的一个陵墓，待到将来收复中原，还是要迁徙回去的。整个陵地占地 2.24平方千米，而且东依青龙山，西傍五虎岭，南挨紫云山，北靠雾连山，是一个风景秀丽的好地方。据文献记载，南宋六陵的地下约有数十丈的石砌甬道和墓室，并建有精致的墓阙。地面上建有献殿、享殿等大批建筑。但沧海巨变，现如今已经看不到南宋六陵的威严建筑，只剩下一个小土墩和几株参天古树。但是仍有传言说，这里的每一棵古树下面就是一个皇帝的陵墓，不过这只是传说。在土墩上还剩有明代以后所立的碑文，上面刻有帝名、陵名，但是只留下了宋孝宗永阜陵和宋理宗永穆陵的享陵而已，不过这也是明朝复制的。

现在我们可以在陵园内看到公路两侧有祭陵神道的旧址，这是各代帝王和官员拜谒祭、祀南宋六陵的通道。原来的祭陵神道是从后山的山脚开始，路经孟太后陵、高宗陵、孝宗陵、光宗陵、宁宗陵，再往北就是徽宗陵、理宗陵、度宗陵。但是在 20 世纪 60 年代，部分神道遭到了破坏，现在只剩下孟太后陵和高宗陵前面的一小段而已。

南宋幼主赵昺陵墓之谜

赵昺，宋朝的最后一位皇帝（1278—1279年在位），庙号怀宗，谥号恭文宁武哀孝皇帝，在与元朝的最后一战中与大臣陆秀夫跳海自尽。关于宋幼主的陵墓，至今仍存在很多疑点，有人说是在深圳的赤湾，还有人说宋幼主的尸体被元军所得，他的陵墓是在崖山的海边。那么关于赵昺陵墓一说，哪一个才是正确的呢？

赵昺是宋度宗幼子，宋端宗的弟弟，南宋最后一个小皇帝，曾被封为信国公、广王、卫王等爵位。1278年，元军攻入临安城，大臣陆秀夫等人保护宋端宗和几位皇室宗亲逃到福建，赵昺也在其中。但由于元军攻势猛烈，宋军几

赵昺像

宋朝战败，元军包围崖山。左丞相陆秀夫背着赵昺在崖山跳海而亡，十万军民也相继投海殉国，国祚319年的宋朝至此灭亡。

宋　龚开　骏骨图

元建都后，龚开穷困潦倒，借助画表达对统治者的愤怒和对前朝覆灭的遗恨，作为宋朝遗臣的他将瘦马比作自己。

骏骨图

次恶战之后已经寡不敌众，端宗又在景炎三年（1278 年）病逝。为了保住皇室血脉和鼓舞将士英勇奋战，陆秀夫、张世杰拥立赵昺为帝，并改年号为祥兴。祥兴元年（1278 年）六月，南宋将朝廷迁到崖山，即广东省新会县。

祥兴二年（1279 年），宋军在崖山与元军大战，元军统帅张弘范率领水陆两军直攻崖山，宋朝军队几乎全军覆灭，此时张世杰命众人将崖山上的行宫军屋全部烧毁。陆秀夫、张世杰带着赵昺和残余将士一起登船，并将所有船只连在一起，诏示将士与船共存亡。但是宋军还是没有抵挡住元军的猛烈攻击。宋军大势已去，最后大臣陆秀夫腰系传国玉玺，背着年仅 8 岁的宋幼主赵昺跳海自尽，张世杰和杨太妃所乘坐的船遇飓风而翻，溺水身亡。南宋最后一位皇帝死去，赵宋王朝彻底灭亡。

关于宋幼主赵昺的尸体葬于何处，后人可谓众说纷纭，但是最为人津津乐道的还是以下几种说法。

相传幼主赵昺跳海后数天，尸体漂浮到了深圳的赤湾村，面目已经开始腐烂，认不出来是谁了，但身穿龙袍。就在当天，当地天后庙的梁柱倒塌，经卜卦之后得知，漂来的尸体乃是宋幼帝赵昺的遗骸，天后娘娘是要用梁柱为其建造棺木。于是当地居民特意用天后庙的梁柱装殓了赵昺的遗骸，将其埋葬在天后庙的后山脚下。虽说这种说法较为迷信，但是传说中的赵昺坟墓在此似乎也得到了证实。据说，1963 年的秋天，当地驻军在上山砍柴的时候，偶然间在荆棘中发现一座坟墓。这座圆形的坟墓依山傍水，位于赤湾港的一个山坡上，是由赵宋皇室的后人修建的。20 世纪 80 年代，香港赵氏宗亲捐资将这座坟墓重新修茸。所以很多人都认为这就是宋幼主赵昺的坟墓。

当然，还有一些人不同意这样的说法。他们指出，陆秀夫携主跳海是不争的事实，但是在崖山跳海处距离赤湾相距两百余千米，而且中途珠江入海口的激流湍急，沿海岛屿众多，一个孩子的尸体怎么会漂到赤湾呢？

那么在赤湾的坟墓到底是谁的呢？它和赵宋王朝有没有关系呢？一些学者认为，这座墓很可能是宋端宗赵昰的。当年元军攻占临安城，宋恭帝被俘，众大臣携带赵昰出逃并拥立为帝，但是不幸的是，在途中宋端宗由于年纪尚小，而且惊吓过度，便病死在船上。由于战事的关系，官兵只能草草地将端宗的尸体埋于赤湾边上的山上，所以当地人只知道这里埋了一个宋朝的小皇帝，但是到底是谁，无人知晓。

赵昺的陵墓又在哪里呢？据《崖山新旧志》记载："陆秀夫抱帝赴海死，元军求得帝之尸，得诏书之宝。"所以有人提出，赵昺的尸体被元军所得。但是这本书只是后人对宋氏王朝的一种追记而已，关于元军是如何处理赵昺的尸体的，由于史料缺乏，并不能说得十分清楚。

但是，广东崖山附近的村民一致认为赵昺是葬在这里的。在慈元庙附近的海边有一座荒坟，当地村民说这就是宋幼主赵昺的坟墓。后经人调查，此地有很多赵姓村民，所以估计这里便是宋军遗留下来的后裔。但是这座坟墓到底是不是赵昺的，还需要历史学家进一步研究。

图书在版编目（CIP）数据

藏在古画里的大宋史 / 王长雨著 . -- 北京：台海
出版社，2023.9
ISBN 978-7-5168-3625-5

Ⅰ . ①藏… Ⅱ . ①王… Ⅲ . ①中国历史—宋代—通俗
读物 Ⅳ . ① K244.09

中国国家版本馆 CIP 数据核字（2023）第 154230 号

藏在古画里的大宋史

著　　者：王长雨

出 版 人：蔡　旭　　　　　　　　封面设计：湜　予
责任编辑：魏　敏　　　　　　　　版式设计：马宇飞
策划编辑：仪雪燕　　　　　　　　图片提供：大禹文化

出版发行：台海出版社
地　　址：北京市东城区景山东街 20 号　邮政编码：100009
电　　话：010-64041652（发行，邮购）
传　　真：010-84045799（总编室）
网　　址：www.taimeng.org.cn/thcbs/default.htm
E-mail：thcbs@126.com

经　　销：全国各地新华书店
印　　刷：三河市嘉科万达彩色印刷有限公司
本书如有破损、缺页、装订错误，请与本社联系调换

开　　本：710 毫米 ×1000 毫米　　　1/16
字　　数：408 千字　　　　　　　　印　　张：24.5
版　　次：2023 年 9 月第 1 版　　　　印　　次：2023 年 11 月第 1 次印刷
书　　号：ISBN 978-7-5168-3625-5

定　　价：68.00 元